El gran libro de
programación avanzada con Android

José Enrique Amaro Soriano

El gran libro de programación avanzada con Android
José Enrique Amaro Soriano

> Datos catalográficos
> Amaro, José Enrique
> El gran libro de programación avanzada con Android
> Primera Edición
>
> Alfaomega Grupo Editor, S.A. de C.V., México
> ISBN: 978-607-707-551-6
> Formato: 17 x 23 cm   Páginas: 400

El gran libro de programación avanzada con Android
José Enrique Amaro Soriano
ISBN: 978-84-267-1885-3, edición en español publicada por MARCOMBO, S.A., Barcelona, España
Derechos reservados © MARCOMBO, S.A.

Primera edición: Alfaomega Grupo Editor, México, octubre 2012

© 2013 Alfaomega Grupo Editor, S.A. de C.V.
Pitágoras 1139, Col. Del Valle, 03100, México D.F.

Miembro de la Cámara Nacional de la Industria Editorial Mexicana
Registro No. 2317

Pág. Web: **http://www.alfaomega.com.mx**
E-mail: **atencionalcliente@alfaomega.com.mx**

ISBN: 978-607-707-551-6

Derechos reservados:
Esta obra es propiedad intelectual de su autor y los derechos de publicación en lengua española han sido legalmente transferidos al editor. Prohibida su reproducción parcial o total por cualquier medio sin permiso por escrito del propietario de los derechos del copyright.

Nota importante:
La información contenida en esta obra tiene un fin exclusivamente didáctico y, por lo tanto, no está previsto su aprovechamiento a nivel profesional o industrial. Las indicaciones técnicas y programas incluidos, han sido elaborados con gran cuidado por el autor y reproducidos bajo estrictas normas de control. ALFAOMEGA GRUPO EDITOR, S.A. de C.V. no será jurídicamente responsable por: errores u omisiones; daños y perjuicios que se pudieran atribuir al uso de la información comprendida en este libro, ni por la utilización indebida que pudiera dársele.

Edición autorizada para venta en México y todo el continente americano.
Impreso en México. Printed in Mexico.

Empresas del grupo:
México: Alfaomega Grupo Editor, S.A. de C.V. – Pitágoras 1139, Col. Del Valle, México, D.F. – C.P. 03100.
Tel.: (52-55) 5575-5022 – Fax: (52-55) 5575-2420 / 2490. Sin costo: 01-800-020-4396
E-mail: atencionalcliente@alfaomega.com.mx

Colombia: Alfaomega Colombiana S.A. – Carrera 15 No. 64 A 29, Bogotá, Colombia,
Tel.: (57-1) 2100122 – Fax: (57-1) 6068648 – E-mail: cliente@alfaomega.com.co

Chile: Alfaomega Grupo Editor, S.A. – Dr. La Sierra 1437, Providencia, Santiago, Chile
Tel.: (56-2) 235-4248 – Fax: (56-2) 235-5786 – E-mail: agechile@alfaomega.cl

Argentina: Alfaomega Grupo Editor Argentino, S.A. – Paraguay 1307 P.B. Of. 11, C.P. 1057, Buenos Aires, Argentina, – Tel./Fax: (54-11) 4811-0887 y 4811 7183 – E-mail: ventas@alfaomegaeditor.com.ar

«En un futuro cercano, no habrá ningún accesorio, salvo una escoba acaso, que no tenga un procesador dentro.» (Arthur C. Clarke)

ÍNDICE GENERAL

1. INTRODUCCIÓN 11
2. ANIMACIONES INTERPOLADAS 14
   - 2.1. Traslaciones 14
   - 2.2. Repetición de animaciones 18
   - 2.3. Rotaciones 21
   - 2.4. Dilataciones y contracciones 23
   - 2.5. Apariciones y desapariciones 24
   - 2.6. Series de animaciones 26
   - 2.7. Animaciones con Java 29
   - 2.8. AnimationListener 32
   - 2.9. Animación de un layout 34
   - 2.10. Animación de un layout en Java 37
   - 2.11. LayoutAnimationListener 38
3. ANIMACIÓN DE FOTOGRAMAS 41
   - 3.1. Animación usando recursos 41
   - 3.2. Animación de fotogramas en Java: AnimationDrawable 45
   - 3.3. Ajuste de la relación de aspecto 46
4. PROCESOS EN BACKGROUND 52
   - 4.1. Uso de Timer y RunOnUiThread 52
   - 4.2. Modificación de la UI con post 55
   - 4.3. Modificación de la UI con Handler.post 57
   - 4.4. Métodos combinados para modificar la UI 59
   - 4.5. Modificación de la UI con AsyncTask 64
   - 4.6. Máquina tragaperras 67
5. SENSORES 76
   - 5.1. Sensor de aceleración 76
   - 5.2. Lista de sensores de un teléfono 85
   - 5.3. Sensor de campo magnético 87
   - 5.4. Sensor de orientación 95
   - 5.5. Sensor de proximidad y sensor de luminosidad 103
6. DIÁLOGOS 110
   - 6.1. Crear un diálogo 110
   - 6.2. Diálogos con botones 113
   - 6.3. Diálogos con ítems 116
   - 6.4. Diálogos de elección única 118
   - 6.5. Diálogos de elección múltiple 121
   - 6.6. Diálogos de progreso 124
   - 6.7. Diálogos personalizados 127

7. MENÚS

7.1. Menú de opciones 132
7.2. Submenús 134
7.3. Submenú con casillas.. 138
7.4. Menús de contexto 140

8. VISUALIZACIÓN DE LISTAS 144

8.1. La clase ListView 144
8.2. Listas interactivas 146
8.3. ListView personalizado 150
8.4. Construcción de un BaseAdapter 153
8.5. La clase ListActivity 160
8.6. Listas desplegables con SpinnerView.................................... 162

9. BASES DE DATOS 166

9.1. Elementos de SQLite y SQL 166
9.1.1. Iniciar sqlite3 con ADB 166
9.1.2. Crear una tabla 168
9.1.3. Algunas expresiones SQL 169
9.2. Crear una base de datos con Android 171
9.3. Borrar filas de una tabla 175
9.4. Automatizar las columnas del Cursor 176
9.5. Abrir una base de datos con SQLiteOpenHelper 178
9.6. Borrar filas con delete.. 181
9.7. Realizar búsquedas con query 182
9.8. Adaptar un Cursor a un ListView 189

10. PROVEEDORES DE CONTENIDOS 195

10.1. El proveedor de contactos 195
10.2. La tabla de datos de los contactos 202
10.3. La tabla raw contacts 207
10.4. Añadir contactos 210
10.5. Otros proveedores de contenidos 219
10.6. Implementación de un ContentProvider............................... 226
10.7. Acceso externo a nuestro ContentProvider 234
10.8. La clase UriMatcher 239

11. COMUNICACIÓN ENTRE ACTIVIDADES 243

11.1. Secuencia de estados de una actividad 243
11.2. Resultado de una actividad.. 249
11.3. Resultado de cancelar una subactividad 255
11.4. Grupo de actividades 256
11.5. Abrir aplicaciones externas explícitamente 262
11.6. Abrir aplicaciones externas implícitamente 265
11.7. Uso del PackageManager 267

    11.8. Filtro de datos en un intent 272
    11.9. Agregar funcionalidad de otras apps 278

12. INTERNET Y RSS FEEDS 285

    12.1. Advertencia importante antes de conectar a Internet 285
    12.2. Mostrar páginas web con WebView 285
    12.3. Mostrar imágenes con WebView 290
    12.4. Mostrar HTML con WebView 291
    12.5. Conexión HTTP 295
    12.6. Introducción a XML y RSS 299
    12.7. Análisis de documentos XML con DOM 301
    12.8. Extraer los valores de los elementos XML 305
    12.9. Conectar a un RSS feed 310
    12.10. Inspeccionar una página WEB con Jsoup 318
    12.11. Descargar y comprimir una imagen de Internet 328

13. CORREO ELECTRÓNICO 333

    13.1. Enviar un email con un intent 333
    13.2. Enviar un fichero adjunto por email 337
    13.3. Enviar ficheros comprimidos con zip 342

14. LOCALIZACIÓN Y MAPAS 347

    14.1. Coordenadas en Google Maps 347
    14.2. El API de Google Maps 350
    14.3. MapView 352
    14.4. Control de mapas 355
    14.5. Geocodificación 360
    14.6. Localización 367
    14.7. Dibujar sobre un mapa y geocodificación inversa 375

APÉNDICE A 381

    La interfaz de usuario 381
    A.1. Orientación de una actividad 381
    A.2. Dimensiones de la pantalla 382

APÉNDICE B 385

    Complementos de Java 385
    B.1. Métodos con número variable de parámetros 385
    B.2. ArrayList 387
    B.3. Genéricos 390
    B.4. Definición de una clase con tipos genéricos 393

APÉNDICE C 396

    Versiones de Android 396

BIBLIOGRAFÍA 397

1. INTRODUCCIÓN

En mi primer libro sobre programación en Android, titulado *Android: programación de dispositivos móviles a través de ejemplos* (que denominaré abreviadamente *Android* a partir de ahora) y publicado por la editorial Alfaomega, presentaba las técnicas esenciales para iniciarse rápidamente en la programación del sistema, enfatizando en aplicaciones de cálculo numérico y gráficos. En este segundo libro introduzco técnicas más avanzadas (aunque no necesariamente más complicadas) para realizar programas que se ejecutarán en un smartphone, tablet o cualquier otro dispositivo con el sistema operativo Android. La obra está dirigida a no especialistas y supone un acercamiento genuinamente práctico al sistema Android. No se requieren conocimientos profundos de Java. El apéndice A de mi primer primer libro contiene una introducción al lenguaje Java específico para Android, suficiente para seguir este segundo. Sin embargo, no es necesario haberlo leído para seguir y entender este, siempre que se posean las nociones básicas para crear una actividad con Android.

El material contenido en esta obra se plantea como una colección de ejemplos escritos expresamente para ilustrar alguna técnica particular de Android. Los ejemplos son programas completos, pero breves, que permitirán al lector minimizar las dificultades que puedan surgir para comprender la materia. La idea es que, después de trabajar los programas simples de este libro, el lector sea capaz de escribir sus propios programas y de explorar por sí mismo el sistema. Todos los ejemplos han sido probados en un dispositivo o en el emulador, y funcionan correctamente en las versiones de Android 2.1 (Eclair) y posteriores (ver Apéndice A para una lista de las versiones de Android). El código fuente de todos los programas se puede descargar de la página web del autor: `http://www.ugr.es/local/amaro/android` y de la página de la editorial: `http://libroweb.alfaomega.com.mx`

La selección del material no es ni mucho menos exhaustiva. Las librerías de Android contienen numerosas clases y métodos para realizar casi cualquier tarea que el lector pueda imaginar, y otras que ni se le ocurriría que pudieran realizarse con un artefacto tan pequeño como un teléfono. La principal fuente de documentación y recursos de Android es la página web oficial de Android developers y los foros especializados que se encuentran en Internet, donde el lector iniciado puede profundizar y ampliar sus conocimientos sobre el sistema Android. Sin embargo, la vasta extensión de sus librerías hace que, al contrario que con otros lenguajes, introducirse en Android no sea tarea fácil para los no iniciados. Con este libro se pretende contribuir a soslayar las dificultades y acercar este novedoso sistema al público en general. Profesores, estudiantes, científicos, ingenieros, técnicos y público en general encontrarán ideas útiles que podrán aplicar en sus trabajos, en sus tareas cotidianas o simplemente como entretenimiento, usando su smartphone o su tablet Android como herramienta.

Acerca de los ejemplos

El material didáctico de este libro consiste en más de ochenta ejemplos. Cada ejemplo se compone de una aplicación de Android completa con sus correspondientes capturas de pantalla. Los códigos fuente están disponibles en la página web de la editorial Alfaomega y en la del autor. Cada ejemplo se descarga en forma de una carpeta comprimida con ZIP, que contiene un proyecto de Eclipse con todos los archivos de la aplicación. Dicha carpeta se puede importar o descomprimir directamente desde el programa Eclipse.

Para importar un proyecto de Android desde Eclipse, se pueden seguir las siguientes instrucciones:

1. Seleccionar *Import* en el menú *File*. Aparecerá una lista de opciones.
2. Seleccionar *Existing projects into Workspace* y pulsar *next*.
3. Marcar la opción *Select archive file* y pulsar *Browse*.
4. Seleccionar el archivo comprimido con el proyecto y pulsar *aceptar*.

Si, tras importar un proyecto en Eclipse, se produjera un error de compilación del tipo *Compiler compliance level*, debemos cambiar la versión de compilación de Java en las propiedades del proyecto. Para ello, pulsaremos con el boton derecho sobre el proyecto en Eclipse y seleccionaremos *properties*. Se abrirá una ventana con las propiedades. Iremos a la sección del compilador de Java y marcaremos *Enable Project-specific settings*. De este modo ya podremos modificar el valor aignado al *Compiler compliance level*.

Cómo localizar el fichero correspondiente a un ejemplo específico

Cada uno de los más de ochenta ejemplos de este libro contiene una actividad principal de la que se infiere el nombre del proyecto, y de ahí el nombre del fichero ZIP. Por ejemplo, si una actividad se llama *Acelerometro* o *AcelerometroActivity*, el archivo con el proyecto se llamará seguramente *Aceleromero.zip,* o un nombre parecido. Alternativamente, podemos leer el nombre del proyecto en las capturas de pantalla de los ejemplos, puesto que la barra superior de la ventana contiene el título de la actividad.

Acerca de los acentos

Los nombres de las variables y clases de Java, actividades y ficheros de recursos no pueden contener acentos ni otros caracteres como la letra ñ. Aunque hemos procurado escribir correctamente las tildes en las palabras en castellano en el texto, esto no es posible cuando se refieren a nombres de variables o ficheros. Tampoco se recomienda usar acentos en los nombres que designan a las columnas o tablas de una base de datos. El lector queda advertido de que, cuando encuentre una palabra castellana escrita incorrectamente sin tilde, ésta se refiere seguramente a uno de estos casos. De la misma manera, seguimos la norma de no utilizar acentos en los nombres de los proyectos.

Agradecimientos

Quisiera expresar mi agradecimiento, en primer lugar, a Jeroni Boixareu, de la editorial Marcombo, por sus sugerencias y apoyo para realizar este proyecto. En segundo lugar, a los lectores de mi primer libro de Android que me han escrito con ideas y peticiones. Algunas las he procurado incluir en esta obra. Gracias también a los miembros del grupo de Física Nuclear y Hadrónica de la Universidad de Granada, principalmente a Enrique Ruiz Arriola, Rodrigo Navarro Pérez y Nacho Ruiz Simó, que pacientemente atendieron a mis demostraciones con el teléfono de muchos de los ejemplos de este libro. Sus comentarios, durante los cafés, supusieron un valioso *feedback*. También es pertinente agradecer aquí el proyecto de investigación del Ministerio FIS2011-2414. Sin lugar a dudas, Android se integrará como herramienta en nuestra vida cotidiana y también en nuestro trabajo científico. Parte del material de este libro se desarrolló con la idea de aplicarlo en nuestras labores investigadoras. No olvido al Departamento de Física Atómica, Molecular y Nuclear de la Universidad de Granada, que ha facilitado la utilización de sus infraestructuras. Finalmente, le agradezco a mi familia su entusiasmo y paciencia, y especialmente a Miguel Ángel Amaro, la maquetación de este libro en Word.

2. ANIMACIONES INTERPOLADAS

En Android podemos aplicar animaciones simples a un objeto `View`. Se denominan *animaciones interpoladas*, o *tweened animations*, y consisten en traslaciones, rotaciones, cambios de tamaño o modificaciones de la transparencia. Cada animación puede almacenarse en un fichero xml en el directorio `res/anim` de nuestro proyecto. Este directorio habrá que crearlo, ya que Eclipse no lo genera al iniciar un nuevo proyecto.

2.1. Traslaciones

En este primer ejemplo `Animacion.java` aplicaremos una traslación a un texto definido como un objeto de tipo `TextView`. La traslación se efectúa especificando un cambio en la coordenada X inicial y final, en este caso en términos de porcentaje respecto al ancho total de la pantalla. También se debe especificar la duración de la animación en milisegundos. El sistema se encarga de interpolar entre la posición inicial y la final a intervalos regulares de tiempo para mostrarnos la animación. El siguiente fichero contiene la información de la animación:

`res/anim/traslacion_derecha.xml`

```
<set
xmlns:android="http://schemas.android.com/apk/res/android"
android:interpolator="@android:anim/accelerate_interpolator">
<translate
   android:fromXDelta="-50%p"
   android:toXDelta="50%p"
   android:duration="4000"/>
</set>
```

El layout de este ejemplo es el siguiente:

`main.xml`

```
<?xml version="1.0" encoding="utf-8"?>
```

```xml
<LinearLayout
xmlns:android="http://schemas.android.com/apk/res/android"
    android:orientation="vertical"
    android:layout_width="fill_parent"
    android:layout_height="fill_parent"
    android:background="#ffffff"
    >
<TextView
    android:layout_width="fill_parent"
    android:layout_height="wrap_content"
    android:textStyle="bold"
    android:textSize="20sp"
    android:text="Animación interpolada con traslación a la derecha"
    android:textColor="#000000"
    />
<TextView
    android:layout_width="fill_parent"
    android:layout_height="fill_parent"
    android:gravity="center"
    android:textStyle="bold"
    android:textSize="30sp"
    android:text="TRASLACIÓN"
    android:textColor="#000000"
    android:id="@+id/texto"
    />
</LinearLayout>
```

En el programa `Animacion.java` definimos un objeto de tipo `Animation` mediante una referencia al fichero de animación `traslacion_derecha.xml`. Para iniciar la animación, basta con llamar al método `startAnimation()` del objeto TextView, pasando la animación como argumento.

`Animacion.java`

```java
package es.ugr.amaro;

import android.app.Activity;
import android.os.Bundle;
import android.view.animation.Animation;
import android.view.animation.AnimationUtils;
import android.widget.TextView;

public class Animacion extends Activity {
    /** Called when the activity is first created. */
    @Override
    public void onCreate(Bundle savedInstanceState) {
```

```
            super.onCreate(savedInstanceState);
            setContentView(R.layout.main);

            TextView tv= (TextView) findViewById(R.id.texto);

            Animation td =
                AnimationUtils.loadAnimation(this,
                                R.anim.traslacion_derecha);
            td.setFillAfter(true);
            tv.startAnimation(td);

            tv.append("\n Texto añadido");
    }
}
```

El método `setFillAfter(true)` debe llamarse para que la transformación se mantenga tras la animación. En caso contrario, al finalizar esta, se mostrará el objeto TextView en su posición especificada en el layout. La animación se aplica al objeto TextView como un todo. Si añadimos texto con `append` más adelante, este también será animado. El resultado se muestra en la figura 2.1. El texto animado aparece inicialmente desplazado hacia la izquierda. Esto se establece en el fichero de animación en la línea

```
android:fromXDelta="-50%p"
```

que indica que la coordenada X se desplace una distancia negativa igual al 50% del ancho de la pantalla. La posición final se define en la línea

```
android:toXDelta="50%p"
```

es decir, desplazar el texto una distancia positiva igual al 50% del ancho de la pantalla. Para que el texto desaparezca completamente de la pantalla, basta con desplazarlo una distancia del 100%. Por ejemplo, la traslación

```
<translate
   android:fromXDelta="-100%p"
   android:toXDelta="100%p"
   android:duration="4000"/>
```

hará que el texto, inicialmente fuera de la pantalla a la izquierda, aparezca moviéndose hasta desaparecer por la derecha de la pantalla.

Esta otra animación

```
<translate
   android:fromXDelta="-100%p"
   android:toXDelta="0"
   android:duration="4000"/>
```

hace que el texto aparezca por la izquierda hasta llegar a la posición indicada en el layout, con un desplazamiento final igual a cero.

```
android:toXDelta="0"
```

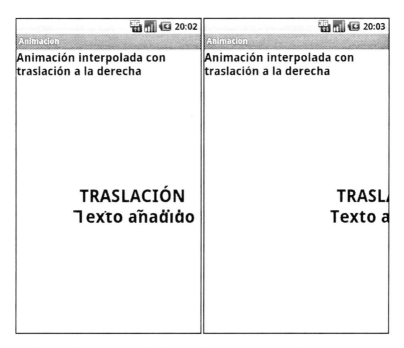

Figura 2.1. Animación interpolada con traslación a la derecha. Durante la animación (izquierda) y tras la animación (derecha).

Análogamente, especificando un desplazamiento inicial igual a cero y final igual a 100%, haremos ver que el texto se mueve desde su posición inicial hasta desaparecer de la pantalla por la derecha.

```
<translate
   android:fromXDelta="0"
   android:toXDelta="100%p"
   android:duration="4000"/>
```

El interpolador controla el modo en que la velocidad de la animación varía con el tiempo, indicado en el fichero xml de la animación mediante la etiqueta `interpolator`.

```
android:interpolator="@android:anim/accelerate_interpolator">
```

Estos son algunos de los interpoladores disponibles:

```
linear_interpolator
accelerate_interpolator
decelerate_interpolator
accelerate_decelerate_interpolator
anticipate_interpolator
bounce_interpolator
overshoot_interpolator
```

En el ejemplo anterior hemos utilizado el modo `accelerate`, con el que se consigue que el movimiento vaya haciéndose más rápido. En caso de que quisiéramos que la velocidad fuera constante, usaríamos `linear`. El interpolador `overshoot` produce el efecto de «dar martillazos».

2.2. Repetición de animaciones

Para repetir una animación, debemos usar el método `setRepeatMode()` e indicar el número de repeticiones con `setRepeatCount()`. Por ejemplo, para repetir una animación 20 veces:

```
animacion.setRepeatMode(Animation.RESTART);
animacion.setRepeatCount(20);
```

En este punto hay que advertir que en las actuales versiones de Android, la repetición de animaciones no funciona con la etiqueta `set` que hemos utilizado en el ejemplo anterior (*bug* documentado en la página web de Android). La etiqueta `set` se aplica a un objeto `AnimationSet`, que permite superponer varias animaciones. Para repetir una animación, esta debe ser simple, es decir, no debe contener la etiqueta `set`.

En el siguiente ejemplo se anima un texto central a lo largo de la diagonal. El movimiento es oscilatorio alrededor de su posición original con una amplitud de 50 píxeles de abajo arriba y de izquierda a derecha. El movimiento es rápido, con una duración de 200 milisegundos, y la aceleración es como un martilleo. El fichero de la animación es el siguiente:

res/anim/animacion.xml

```xml
<?xml version="1.0" encoding="utf-8"?>
<translate
  xmlns:android="http://schemas.android.com/apk/res/android"
  android:interpolator="@android:anim/overshoot_interpolator"
    android:fromYDelta="50"
    android:toYDelta="-50"
    android:fromXDelta="-50"
```

```
    android:toXDelta="50"
    android:duration="200"/>
```

Usaremos el siguiente layout:

```
main.xml

<?xml version="1.0" encoding="utf-8"?>
<LinearLayout
  xmlns:android="http://schemas.android.com/apk/res/android"
    android:orientation="vertical"
    android:layout_width="fill_parent"
    android:layout_height="fill_parent"
    android:background="#ffffff"
    >
<TextView
    android:layout_width="fill_parent"
    android:layout_height="wrap_content"
    android:textStyle="bold"
    android:textSize="20sp"
 android:text="Animación repetida con overshoot_interpolator"
    android:textColor="#000000"
    android:id="@+id/texto1"
    />
<TextView
    android:layout_width="fill_parent"
    android:layout_height="fill_parent"
    android:gravity="center"
    android:textStyle="bold"
    android:textSize="30sp"
    android:text="OVERSHOOT"
    android:textColor="#000000"
    android:id="@+id/texto"
    />
</LinearLayout>
```

A continuación se detalla el programa Java. Nótese que no se usa `setFillAfter(true)` para que el texto al final quede en su posición original. También se ilustra cómo pueden recuperarse algunos parámetros de la animación con `getRepeatMode()` y `getRepeatCount()`. En la figura 2.2. se muestra el resultado.

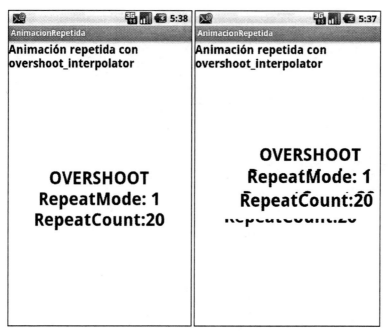

Figura 2.2. *Animación repetida con movimiento diagonal. Durante la animación (izquierda) y tras la animación (derecha).*

```
AnimacionRepetida.java

package es.ugr.amaro;

import android.app.Activity;
import android.os.Bundle;
import android.view.animation.Animation;
import android.view.animation.AnimationUtils;
import android.widget.TextView;

public class AnimacionRepetida extends Activity {
    /** Called when the activity is first created. */
    @Override
    public void onCreate(Bundle savedInstanceState) {
        super.onCreate(savedInstanceState);
        setContentView(R.layout.main);

        TextView tv= (TextView) findViewById(R.id.texto);

        Animation td = AnimationUtils.loadAnimation(this,
                            R.anim.traslacion);
```

```
            td.setRepeatMode(Animation.RESTART);
            td.setRepeatCount(20);
//          td.setFillAfter(true);
            tv.startAnimation(td);
            
            tv.append("\nRepeatMode: "+td.getRepeatMode());
            tv.append("\nRepeatCount:"+td.getRepeatCount());
        }
}
```

2.3. Rotaciones

Para generar una rotación debemos especificar el ángulo inicial y final. Esto se puede indicar en un fichero xml, al igual que en el caso de las traslaciones. En el siguiente ejemplo hacemos girar el texto central repetidas veces. Usando el mismo layout del ejemplo anterior, el fichero de la animación es el siguiente:

rotacion.xml

```
<?xml version="1.0" encoding="utf-8"?>
<rotate
xmlns:android="http://schemas.android.com/apk/res/android"
    android:interpolator="@android:anim/linear_interpolator"
    android:fromDegrees="0"
    android:toDegrees="360"
    android:pivotX="50%"
    android:pivotY="50%"
    android:duration="2000"/>
```

Las variables `pivotX` y `pivotY` indican la posición del centro de giro. En este caso, ambas valen 50%, correspondiendo al centro del objeto que se está rotando. El programa `Rotacion.java` es prácticamente el mismo que el del ejemplo anterior, cambiando el nombre del fichero de animación y el texto. En la figura 2.3. se muestra el resultado.

Rotacion.java

```
public class Rotacion extends Activity {
    /** Called when the activity is first created. */
    @Override
    public void onCreate(Bundle savedInstanceState) {
        super.onCreate(savedInstanceState);
        setContentView(R.layout.main);
```

```
        TextView tv1= (TextView) findViewById(R.id.texto1);
        tv1.setText("Animaciones: rotación");

        TextView tv= (TextView) findViewById(R.id.texto);
        tv.setText("TEXTO GIRANDO");

        Animation td =
        AnimationUtils.loadAnimation(this,R.anim.rotacion);

        td.setRepeatMode(Animation.RESTART);
        td.setRepeatCount(20);
        tv.startAnimation(td);
    }
}
```

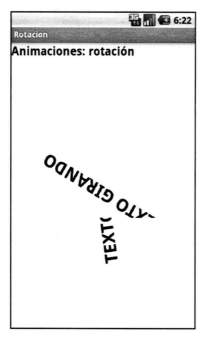

Figura 2.3. Animación rotando un texto.

2.4. Dilataciones y contracciones

Una dilatación o contracción es una animación de la escala en las dimensiones de un objeto de tipo `View`. Esto se hace en xml utilizando la propiedad `scale`. Para este ejemplo, usaremos el siguiente fichero de animación:

```
res/anim/dilatacion.xml

<?xml version="1.0" encoding="utf-8"?>
<scale
xmlns:android="http://schemas.android.com/apk/res/android"
android:interpolator="@android:anim/decelerate_interpolator"
   android:fromXScale="1.0"
   android:toXScale="2.0"
   android:fromYScale="1.0"
   android:toYScale="10.0"
   android:pivotX="50%"
   android:pivotY="50%"
   android:duration="2000"/>
```

Se debe indicar la escala inicial y final en cada dimensión X e Y. El centro de dilatación se especifica igual que el centro de rotación, con `pivotX` y `pivotY`.

El programa Java para dilatar un texto sería una variante de los ejemplos anteriores, usando el mismo layout. En la figura 2.4. se muestra el resultado.

```
Dilatacion.java

public class Dilatacion extends Activity {

   @Override
   public void onCreate(Bundle savedInstanceState) {
       super.onCreate(savedInstanceState);
       setContentView(R.layout.main);

       TextView tv1= (TextView) findViewById(R.id.texto1);
       tv1.setText(
            "Animaciones: dilataciones y contracciones");

       TextView tv= (TextView) findViewById(R.id.texto);
       tv.setText("DILATANDO");

       Animation td =
       AnimationUtils.loadAnimation(this,R.anim.dilatacion);

       td.setRepeatMode(Animation.RESTART);
```

```
            td.setRepeatCount(20);
            tv.startAnimation(td);
    }
}
```

Figura 2.4. Animación dilatando un texto.

2.5. Apariciones y desapariciones

Para conseguir que un texto aparezca haciéndose más visible o nítido, animaremos la propiedad `alpha`, que controla la transparencia o, más correctamente, la ausencia de transparencia. Es decir, la opacidad. Un valor igual a cero indica transparencia total, o invisibilidad. Un valor igual a uno es opacidad total. En la siguiente actividad hacemos aparecer y desaparecer un texto animando la transparencia. En primer lugar, creamos un fichero xml para la animación.

```
aparicion.xml

<?xml version="1.0" encoding="utf-8"?>
<alpha
xmlns:android="http://schemas.android.com/apk/res/android"
```

```
            android:interpolator="@android:anim/linear_interpolator"
            android:fromAlpha="0.0"
            android:toAlpha="1.0"
            android:duration="3000"/>
```

Usamos el mismo layout de los ejemplos anteriores y modificamos ligeramente el programa para obtener la actividad que se detalla a continuación. En la figura 2.5. se muestra el resultado de la animación.

```
Aparicion.java

public class Aparicion extends Activity {

    @Override
    public void onCreate(Bundle savedInstanceState) {
        super.onCreate(savedInstanceState);
        setContentView(R.layout.main);

        TextView tv1= (TextView) findViewById(R.id.texto1);
        tv1.setText("Animaciones: aparición y desaparición");

        TextView tv= (TextView) findViewById(R.id.texto);
        tv.setText("APARECIENDO");

        Animation td =
         AnimationUtils.loadAnimation(this,R.anim.aparicion);

        td.setRepeatMode(Animation.RESTART);
        td.setRepeatCount(20);
        tv.startAnimation(td);
    }
}
```

Figura 2.5*. Animación haciendo aparecer un texto.*

2.6. Series de animaciones

Es posible encadenar varias animaciones en un `AnimationSet`. Para ello, utilizamos la etiqueta `set` en un fichero xml. En el siguiente ejemplo encadenamos una aparición, una dilatación, una rotación y una traslación. Por defecto, todas las animaciones comienzan simultáneamente, pero se puede indicar el momento en que debe comenzar cada una mediante la etiqueta `startOffset`. En este caso, cada animación comienza tres segundos después de la que la precede.

```
res/anim/serie.xml

<?xml version="1.0" encoding="utf-8"?>
<set
xmlns:android="http://schemas.android.com/apk/res/android"
   android:shareInterpolator="true">
<alpha
   android:interpolator="@android:anim/linear_interpolator"
   android:fromAlpha="0.0"
   android:toAlpha="1.0"
   android:duration="3000"/>
<scale
   android:fromXScale="1.0"
   android:toXScale="2.0"
```

```xml
    android:fromYScale="1.0"
    android:toYScale="5.0"
    android:pivotX="50%"
    android:pivotY="50%"
    android:startOffset="3000"
    android:duration="3000"
    />
<rotate
    android:fromDegrees="0"
    android:toDegrees="45"
    android:pivotX="50%"
    android:pivotY="50%"
    android:startOffset="6000"
    android:duration="3000"
    />
<translate
    android:fromYDelta="0%"
    android:toYDelta="25%"
    android:startOffset="9000"
    android:duration="3000"
/>
</set>
```

De nuevo, el fichero de la actividad es similar a los anteriores, igual que el layout. En la figura 2.6. se muestra el resultado.

SerieDeAnimaciones.java

```java
public class SerieDeAnimaciones extends Activity {

    @Override
    public void onCreate(Bundle savedInstanceState) {
        super.onCreate(savedInstanceState);
        setContentView(R.layout.main);

        TextView tv1= (TextView) findViewById(R.id.texto1);
        tv1.setText("Serie de animaciones");
        TextView tv= (TextView) findViewById(R.id.texto);
        tv.setText("ANIMÁNDOME");
        Animation td =
         AnimationUtils.loadAnimation(this,R.anim.serie);
        td.setFillAfter(true);
        tv.startAnimation(td);

    }
}
```

Figura 2.6. Serie de animaciones.

2.7. Animaciones con Java

Las animaciones interpoladas se pueden programar enteramente en Java sin utilizar ficheros de animación xml. Una animación es un objeto de una de las clases `AlphaAnimation, ScaleAnimation, RotateAnimation` o `TraslateAnimation`. En el constructor se indican todas las propiedades que hemos visto en xml. Una serie de animaciones es un objeto de la clase `AnimationSet`. Cada animación individual se añade a la serie mediante `serie.addAnimation(animacion)`. Hay que recordar que la repetición de animaciones con `setRepeatMode()` no funciona con series.

En el siguiente ejemplo se realiza en Java la misma serie de animaciones de la sección anterior, usando el mismo layout. En la figura 2.7. se muestra el resultado.

```
AnimacionJava.java

package es.ugr.amaro;

import android.app.Activity;
import android.os.Bundle;
import android.view.animation.*;
import android.widget.TextView;

public class AnimacionJava extends Activity {

    @Override
    public void onCreate(Bundle savedInstanceState) {
        super.onCreate(savedInstanceState);
        setContentView(R.layout.main);

        TextView tv1= (TextView) findViewById(R.id.texto1);
        tv1.setText("Una serie de animaciones en Java");

        TextView tv= (TextView) findViewById(R.id.texto);
        tv.setText("ME ANIMA JAVA");

        AnimationSet animacion = new AnimationSet(true);

        // animación aparición
        AlphaAnimation aparicion = new AlphaAnimation(0,1);
        aparicion.setDuration(3000);

        // animación escalado
        // rs indica que las coordenadas son relativas
        int rs=ScaleAnimation.RELATIVE_TO_SELF;
        ScaleAnimation escala=
            new  ScaleAnimation(1,2,1,5,rs,0.5f,rs,0.5f);
```

```java
            escala.setDuration(3000);
            escala.setStartOffset(3000);

            // animación rotación
            // rs indica que las coordenadas son relativas
            rs=RotateAnimation.RELATIVE_TO_SELF;
            RotateAnimation rotacion
                = new RotateAnimation(0,45,rs,0.5f,rs,0.5f);
            rotacion.setDuration(3000);
            rotacion.setStartOffset(6000);

            // animación traslación
            // rp indica que las coordenadas son relativas
            int rp=TranslateAnimation.RELATIVE_TO_PARENT;
            TranslateAnimation traslacion
             =new TranslateAnimation(rp,0f,rp,0f,rp,0f,rp,0.25f);
            traslacion.setDuration(3000);
            traslacion.setStartOffset(9000);

            // enlaza las animaciones
            animacion.addAnimation(aparicion);
            animacion.addAnimation(escala);
            animacion.addAnimation(rotacion);
            animacion.addAnimation(traslacion);

            animacion.setFillAfter(true);
//          animacion.setRepeatMode(Animation.RESTART);
//          animacion.setRepeatCount(20);
            tv.startAnimation(animacion);

    }
}
```

Nótese que la posición del centro de escalado, indicada en xml con `pivotX="50%"`, se especifica en Java mediante estos dos parámetros:

`ScaleAnimation.RELATIVE_TO_SELF,0.5f`

El primero es una constante que indica que la coordenada es relativa al objeto que se está animando. Dicha coordenada se especifica mediante el siguiente parámetro, que toma un valor entre 0 y 1.

Figura 2.7. Serie de animaciones programadas con Java.

2.8. AnimationListener

La interfaz `AnimationListener` permite implementar acciones que se «disparan» cada vez que una animación se repite, o cuando finaliza o se inicia. Esto permite modificar el contenido del objeto View durante la animación o enlazar varias animaciones. Para ello, hay que definir la animación como un «oyente» mediante

```
animacion.setAnimationListener(animationListener);
```

La clase que implementa `AnimationListener` debe definir los métodos `onAnimationRepeat, onAnimationEnd, onAnimationStart.`

En el siguiente ejemplo, una primera animación hace aparecer un contador 10 veces. Nuestra actividad implementa `AnimationListener` incrementando el contador cada vez que la animación se repite y, al finalizar esta, ejecuta una segunda animación de escala escribiendo un mensaje final. Usamos el mismo layout de los ejemplos anteriores. En la figura 2.8. se muestra el resultado.

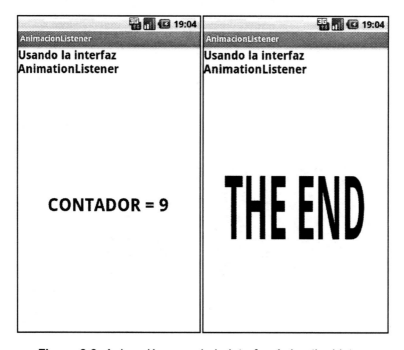

Figura 2.8. Animación usando la interfaz AnimationListener.

```
AnimacionListener.java
```

```java
package es.ugr.amaro;

import android.app.Activity;
import android.os.Bundle;
import android.view.animation.*;
import android.view.animation.Animation.AnimationListener;
import android.widget.TextView;

public class AnimacionListener extends Activity
                    implements AnimationListener{

    int i=1;
    TextView tv;
    Animation escala;
    @Override
    public void onCreate(Bundle savedInstanceState) {
        super.onCreate(savedInstanceState);
        setContentView(R.layout.main);

        TextView tv1= (TextView) findViewById(R.id.texto1);
        tv1.setText("Usando la interfaz AnimationListener");

        tv= (TextView) findViewById(R.id.texto);
        tv.setText("CONTADOR = "+i);

        // animación aparición
        Animation aparicion = new AlphaAnimation(0,1);
        aparicion.setDuration(1000);
        aparicion.setFillAfter(true);
        aparicion.setRepeatMode(Animation.RESTART);
        aparicion.setRepeatCount(10);
        aparicion.setAnimationListener(this);

        // animación escalado
        // rs indica que las coordenadas son relativas
        int rs=ScaleAnimation.RELATIVE_TO_SELF;
        escala= new ScaleAnimation(1,2,1,5,rs,0.5f,rs,0.5f);
        escala.setDuration(3000);
        escala.setFillAfter(true);
        tv.startAnimation(aparicion);
    }

    @Override
    public void onAnimationEnd(Animation animation) {
        tv.setText("THE END");
        tv.startAnimation(escala);
    }
```

```java
    @Override
    public void onAnimationRepeat(Animation animation) {
        i++;
        tv.setText("CONTADOR = "+i);
    }

    @Override
    public void onAnimationStart(Animation animation) {
    }
}
```

2.9. Animación de un layout

Una misma animación puede aplicarse a todo un layout. En este caso, se animarán todos los objetos View del layout en secuencia, cada uno con un retraso. Partiremos de la siguiente animación, una traslación que hace aparecer un elemento por la derecha.

`res/anim/animacion.xml`

```xml
<?xml version="1.0" encoding="utf-8"?>
<translate
xmlns:android="http://schemas.android.com/apk/res/android"
    android:interpolator="@android:anim/linear_interpolator"
    android:fromXDelta="100%p"
    android:toXDelta="0%p"
    android:duration="2000"/>
```

A continuación, definimos la animación del layout mediante `layoutAnimation` en el siguiente fichero xml. En este caso, especificamos el retraso o `delay` en la animación de cada elemento, expresado como una fracción de la duración de la animación, y el orden o `animationOrder` en el que se aplicarán las sucesivas animaciones, que puede ser `normal`, `reverse` o `random`. Finalmente, el fichero de la animación se especifica como el recurso `anim/animacion`.

`res/anim/layout_anim.xml`

```xml
<?xml version="1.0" encoding="utf-8"?>
<layoutAnimation
xmlns:android="http://schemas.android.com/apk/res/android"
    android:delay="1"
    android:animationOrder="normal"
    android:animation="@anim/animacion"/>
```

Figura 2.9. Animación de un layout mediante LayoutAnimation.

Finalmente, aplicamos la animación al layout en el fichero `main.xml` mediante la etiqueta `android:layoutAnimation`. El fichero Java de nuestra aplicación `layoutAnimationActivity` no necesita modificarse con respecto al creado por defecto. En la figura 2.9. se muestra el resultado de la animación.

```
main.xml

<?xml version="1.0" encoding="utf-8"?>
<LinearLayout
xmlns:android="http://schemas.android.com/apk/res/android"
    android:orientation="vertical"
    android:layout_width="fill_parent"
    android:layout_height="fill_parent"
    android:background="#ffffff"
    android:layoutAnimation="@anim/layout_anim"
    >
<TextView
    android:layout_width="fill_parent"
    android:layout_height="wrap_content"
    android:textStyle="bold"
    android:textSize="20sp"
    android:text="Animación de un layout"
    android:textColor="#000000"
    />
<TextView
    android:layout_width="fill_parent"
    android:layout_height="wrap_content"
    android:textStyle="bold"
    android:textSize="20sp"
    android:text="Orden normal"
    android:textColor="#000000"
    />
<TextView
    android:layout_width="fill_parent"
    android:layout_height="wrap_content"
    android:textStyle="bold"
    android:textSize="20sp"
    android:text="El texto va apareciendo por la derecha"
    android:textColor="#000000"
    />

<TextView
    android:layout_width="fill_parent"
    android:layout_height="wrap_content"
    android:textStyle="bold"
    android:textSize="20sp"
    android:text="Cada textView tiene la misma animación"
```

```
        android:textColor="#000000"
        />
<TextView
    android:layout_width="fill_parent"
    android:layout_height="fill_parent"
    android:gravity="center"
    android:textStyle="bold"
    android:textSize="30sp"
    android:text="ESO ES TODO"
    android:textColor="#000000"
    android:id="@+id/texto"
    />
</LinearLayout>
```

2.10. Animación de un layout en Java

La animación del layout anterior se ha realizado en su totalidad mediante recursos de animaciones almacenados en ficheros xml. La misma animación se puede hacer usando solo código Java. Para ello, hay que seguir los siguientes pasos:

1. Definir la animación que debe aplicarse a cada `View`, como hicimos anteriormente.

2. Construir un controlador de animaciones, que es un objeto de la clase `LayoutAnimationController`, pasándole la animación como parámetro.

3. Ejecutar el método `setLayoutAnimation` del layout que queremos animar, pasándole el controlador anterior como parámetro.

Todo ello se ilustra en la siguiente actividad, que da el mismo resultado que el ejemplo anterior (figura 2.9.).

```
import android.app.Activity;
import android.os.Bundle;
import android.view.animation.LayoutAnimationController;
import android.view.animation.TranslateAnimation;
import android.widget.LinearLayout;

public class LayoutAnimationJava extends Activity {
    /** Called when the activity is first created. */
    @Override
    public void onCreate(Bundle savedInstanceState) {
        super.onCreate(savedInstanceState);
        setContentView(R.layout.main);
```

```
        // animación traslación
        // rp indica que las coordenadas son relativas
        int rp=TranslateAnimation.RELATIVE_TO_PARENT;
        TranslateAnimation traslacion
            =new TranslateAnimation(rp,1f,rp,0f,rp,0f,rp,0f);
        traslacion.setDuration(3000);

        LayoutAnimationController la
                =new LayoutAnimationController(traslacion);
        la.setDelay(1);
        la.setOrder(LayoutAnimationController.ORDER_NORMAL);

        LinearLayout ll
                =(LinearLayout)findViewById(R.id.layout);
        ll.setLayoutAnimation(la);
    }
}
```

El layout que se ha utilizado en este ejemplo es el mismo que el del anterior, eliminando la etiqueta `android:layoutAnimation` y definiendo la ID del layout.

```
    android:id="@+id/layout"
```

2.11. LayoutAnimationListener

Las animaciones de un layout también admiten la interfaz `AnimationListener`. Para ello, se invoca el método `setLayoutAnimationListener`. En el siguiente ejemplo se modifica la actividad anterior para cambiar el TextView final y que experimente una rotación después de la animación del layout. El fichero main.xml no se modifica. En la figura 2.11. se muestra el resultado.

```
package es.ugr.amaro;

import android.app.Activity;
import android.os.Bundle;
import android.view.animation.*;
import android.view.animation.Animation.AnimationListener;
import android.widget.LinearLayout;
import android.widget.TextView;

public class LayAnimListenerActivity extends Activity
                        implements AnimationListener{

    @Override
    public void onCreate(Bundle savedInstanceState) {
```

```java
        super.onCreate(savedInstanceState);
        setContentView(R.layout.main);

        // animación traslación
        // rp indica que las coordenadas son relativas
        int rp=TranslateAnimation.RELATIVE_TO_PARENT;
        TranslateAnimation traslacion
            =new TranslateAnimation(rp,1f,rp,0f,rp,0f,rp,0f);
        traslacion.setDuration(3000);

        LayoutAnimationController la
            = new LayoutAnimationController(traslacion);
        la.setDelay(1);
        la.setOrder(LayoutAnimationController.ORDER_NORMAL);

        LinearLayout ll
               =(LinearLayout) findViewById(R.id.layout);
        ll.setLayoutAnimation(la);
        ll.setLayoutAnimationListener(this);
    }

    @Override
    public void onAnimationEnd(Animation animation) {

        int rs=RotateAnimation.RELATIVE_TO_SELF;
        RotateAnimation rotacion
           = new RotateAnimation(0,360,rs,0.5f,rs,0.5f);
        rotacion.setDuration(3000);

        TextView tv=(TextView) findViewById(R.id.texto);
        tv.setText("ESO NO ES TODO");
        tv.startAnimation(rotacion);
    }

    @Override
    public void onAnimationRepeat(Animation animation) {
    }

    @Override
    public void onAnimationStart(Animation animation) {
    }
}
```

Figura 2.11. Animación de un layout mediante LayoutAnimationListener.

3. ANIMACIÓN DE FOTOGRAMAS

3.1. Animación usando recursos

Una animación de fotogramas consiste en una secuencia de imágenes, cada una de las cuales se muestra en pantalla durante un tiempo determinado. La información de los fotogramas y su duración se puede incluir en un fichero xml, que colocaremos en uno de los directorios `res/drawable`. En el siguiente ejemplo animaremos una secuencia de seis imágenes jpg, que irán cambiando en intervalos de tres segundos. Las imágenes las copiaremos en el directorio `res/drawable-mdpi`. En el mismo directorio crearemos el siguiente recurso, un fichero xml con la lista de fotogramas de la animación.

```
res/drawable-mdpi/fotogramas_animados.xml
```

```xml
<?xml version="1.0" encoding="utf-8"?>
<animation-list
  xmlns:android="http://schemas.android.com/apk/res/android"
  android:oneshot="false"  >
  <item android:drawable="@drawable/horacia"
        android:duration="3000"/>
  <item android:drawable="@drawable/pitugorda1"
        android:duration="3000"/>
  <item android:drawable="@drawable/minipitu"
        android:duration="3000"/>
  <item android:drawable="@drawable/pituflaca"
        android:duration="3000"/>
  <item android:drawable="@drawable/linda"
        android:duration="3000"/>
  <item android:drawable="@drawable/pitugorda2"
        android:duration="3000"/>
</animation-list>
```

Usaremos el siguiente layout, que consiste en dos botones para activar y detener la animación y un ImageView para contener las imágenes.

```
main.xml
```

```xml
<?xml version="1.0" encoding="utf-8"?>
<LinearLayout
xmlns:android="http://schemas.android.com/apk/res/android"
    android:orientation="vertical"
    android:layout_width="fill_parent"
    android:layout_height="fill_parent"
    >
<TextView
    android:layout_width="fill_parent"
    android:layout_height="wrap_content"
    android:text="Animación de fotogramas"
    android:textSize="30sp"
    android:id="@+id/texto"
    />
<Button android:text="Comenzar"
    android:id="@+id/button1"
    android:layout_width="wrap_content"
    android:layout_height="wrap_content"></Button>

<Button android:text="Detener"
    android:id="@+id/button2"
    android:layout_width="wrap_content"
    android:layout_height="wrap_content"></Button>

<ImageView android:layout_height="fill_parent"
    android:layout_width="fill_parent"
    android:id="@+id/imagen">
</ImageView>

</LinearLayout>
```

Finalmente, en la actividad `AnimacionDeFotogramas.java` declaramos la animación como un objeto de tipo `AnimationDrawable`. La animación comienza y se detiene ejecutando sus métodos `start` y `stop`. Para definir la animación, primero asignamos el recurso `fotogramas_animados.xml` al ImageView mediante `setBackgroundResource` y luego extraemos la animación ejecutando el método `getBackground`. En la figura 3.1. se muestra el resultado.

Figura 3.1. Animación de fotogramas.

```
AnimacionDeFotogramas.java

package es.ugr.amaro;

import android.app.Activity;
import android.graphics.drawable.AnimationDrawable;
import android.os.Bundle;
import android.view.View;
```

```
import android.view.View.OnClickListener;
import android.widget.Button;
import android.widget.ImageView;

public class AnimacionDeFotogramas extends Activity
                        implements OnClickListener{

    AnimationDrawable animation;

    @Override
    public void onCreate(Bundle savedInstanceState) {
        super.onCreate(savedInstanceState);
        setContentView(R.layout.main);

        ImageView image
            = (ImageView) findViewById(R.id.imagen);
        image.setVisibility(ImageView.VISIBLE);
        image.setBackgroundResource(
                R.drawable.fotogramas_animados);
        animation
           = (AnimationDrawable) image.getBackground();

        Button boton=(Button) findViewById(R.id.button1);
        boton.setOnClickListener(this);
        Button boton2=(Button) findViewById(R.id.button2);
        boton2.setOnClickListener(this);
    }

    @Override
    public void onClick(View v) {
       if(v.getId()==R.id.button1) animation.start();
       else  animation.stop();
    }

}
```

Hay que advertir que el método `start` de `AnimationDrawable` no se puede ejecutar directamente en `onStart` para comenzar la animación automáticamente, porque la aplicación no funcionaría. También hay que controlar el tamaño de las imágenes que se usan como fotogramas. Si son muy grandes o abundantes, se puede producir un error de memoria. Por lo tanto, se debe reducir el tamaño y el número de los fotogramas tanto como sea posible.

3.2. Animación de fotogramas en Java: AnimationDrawable

En el ejemplo anterior hemos animado una serie de fotogramas. La animación se definió como un recurso, en el fichero `fotogramas_animados.xml`, que se asignó al background de un ImageView mediante `setBackgroundResource`.

La misma animación la realizaremos ahora en Java sin utilizar el recurso anterior. En Java, una animación de fotogramas es un objeto de la clase `AnimationDrawable`. Los fotogramas se añaden a esta animación con el método `addFrame`, que admite dos argumentos: la imagen a dibujar (como un objeto `Drawable`) y la duración del fotograma en milisegundos. El método `setOneShot(boolean)` controla si la animación se va a mostrar solo una vez (`true`) o se va a repetir (`false`). Para asociar la animación al background, usamos el método `setBackgroundDrawable` de ImageView. Este sería el programa Java de la animación, usando el layout del ejemplo anterior. El resultado es el mismo que se muestra en la figura 3.1.

```java
package es.ugr.amaro;

import android.app.Activity;
import android.content.res.Resources;
import android.graphics.drawable.AnimationDrawable;
import android.graphics.drawable.Drawable;
import android.os.Bundle;
import android.view.View;
import android.view.View.OnClickListener;
import android.widget.Button;
import android.widget.ImageView;

public class AnimacionFotoJava extends Activity
                            implements OnClickListener{

    AnimationDrawable animation;

    @Override
    public void onCreate(Bundle savedInstanceState) {
        super.onCreate(savedInstanceState);
        setContentView(R.layout.main);

        animation=new AnimationDrawable();
        Resources resources = getResources();
        Drawable imagen1
            = resources.getDrawable(R.drawable.horacia);
        Drawable imagen2
            = resources.getDrawable(R.drawable.pitugorda1);
        Drawable imagen3
            = resources.getDrawable(R.drawable.minipitu);
```

```
            Drawable imagen4
               = resources.getDrawable(R.drawable.pituflaca);
            Drawable imagen5
               = resources.getDrawable(R.drawable.linda);
            Drawable imagen6
               = resources.getDrawable(R.drawable.pitugorda2);

            animation.addFrame(imagen1,3000);
            animation.addFrame(imagen2,3000);
            animation.addFrame(imagen3,3000);
            animation.addFrame(imagen4,3000);
            animation.addFrame(imagen5,3000);
            animation.addFrame(imagen6,3000);
            animation.setOneShot(false);

            ImageView image
                = (ImageView) findViewById(R.id.imagen);
            image.setVisibility(ImageView.VISIBLE);
            image.setBackgroundDrawable(animation);

            Button boton=(Button) findViewById(R.id.button1);
            boton.setOnClickListener(this);
            Button boton2=(Button) findViewById(R.id.button2);
            boton2.setOnClickListener(this);
      }

      @Override
      public void onClick(View v) {
         if(v.getId()==R.id.button1) animation.start();
         else   animation.stop();
      }

}
```

3.3. Ajuste de la relación de aspecto

En los ejemplos anteriores hemos asignado una animación de fotogramas al background de un ImageView. El problema que surge en estas animaciones es que los parámetros del ImageView en el layout eran `fill_parent`. Esto provoca que el tamaño de las imágenes se reduzca para llenar completamente el espacio disponible, sin que se mantenga la relación altura/anchura. Si intentamos modificar el tamaño cambiando los parámetros a `wrap_content` en el layout, el resultado es que no se muestra nada; es decir, no se ven las imágenes. Esto se debe a que la animación es un objeto de tipo `Drawable` cuyas dimensiones intrínsecas son cero. No obstante, esta limitación de la clase `AnimationDrawable` puede solventarse parcialmente, simulando aproximadamente el efecto de `wrap_content`.

En primer lugar, creamos una actividad `AnimacionFotoAspecto.java` con el siguiente layout:

`main.xml`

```xml
<?xml version="1.0" encoding="utf-8"?>
<LinearLayout
xmlns:android="http://schemas.android.com/apk/res/android"
    android:orientation="vertical"
    android:background="#ffffff"
    android:layout_width="fill_parent"
    android:layout_height="fill_parent"
    android:id="@+id/layout"
    >
<TextView
    android:layout_width="fill_parent"
    android:layout_height="wrap_content"
    android:text="Animación de fotogramas"
    android:textColor="#000000"
    android:textSize="16sp"
    android:id="@+id/texto"
    />
<Button android:text="Comenzar"
   android:id="@+id/button1"
   android:layout_width="wrap_content"
   android:layout_height="wrap_content"></Button>

<Button android:text="Detener"
   android:id="@+id/button2"
   android:layout_width="wrap_content"
   android:layout_height="wrap_content"></Button>

<ImageView android:layout_height="fill_parent"
   android:layout_width="fill_parent"
   android:src="@drawable/horacia"
   android:id="@+id/imagen">
</ImageView>

</LinearLayout>
```

La actividad comienza creando la misma animación de fotogramas del ejemplo anterior, pero en lugar de asignarla al background, la asignaremos directamente al ImageView mediante

```
image.setImageDrawable(animation);
```

Esto todavía no resuelve el problema. Si intentamos iniciar la animación, veremos que la imagen no mantiene su relación de aspecto, como se observa en la figura 3.3.1. La razón es que los parámetros del ImageView son `fill_parent` (recordemos que no podemos usar `wrap_content` porque no se muestra nada). Un modo de forzar a modificar el tamaño de la imagen sería añadir márgenes mediante `setPadding`. Para ello tenemos que calcular el tamaño vertical que ocupa la imagen y, a partir de ahí, calcular la anchura que debería tener manteniendo su relación de aspecto.

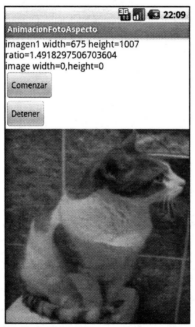

Figura 3.3.1. Animación de fotogramas que no mantiene la relación de aspecto.

En la siguiente actividad se calcula la relación de aspecto real del primer fotograma. Seguidamente, calculamos la altura que tiene el ImageView en la pantalla mediante `getMeasuredHeight`. En este punto nos encontramos otro problema, ya que si escribimos estos valores en la pantalla, veremos que el ImageView tiene dimensiones nulas, como se muestra en la figura 3.3.2. La razón es que estas dimensiones se están calculando dentro del método `onCreate` de la actividad cuando el layout de la actividad no se ha desplegado completamente. Los contenidos solo están definidos cuando la actividad está lista para interaccionar con el usuario; por ejemplo, al pulsar uno de los botones. Por lo tanto, la solución es realizar nuestras manipulaciones dentro del método `onClick`. El programa Java es el siguiente:

```java
package es.ugr.amaro;

import android.app.Activity;
import android.content.res.Resources;
import android.graphics.drawable.AnimationDrawable;
import android.graphics.drawable.Drawable;
import android.os.Bundle;
import android.view.View;
import android.view.View.OnClickListener;
import android.widget.Button;
import android.widget.ImageView;
import android.widget.TextView;

public class AnimacionFotoAspecto extends Activity
                        implements OnClickListener{

   AnimationDrawable animation;
   ImageView image;
   TextView tv;
   double ratio;

    @Override
    public void onCreate(Bundle savedInstanceState) {
        super.onCreate(savedInstanceState);
        setContentView(R.layout.main);

        image= (ImageView)  findViewById(R.id.imagen);
        image.setVisibility(ImageView.VISIBLE);

        animation=new AnimationDrawable();
        Resources resources = getResources();
        Drawable imagen1
           = resources.getDrawable(R.drawable.horacia);
        Drawable imagen2
           = resources.getDrawable(R.drawable.pitugorda1);
        Drawable imagen3
           = resources.getDrawable(R.drawable.minipitu);
        Drawable imagen4
           = resources.getDrawable(R.drawable.pituflaca);
        Drawable imagen5
           = resources.getDrawable(R.drawable.linda);
        Drawable imagen6
           = resources.getDrawable(R.drawable.pitugorda2);

        animation.addFrame(imagen1,3000);
        animation.addFrame(imagen2,3000);
        animation.addFrame(imagen3,3000);
```

```
            animation.addFrame(imagen4,3000);
            animation.addFrame(imagen5,3000);
            animation.addFrame(imagen6,3000);
            animation.setOneShot(false);
            image.setImageDrawable(animation);

            int width=imagen1.getIntrinsicWidth();
            int height=imagen1.getIntrinsicHeight();
            ratio=height/(width+0.01);
            tv= (TextView) findViewById(R.id.texto);
            tv.setText("imagen1 width="+width+" height="
                    +height+" ratio="+ratio);

            width=image.getMeasuredWidth();
            height=image.getMeasuredHeight();
            tv.append("\nimage width="+width+",height="+height);

            Button boton=(Button) findViewById(R.id.button1);
            boton.setOnClickListener(this);
            Button boton2=(Button) findViewById(R.id.button2);
            boton2.setOnClickListener(this);
      }

      @Override
      public void onClick(View v) {
         if(v.getId()==R.id.button1){

            int width=image.getMeasuredWidth();
            int height=image.getMeasuredHeight();
            tv.append("\nonClick width="+width
                    +" height="+height);

            int newwidth= (int) (height/ratio);
            int padding=(width-newwidth)/2;
            tv.append("\nnewwidth="+newwidth
                    +" padding="+padding);
            image.setPadding(padding, 0, padding, 0);
            animation.start();
         }
         else  animation.stop();
      }
}
```

Al calcular dentro de `onClick` las dimensiones del ImageView, vemos que ya no son cero, por lo que podemos calcular el margen necesario en la imagen para mantener la relación de aspecto (padding). El resultado se muestra en la figura 3.3.2. (izquierda). Hemos escrito las dimensiones del ImageView antes y después de `onClick`, cuando ya se ha desplegado el layout, así como la nueva anchura de la imagen y el valor necesario del padding. Es ilustrativo pulsar los botones *Detener* y *Comenzar* de nuevo, porque entonces se vuelve a calcular las dimensiones del ImageView, que se han modificado respecto al paso anterior al escribir dos líneas de texto. Esto hace recalcular la anchura de la imagen y reajustar el padding, como se observa en la figura 3.3.2. (derecha). Dicha operación puede repetirse varias veces y se verá que la relación de aspecto se mantiene en todos los pasos, hasta que la imagen desaparezca de la pantalla por abajo.

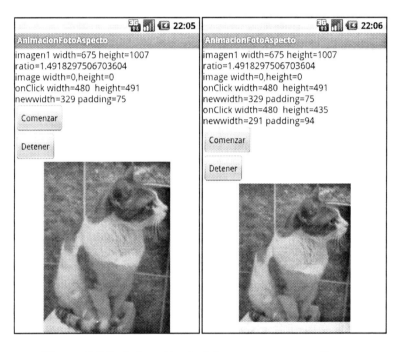

Figura 3.3.2. *Animación de fotogramas que mantiene la relación de aspecto usando padding.*

4. PROCESOS EN BACKGROUND

En Android podemos ejecutar simultáneamente partes de un programa como procesos paralelos. Cada uno de estos procesos se denomina *thread,* o hilo, y se ejecuta en background con una prioridad determinada bajo el control de un objeto de la clase Thread de Java. Una forma de crear un hilo es definir una clase que extienda a la clase Thread. La nueva clase debe sobrescribir el método run(), que se ejecutará cuando se inicie el hilo. Otra forma de crear un hilo es implementando la interfaz Runnable. En este capítulo veremos algunos ejemplos del uso de hilos (en el libro *Android* se pueden ver ejemplos alternativos).

Inicialmente, solo hay un hilo asociado a una actividad, el hilo principal, que consiste en una serie de instrucciones o sentencias que se ejecutan secuencialmente. Además, este hilo es el que controla los elementos de la interfaz de usuario (UI) que se muestran en pantalla. En este capítulo veremos también cómo se puede modificar la UI desde otro hilo.

4.1. Uso de Timer y RunOnUiThread

La clase Timer del paquete java.util permite programar tareas que se ejecutan transcurrido un tiempo, de forma única o secuencialmente. Un temporizador es un objeto de tipo Timer. Para programarlo se utilizan los métodos schedule, para realizar una única tarea, o scheduleAtFixedRate, para una serie repetitiva de tareas. Para detener el temporizador, se usa el método cancel. Por ejemplo, para programar una tarea repetitiva, escribiríamos lo siguiente:

```
timer= new Timer("Temporizador");
timer.scheduleAtFixedRate(timerTask,retraso,periodo);
```

Aquí, retraso es el tiempo de espera hasta que se ejecute la acción; periodo, el tiempo de repetición y timerTask es un objeto de una subclase de TimerTask, que contiene las instrucciones a ejecutar a través de su método run.

```
class Tarea extends TimerTask{
  @Override
  public void run() {
    // instrucciones a ejecutar
  }
}
```

El método `run` de `TimerTask` se ejecuta en background en su propio hilo. Por lo tanto, no podremos modificar la UI (la pantalla), pues los objetos de esta, por ejemplo un TextView, solo se pueden cambiar desde el hilo principal. Para sincronizar con la UI y modificar sus objetos, podemos usar el método `runOnUiThread(Runnable)`, de la clase `Activity`. Su argumento es un objeto de tipo `Runnable` cuyo método `run` se ejecutará en sincronía con el hilo principal y permitirá modificar los objetos View que en él residan.

La siguiente actividad ilustra el uso de `Timer` combinado con `RunOnUiThread` para mostrar un cronómetro que avanza cada 100 milisegundos. Usaremos el siguiente layout:

`main.xml`

```xml
<?xml version="1.0" encoding="utf-8"?>
<LinearLayout
xmlns:android="http://schemas.android.com/apk/res/android"
    android:orientation="vertical"
    android:layout_width="fill_parent"
    android:layout_height="fill_parent"
    android:background="#ffffff"
    >
<TextView
    android:layout_width="fill_parent"
    android:layout_height="wrap_content"
    android:text="@string/hello"
    android:id="@+id/textview"
    android:textColor="#000000"
    />
</LinearLayout>
```

La actividad `Temporizador.java` se detalla a continuación. Contiene dos clases internas: `Tarea`, subclase de `TimerTask`, y `CambiaTexto`, que implementa a la interfaz `Runnable`, para modificar el TextView. No es necesario usar `invalidate` para redibujar la pantalla. En la figura 4.1. se muestra el resultado.

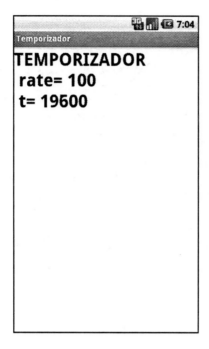

Figura 4.1. Cronómetro con Timer y RunOnUiThread.

```
package es.ugr.amaro;

import java.util.Timer;
import java.util.TimerTask;
import android.app.Activity;
import android.graphics.Typeface;
import android.os.Bundle;
import android.widget.TextView;

public class Temporizador extends Activity {

    TextView tv;
    int time=0;
    int rate=100;
    Timer timer;

    /** Called when the activity is first created. */
    @Override
    public void onCreate(Bundle savedInstanceState) {
        super.onCreate(savedInstanceState);
```

```
        setContentView(R.layout.main);
        tv=(TextView) findViewById(R.id.textview);

        timer= new Timer("Temporizador");
        Tarea tarea=new Tarea();
        timer.scheduleAtFixedRate(tarea,0,rate);
    }

    @Override
    public void onPause(){
      super.onPause();
      timer.cancel();
    }

    class Tarea extends TimerTask{
      @Override
      public void run() {
          Runnable cambiaTexto=new CambiaTexto();
          runOnUiThread(cambiaTexto);
      }
    }

    class CambiaTexto implements Runnable{
      @Override
      public void run() {
          time=time+rate;
          String texto="TEMPORIZADOR\n rate= "+rate
                    +"\n t= "+time;
          tv.setText(texto);
          tv.setTypeface(null, Typeface.BOLD);
          tv.setTextSize(30);
      }
    }
}
```

4.2. Modificación de la UI con post

Alternativamente al método `runOnUiThread` de la clase `Activity`, podemos usar el método `post(Runnable)` de la clase `View`. El argumento de `post` debe definir un método `run` que se ejecutará en el mismo hilo que la UI. Veamos un ejemplo en el que modificamos ligeramente el programa anterior, sustituyendo `runOnUiThread` por `tv.post`. También se ha modificado el texto a escribir. No es necesario usar `invalidate` para actualizar el TextView. En la figura 4.2. se muestra el resultado.

El gran libro de programación avanzada con Android

Figura 4.2. *Modificación de la UI con View.post.*

```
public class TemporizadorPost extends Activity {

    TextView tv;
    int time=0;
    int rate=100;
    Timer timer;

    /** Called when the activity is first created. */
    @Override
    public void onCreate(Bundle savedInstanceState) {
        super.onCreate(savedInstanceState);
        setContentView(R.layout.main);
        tv=(TextView) findViewById(R.id.textview);

        timer= new Timer("Temporizador");
        Tarea tarea=new Tarea();
        timer.scheduleAtFixedRate(tarea,0,rate);
    }

    @Override
    public void onPause(){
      super.onPause();
      timer.cancel();
```

```java
    }

    class Tarea extends TimerTask{
      @Override
      public void run() {
         Runnable cambiaTexto=new CambiaTexto();
         tv.post(cambiaTexto);
      }
    }

    class CambiaTexto implements Runnable{
      @Override
      public void run() {
         time=time+rate;
         String texto
            ="TEMPORIZADOR CAMBIANDO TEXTO CON POST\n rate= "
            +rate+"\n t= "+time;
         tv.setText(texto);
         tv.setTypeface(null, Typeface.BOLD);
         tv.setTextSize(30);
      }
    }

}
```

4.3. Modificación de la UI con Handler.post

Una tercera forma de modificar la interfaz de usuario consiste en usar un controlador, u objeto de la clase `Handler`. A este objeto le pasaremos un objeto `Runnable` mediante el método `Handler.post()`, que lo añade al hilo principal. En el siguiente ejemplo, que es una variación de los dos anteriores, se explica el modo de hacerlo. El resultado se muestra en la figura 4.3. (ver *Android* para otros ejemplos del uso de la clase `Handler` pasándole un mensaje).

```java
TemporizadorHandler.java

package es.ugr.amaro;

import java.util.Timer;
import java.util.TimerTask;
import android.app.Activity;
import android.graphics.Typeface;
import android.os.Bundle;
import android.os.Handler;
import android.widget.TextView;
```

```java
public class TemporizadorHandler extends Activity {

    Handler handler=new Handler();
    TextView tv;
    int time=0;
    int rate=100;
    Timer timer;

    /** Called when the activity is first created. */
     @Override
     public void onCreate(Bundle savedInstanceState) {
         super.onCreate(savedInstanceState);
         setContentView(R.layout.main);
         tv=(TextView) findViewById(R.id.textview);

         timer= new Timer("Temporizador");
         Tarea tarea=new Tarea();
         timer.scheduleAtFixedRate(tarea,0,rate);
    }

    @Override
    public void onPause(){
      super.onPause();
      timer.cancel();
    }

    class Tarea extends TimerTask{
      @Override
      public void run() {
         Runnable cambiaTexto=new CambiaTexto();
         handler.post(cambiaTexto);
      }
    }

    class CambiaTexto implements Runnable{
      @Override
      public void run() {
         time=time+rate;
         String texto=
           "TEMPORIZADOR CAMBIANDO TEXTO CON Handler\n rate= "
             +rate+"\n t= "+time;
         tv.setText(texto);
         tv.setTypeface(null, Typeface.BOLD);
         tv.setTextSize(40);
      }
    }

}
```

Figura 4.3. Modificación de la UI con Handler.

4.4. Métodos combinados para modificar la UI

Los tres métodos anteriores, usando RunOnUiThread(), View.post() y Handler.post(), pueden combinarse como en el siguiente ejemplo, donde abrimos tres hilos, cada uno de los cuales varía el color de un texto de forma aleatoria. Para ello modificamos la clase `CambiaTexto` de los ejemplos anteriores añadiéndole dos parámetros: el texto a modificar y un número que se utiliza para cambiar las componentes RGB del color mediante un algoritmo. En la figura 4.4. se muestra el resultado.

El layout, definido en el siguiente fichero `main.xml`, contiene tres TextView.

```
<?xml version="1.0" encoding="utf-8"?>
<LinearLayout
xmlns:android="http://schemas.android.com/apk/res/android"
    android:orientation="vertical"
    android:layout_width="fill_parent"
    android:layout_height="fill_parent"
    android:background="#ffffff"
    >
```

```xml
<TextView
    android:layout_width="fill_parent"
    android:layout_height="wrap_content"
    android:text="By J.E. Amaro 2012"
    android:textColor="#803518"
    />
<TextView
    android:layout_width="fill_parent"
    android:layout_height="wrap_content"
    android:text="@string/hello"
    android:id="@+id/textview"
    android:textColor="#803518"
    />
<TextView
    android:layout_width="fill_parent"
    android:layout_height="wrap_content"
    android:text="@string/hello"
    android:id="@+id/textview2"
    android:textColor="#803518"
    />
<TextView
    android:layout_width="fill_parent"
    android:layout_height="wrap_content"
    android:text="@string/hello"
    android:id="@+id/textview3"
    android:textColor="#803518"
    />
</LinearLayout>
```

A continuación se detalla el fichero Java de la actividad `CambiaColor`.

```java
package es.ugr.amaro;

import java.util.Timer;
import java.util.TimerTask;
import android.app.Activity;
import android.graphics.Color;
import android.graphics.Typeface;
import android.os.Bundle;
import android.os.Handler;
import android.widget.TextView;

public class CambiaColor extends Activity {

    Handler handler = new Handler();
    TextView tv,tv2,tv3;
    int time=0;
```

```java
    int rate=100;
Timer timer,timer2,timer3;


 /** Called when the activity is first created. */
 @Override
 public void onCreate(Bundle savedInstanceState) {
     super.onCreate(savedInstanceState);
     setContentView(R.layout.main);
     tv=(TextView) findViewById(R.id.textview);
     tv2=(TextView) findViewById(R.id.textview2);
     tv3=(TextView) findViewById(R.id.textview3);

     int factor1=1;
     int factor2=2;
     int factor3=3;

     timer=new Timer("Temporizador");
     Tarea tarea=new Tarea(tv,factor1);
     timer.scheduleAtFixedRate(tarea, 0, rate);

     timer2=new Timer("Temporizador2");
     Tarea2 tarea2=new Tarea2(tv2,factor2);
     timer2.scheduleAtFixedRate(tarea2, 0, rate);

     timer3=new Timer("Temporizador3");
     Tarea3 tarea3=new Tarea3(tv3,factor3);
     timer3.scheduleAtFixedRate(tarea3, 0, rate);
 }

 @Override
 public void onPause(){
     super.onPause();
     timer.cancel();
     timer2.cancel();
     timer3.cancel();
 }

 class Tarea extends TimerTask{

   int factor;
   TextView textTarea;
   public Tarea(TextView textView,int fact){
      textTarea=textView;
       factor=fact;
   }
   @Override
   public void run() {
```

```java
        // TODO Auto-generated method stub

        Runnable cambiaTexto
                =new CambiaTexto(textTarea,factor);
        runOnUiThread(cambiaTexto);
    }
}


class Tarea2 extends TimerTask{

    int factor;
    TextView textTarea;
    public Tarea2(TextView textView,int fact){
        textTarea=textView;
        factor=fact;
    }
    @Override
    public void run() {
        // TODO Auto-generated method stub

        Runnable cambiaTexto
            =new CambiaTexto(textTarea,factor);
        textTarea.post(cambiaTexto);
    }
}


class Tarea3 extends TimerTask{

    int factor;
    TextView textTarea;
    public Tarea3(TextView textView,int fact){
        textTarea=textView;
        factor=fact;
    }
    @Override
    public void run() {
        Runnable cambiaTexto
            =new CambiaTexto(textTarea,factor);
        handler.post(cambiaTexto);
    }
}
class CambiaTexto implements Runnable{

    int red,green,blue,factor;
    TextView textCambia;
    public CambiaTexto(TextView textView,int fact) {
```

```java
        textCambia=textView;
        factor=fact;
    }

    @Override
    public void run() {
        // TODO Auto-generated method stub
    time=time+rate;
    
    red=(time/factor)%255;
    green=(int) ((0.75* time/factor)%255);
    blue=(int) ((0.60* time/factor)%255);
    
    String texto
            ="TEMPORIZADOR\n rate= "+rate+"\n t= "+time;
    textCambia.setText(texto);
    textCambia.setTypeface(null, Typeface.BOLD);
    textCambia.setTextSize(30);
    textCambia.setTextColor(Color.rgb(red, green, blue));
    
    }
  }
}
```

Figura 4.4. Tres hilos simultáneos cambiando el color de un texto.

4.5. Modificación de la UI con AsyncTask

La clase `AsyncTask` permite realizar tareas en background y publicar los resultados en la interfaz de usuario sin necesidad de crear hilos y sincronizarlos con la UI. Para utilizarla hay que definir una subclase, que toma tres parámetros genéricos (ver Apéndice B, secciones B.3 y B.4 sobre el uso de genéricos en Java).

```
class MiAsyncTask extends AsyncTask <X, Y, Z>{

}
```

Aquí, `X`, `Y`, `Z` son tres nombres de clases utilizados para los datos del input, progreso y resultado, respectivamente. La clase anterior debe sobrescribir necesariamente el método `doInBackground`, que admite un número variable de parámetros de tipo X y devuelve un dato de tipo Z (ver Apéndice B, en el que se discuten los métodos de Java con un número variable de parámetros).

```
@Override
protected Z doInBackground(X... input) {
}
```

El método `doInBackground` se ejecuta en un nuevo hilo. Desde este hilo se pueden publicar actualizaciones en el hilo principal llamando al método `publishProgress(Y... progreso)`. Entonces, el hilo principal se encarga de invocar el método `onProgressUpdate(Y... progreso)`. Al finalizar la ejecución del proceso en background, el hilo principal invoca el método `onPostExecute(Z resultado)`.

En el siguiente ejemplo se ilustra el uso de `AsyncTask`, donde un contador se incrementa desde 0 hasta 99 y en cada paso mostramos su valor en un objeto TextView en la pantalla, aumentando proporcionalmente su tamaño. Al final de la ejecución se añade el texto «Fin», como se muestra en la figura 4.5.

```
package es.ugr.amaro;

import android.app.Activity;
import android.os.AsyncTask;
import android.os.Bundle;
import android.widget.TextView;

public class AsyncTaskEjemplo extends Activity {

    TextView tv;
    /** Called when the activity is first created. */
```

```java
@Override
public void onCreate(Bundle savedInstanceState) {
    super.onCreate(savedInstanceState);
    setContentView(R.layout.main);
    tv=(TextView) findViewById(R.id.textView);

    new MiAsyncTask().execute(100);

}

class MiAsyncTask
        extends AsyncTask <Integer, Integer, String>{

  @Override
  protected String doInBackground(Integer... parameter) {
     int maximo=parameter[0];
     for(int i=1;i<maximo;i++){
        try {
           Thread.sleep(100);
        } catch (InterruptedException e) {
           e.printStackTrace();
        }
        publishProgress(i);
     }
     return "Fin";
  }

  @Override
  protected void onProgressUpdate(Integer... progress){

     int contador=progress[0];
     String texto="Contador="+contador;
     tv.setText(texto);
     tv.setTextSize(contador);
  }

  @Override
  protected void onPostExecute(String result){
     tv.append("\n"+result);
  }

}
```

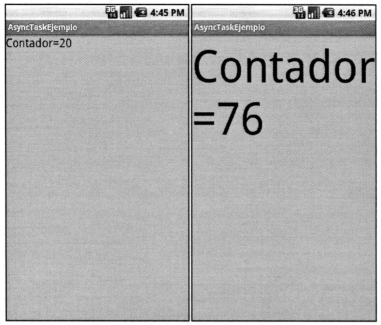

Figura 4.5. Uso de AsyncTask para ejecutar un proceso en background y publicar su progreso en el hilo principal.

4.6. Máquina tragaperras

El siguiente ejemplo es una aplicación práctica de AsyncTask para ejecutar varios hilos simultáneamente. Se trata de un juego que simula una máquina tragaperras. La actividad `SlotMachine` consiste en tres columnas de imágenes que van permutando simulando la rotación de imágenes en cada uno de los tres rodillos de una máquina tragaperras. Cada columna se pone en marcha o se para independientemente por medio un botón que, al ser pulsado, cambia el valor de la variable de control `continuar[columna]`. Si esta es `true`, ejecuta un nuevo proceso AsyncTask para mostrar las imágenes en movimiento. Si es `false`, el proceso AsyncTask se detiene automáticamente. La clase `AsyncTask` definida más abajo requiere como parámetro de entrada el número de columna. Cada vez que se ejecuta `onPostExecute`, se determina si los tres procesos se han detenido, en cuyo caso comprueba si las imágenes de la segunda fila coinciden. En caso afirmativo, se escribe el mensaje «¡¡¡PREMIO!!!» en la pantalla.

Además, se han añadido tres botones que permiten controlar la velocidad del movimiento de las imágenes, incrementando o disminuyendo el valor de la variable `dificultad`, que no es más que el tiempo, en microsegundos, que cada imagen se muestra en pantalla.

El layout de esta aplicación consiste en una tabla con tres columnas. Previamente se han copiado las nueve imágenes jpg (de tragaperras1.jpg a tragaperras9.jpg) en el directorio de recursos `res/drawable-hdpi` de nuestra aplicación. Las imágenes son cuadradas con 250 píxeles de lado.

El fichero `main.xml` es el siguiente:

```xml
<?xml version="1.0" encoding="utf-8"?>
<TableLayout
xmlns:android="http://schemas.android.com/apk/res/android"
    android:layout_width="fill_parent"
    android:layout_height="fill_parent"
    android:layout_gravity="center"
    android:orientation="vertical"
    android:background="#ff9988" >

    <TextView
        android:id="@+id/dificultad"
        android:layout_width="wrap_content"
        android:layout_height="wrap_content"
        android:text="Slot Machine by J.E. Amaro"
        android:textSize="18sp"
        android:textColor="#000000" />

    <TextView
        android:id="@+id/texto"
```

```xml
            android:layout_width="fill_parent"
            android:layout_height="wrap_content"
            android:text="¡Pruebe suerte!"
            android:textSize="30sp"
            android:textColor="#005544" />

    <TableRow>
        <ImageView
            android:id="@+id/imageView11"
            android:layout_width="wrap_content"
            android:layout_height="wrap_content"
            android:src="@drawable/tragaperras1" />

        <ImageView
            android:id="@+id/imageView12"
            android:layout_width="wrap_content"
            android:layout_height="wrap_content"
            android:src="@drawable/tragaperras2" />

        <ImageView
            android:id="@+id/imageView13"
            android:layout_width="wrap_content"
            android:layout_height="wrap_content"
            android:src="@drawable/tragaperras3" />
    </TableRow>

    <TableRow>
        <ImageView
            android:id="@+id/imageView21"
            android:layout_width="wrap_content"
            android:layout_height="wrap_content"
            android:src="@drawable/tragaperras4" />

        <ImageView
            android:id="@+id/imageView22"
            android:layout_width="wrap_content"
            android:layout_height="wrap_content"
            android:src="@drawable/tragaperras5" />

        <ImageView
            android:id="@+id/imageView23"
            android:layout_width="wrap_content"
            android:layout_height="wrap_content"
            android:src="@drawable/tragaperras6" />
    </TableRow>

    <TableRow>
```

```xml
<ImageView
    android:id="@+id/imageView31"
    android:layout_width="wrap_content"
    android:layout_height="wrap_content"
    android:paddingLeft="2sp"
    android:paddingRight="2sp"
    android:src="@drawable/tragaperras7" />

<ImageView
    android:id="@+id/imageView32"
    android:layout_width="wrap_content"
    android:layout_height="wrap_content"
    android:paddingLeft="2sp"
    android:paddingRight="2sp"
    android:src="@drawable/tragaperras8" />

<ImageView
    android:id="@+id/imageView33"
    android:layout_width="wrap_content"
    android:layout_height="wrap_content"
    android:paddingLeft="2sp"
    android:paddingRight="2sp"
    android:src="@drawable/tragaperras9" />
</TableRow>
<TableRow>
    <Button android:text="Jugar"
        android:id="@+id/button1"
        android:layout_width="wrap_content"
        android:layout_height="wrap_content">
    </Button>
    <Button android:text="Jugar"
        android:id="@+id/button2"
        android:layout_width="wrap_content"
        android:layout_height="wrap_content">
    </Button>
    <Button android:text="Jugar"
        android:id="@+id/button3"
        android:layout_width="wrap_content"
        android:layout_height="wrap_content">
    </Button>
</TableRow>
<TableRow>
    <Button android:text="Fácil"
        android:id="@+id/button4"
        android:layout_width="wrap_content"
        android:layout_height="wrap_content">
    </Button>
    <Button android:text="Normal"
```

```xml
        android:id="@+id/button5"
        android:layout_width="wrap_content"
        android:layout_height="wrap_content">
    </Button>
    <Button android:text="Difícil"
        android:id="@+id/button6"
        android:layout_width="wrap_content"
        android:layout_height="wrap_content">
    </Button>
  </TableRow>

</TableLayout>
```

A continuación se detalla el fichero `TragaPerras.java`. La secuencia de las nueve imágenes, que se ha almacenado en la matriz `secuencia[3][9]`, es diferente en cada columna. En la figura 4.6. se muestran las capturas de pantalla de la máquina tragaperras en funcionamiento.

```java
package es.ugr.amaro;

import android.app.Activity;
import android.os.AsyncTask;
import android.os.Bundle;
import android.view.View;
import android.view.View.OnClickListener;
import android.widget.ImageView;
import android.widget.TextView;

public class TragaPerras extends Activity
                    implements OnClickListener {

    int dificultad=100;
    int columna;
    boolean[] continuar={false,false,false};
    TextView tv,textDificultad;
    int[] fotoId=
        {R.drawable.tragaperras1,
         R.drawable.tragaperras2,
         R.drawable.tragaperras3,
         R.drawable.tragaperras4,
         R.drawable.tragaperras5,
         R.drawable.tragaperras6,
         R.drawable.tragaperras7,
         R.drawable.tragaperras8,
         R.drawable.tragaperras9
        };
// Secuencia de imágenes en cada columna.
```

```java
    // Ojo: aquí las filas están intercambiadas
    // por las columnas
       int[][] secuencia ={
            {0,1,2,3,4,5,6,7,8},
            {8,7,6,5,4,3,2,1,0},
            {4,5,3,2,6,7,1,0,8}};

       ImageView[][] imagev=new ImageView[3][3];

       /** Called when the activity is first created. */
        @Override
        public void onCreate(Bundle savedInstanceState) {
           super.onCreate(savedInstanceState);
           setContentView(R.layout.main);

           tv=(TextView) findViewById(R.id.texto);
           textDificultad
                  =(TextView) findViewById(R.id.dificultad);

           imagev[0][0]
                  =(ImageView) findViewById(R.id.imageView11);
           imagev[1][0]
                  =(ImageView) findViewById(R.id.imageView21);
           imagev[2][0]
                  =(ImageView) findViewById(R.id.imageView31);
           imagev[0][1]
                  =(ImageView) findViewById(R.id.imageView12);
           imagev[1][1]
                  =(ImageView) findViewById(R.id.imageView22);
           imagev[2][1]
                  =(ImageView) findViewById(R.id.imageView32);
           imagev[0][2]
                  =(ImageView) findViewById(R.id.imageView13);
           imagev[1][2]
                  =(ImageView) findViewById(R.id.imageView23);
           imagev[2][2]
                  =(ImageView) findViewById(R.id.imageView33);

           View boton1=findViewById(R.id.button1);
           boton1.setOnClickListener(this);
           View boton2=findViewById(R.id.button2);
           boton2.setOnClickListener(this);
           View boton3=findViewById(R.id.button3);
           boton3.setOnClickListener(this);

           View boton4=findViewById(R.id.button4);
           boton4.setOnClickListener(this);
           View boton5=findViewById(R.id.button5);
```

```java
        boton5.setOnClickListener(this);
        View boton6=findViewById(R.id.button6);
        boton6.setOnClickListener(this);
    }

    class MiAsyncTask
                extends AsyncTask <Integer, Integer, String>{

        @Override
        protected String doInBackground(Integer... parameter) {

            int columna=parameter[0];

            while(continuar[columna]){

                int elemento1=secuencia[columna][0];
                for(int i=0;i<8;i++){
                    secuencia[columna][i]=secuencia[columna][i+1];
                }
                secuencia[columna][8]=elemento1;

                try {
                    Thread.sleep(Math.abs(dificultad));
                } catch (InterruptedException e) {
                    e.printStackTrace();
                }
                publishProgress(columna);

            }
            return "Stop columna "+(columna+1);
        }

        @Override
        protected void onProgressUpdate(Integer... progress){

            int columna=progress[0];
            for(int i=0;i<3;i++){
                imagev[i][columna].setImageResource(
                            fotoId[secuencia[columna][i]]);
            }
        }

        @Override
        protected void onPostExecute(String result){

            if(continuar[0]==false & continuar[1]==false
                            & continuar[2]==false){
```

```java
                if(   secuencia[0][1]==secuencia[1][1]
                   &  secuencia[0][1]==secuencia[2][1]){
                        tv.setText("¡¡¡PREMIO!!!");
                }
                else { tv.setText("Suerte la próxima vez"); }

            }
            else
            tv.setText(""+result);

        }
    }// end AsyncTask

    @Override
    public void onClick(View boton) {

      if(boton.getId()==R.id.button4 |
         boton.getId()==R.id.button5 |
         boton.getId()==R.id.button6 )   {

         if(boton.getId()==R.id.button4)
                    dificultad=dificultad+10;
         if(boton.getId()==R.id.button5)
                    dificultad=200;
         if(boton.getId()==R.id.button6)
                    dificultad=dificultad-10;
         textDificultad.setText("Dificultad "+dificultad);

      }
      else{

            if(boton.getId()==R.id.button1)columna=0;
            if(boton.getId()==R.id.button2)columna=1;
            if(boton.getId()==R.id.button3)columna=2;

            continuar[columna]=!continuar[columna];
            if(continuar[columna]){
                new MiAsyncTask().execute(columna);
                ((TextView)boton).setText("Parar");
            }
            else{
                ((TextView)boton).setText("Continue");
            }
        }
    }  // end onClick
}
```

El gran libro de programación avanzada con Android

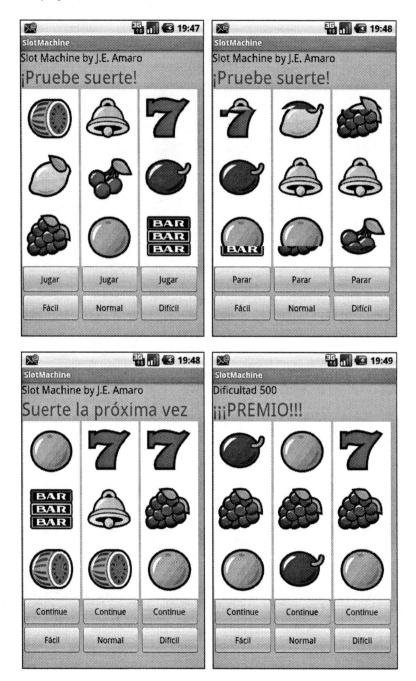

Figura 4.6. Juego de la máquina tragaperras usando AsyncTask.

5. SENSORES

Los smartphones más modernos incorporan diversos tipos de sensores. Un sensor es un dispositivo que convierte estímulos físicos (luz, calor, sonido, etc.) en señales medibles (como una señal eléctrica). Existen muchos tipos de sensores para medir distintos estímulos físicos, como la aceleración, el campo magnético, la presión o la temperatura. Los sensores disponibles en los teléfonos pueden incluir, además, un giróscopo, un detector de orientación o un detector de proximidad. Los sensores permiten diseñar aplicaciones que respondan a estímulos externos, como inclinar o agitar el teléfono. En este capítulo, veremos ejemplos de utilización de algunos de estos sensores. Dichos ejemplos se deben ejecutar en un dispositivo físico, pues el emulador de Android no tiene sensores.

5.1. Sensor de aceleración

Para utilizar un sensor en un programa de Android hay que seguir cuatro pasos:

1. Definir un objeto de la clase `SensorManager` que proporciona los métodos para obtener y controlar los sensores.

```
SensorManager sensorManager =(SensorManager)
         getSystemService(Context.SENSOR_SERVICE);
```

2. Obtener un sensor del tipo que nos interese, mediante `getDefaultSensor()`. En el caso de un acelerómetro:

```
Sensor acelerometro=sensorManager.getDefaultSensor(
         Sensor.TYPE_ACCELEROMETER);
```

3. Registrar el sensor para que comience a medir. En el caso del sensor anterior:

```
sensorManager.registerListener(
           sensorEventListener,
           acelerometro,
           SensorManager.SENSOR_DELAY_FASTEST);
```

El método `registerListener()` requiere tres argumentos. El primero es un objeto que implementa la interfaz `sensorEventListener`, donde se registran las lecturas del sensor. El segundo argumento es el sensor propiamente dicho y el tercero, una constante que indica el delay o intervalo temporal entre dos medidas consecutivas (velocidad a la que se toman los datos). En este caso, hemos elegido el delay más rápido.

4. Implementar la interfaz `sensorEventListener`. Para ello, se deben definir los dos métodos siguientes:

```
@Override
public void onAccuracyChanged(Sensor arg0, int arg1) {
}

@Override
public void onSensorChanged(SensorEvent event) {
   // componentes de la aceleración
   float x= event.values[0];
   float y= event.values[1];
   float z= event.values[2];
}
```

El método más importante es `onSensorChanged()`. Cada vez que el sensor realiza una medida, le envía los datos a este método en un objeto `SensorEvent`, que contiene los valores numéricos que necesitamos.

En la siguiente aplicación llevamos a la práctica los cuatro pasos anteriores. Se trata de mostrar en pantalla las tres componentes de la aceleración (x,y,z), su módulo, la aceleración máxima y la aceleración de la gravedad. Iniciamos una aplicación `Acelerometro` con el siguiente layout:

```xml
<?xml version="1.0" encoding="utf-8"?>
<LinearLayout
xmlns:android="http://schemas.android.com/apk/res/android"
    android:orientation="vertical"
    android:layout_width="fill_parent"
    android:layout_height="fill_parent"
    android:background="#ffeecc"
    >
<TextView
    android:layout_width="fill_parent"
    android:layout_height="wrap_content"
    android:layout_margin="10px"
    android:textSize="20sp"
    android:textStyle="normal"
    android:text="Aceleracion"
    android:textColor="#000000"
```

```xml
        />

<View
    android:background="#000000"
    android:layout_width="fill_parent"
    android:layout_height="1sp">
</View>

<TextView
    android:layout_width="fill_parent"
    android:layout_height="wrap_content"
    android:layout_marginLeft="10px"
    android:textSize="20sp"
    android:textStyle="italic"
    android:text="a_x"
    android:textColor="#000000"
    />
<TextView
   android:id="@+id/textViewAX"
    android:layout_width="fill_parent"
    android:layout_height="wrap_content"
    android:layout_marginLeft="10px"
    android:textSize="20sp"
    android:textStyle="bold"
    android:text="Aceleracion_X"
    android:textColor="#000000"
    />

<View
    android:background="#000000"
    android:layout_width="fill_parent"
    android:layout_height="1sp">
</View>

<TextView
    android:layout_width="fill_parent"
    android:layout_height="wrap_content"
    android:layout_marginLeft="10px"
    android:textSize="20sp"
    android:textStyle="italic"
    android:text="a_y"
    android:textColor="#000000"
    />
<TextView
    android:id="@+id/textViewAY"
    android:layout_width="fill_parent"
    android:layout_height="wrap_content"
    android:layout_marginLeft="10px"
```

```xml
        android:textSize="20sp"
        android:textStyle="bold"
        android:text="Aceleracion_Y"
        android:textColor="#000000"
        />

<View
    android:background="#000000"
    android:layout_width="fill_parent"
    android:layout_height="1sp">
</View>

<TextView
    android:layout_width="fill_parent"
    android:layout_height="wrap_content"
    android:layout_marginLeft="10px"
    android:textSize="20sp"
    android:textStyle="italic"
    android:text="a_z"
    android:textColor="#000000"
    />

<TextView
    android:id="@+id/textViewAZ"
    android:layout_width="fill_parent"
    android:layout_height="wrap_content"
    android:layout_marginLeft="10px"
    android:textSize="20sp"
    android:textStyle="bold"
    android:text="Aceleracion_Z"
    android:textColor="#000000"
    />

    <View
    android:background="#000000"
    android:layout_width="fill_parent"
    android:layout_height="1sp">
    </View>

<TextView
    android:layout_width="fill_parent"
    android:layout_height="wrap_content"
    android:layout_marginLeft="10px"
    android:textSize="20sp"
    android:textStyle="italic"
    android:text="a módulo"
    android:textColor="#000000"
    />
```

```xml
<TextView
    android:id="@+id/textViewA"
    android:layout_width="fill_parent"
    android:layout_height="wrap_content"
    android:layout_marginLeft="10px"
    android:textSize="20sp"
    android:textStyle="bold"
    android:text="Aceleracion"
    android:textColor="#000000"
    />

<View
    android:background="#000000"
    android:layout_width="fill_parent"
    android:layout_height="1sp">
</View>

<TextView
    android:layout_width="fill_parent"
    android:layout_height="wrap_content"
    android:layout_marginLeft="10px"
    android:textSize="20sp"
    android:textStyle="italic"
    android:text="a_máxima"
    android:textColor="#000000"
    />

<TextView
    android:id="@+id/textViewAmax"
    android:layout_width="fill_parent"
    android:layout_height="wrap_content"
    android:layout_marginLeft="10px"
    android:textSize="20sp"
    android:textStyle="bold"
    android:text="Aceleracion_max"
    android:textColor="#000000"
    />

<View
    android:background="#000000"
    android:layout_width="fill_parent"
    android:layout_height="1sp">
</View>

<TextView
    android:layout_width="fill_parent"
    android:layout_height="wrap_content"
    android:layout_marginLeft="10px"
```

```xml
        android:textSize="20sp"
        android:textStyle="italic"
        android:text="Gravedad standard"
        android:textColor="#000000"
        />

<TextView
        android:id="@+id/textViewG"
        android:layout_width="fill_parent"
        android:layout_height="wrap_content"
        android:layout_marginLeft="10px"
        android:textSize="20sp"
        android:textStyle="bold"
        android:text="Gravedad_estándar"
        android:textColor="#000000"
        />
</LinearLayout>
```

A continuación se detalla la actividad `Acelerometro`. Nótese que en este ejemplo, la clase `Acelerometro` implementa también la interfaz `SensorEventListener`. En el método `onCreate` registramos el sensor e iniciamos un hilo en background mediante un AsyncTask (ver capítulo anterior), que se encarga de mostrar los resultados de la medida en pantalla cada 100 milisegundos.

```java
package es.ugr.acelerometro;

import android.app.Activity;
import android.content.Context;
import android.hardware.Sensor;
import android.hardware.SensorEvent;
import android.hardware.SensorEventListener;
import android.hardware.SensorManager;
import android.os.AsyncTask;
import android.os.Bundle;
import android.widget.TextView;

public class Acelerometro extends Activity
                    implements SensorEventListener{

    int contador=0;
    double x=0,y=0,z=0,a=0,amax=0;
    double gravedad=SensorManager.STANDARD_GRAVITY;
    TextView tvax,tvay,tvaz,tva,tvaMax,tvG;

    /** Called when the activity is first created. */
    @Override
```

```java
    public void onCreate(Bundle savedInstanceState) {
        super.onCreate(savedInstanceState);
        setContentView(R.layout.main);

        tvax=(TextView) findViewById(R.id.textViewAX);
        tvay=(TextView) findViewById(R.id.textViewAY);
        tvaz=(TextView) findViewById(R.id.textViewAZ);
        tva=(TextView) findViewById(R.id.textViewA);
        tvaMax=(TextView) findViewById(R.id.textViewAmax);
        tvG=(TextView) findViewById(R.id.textViewG);

        // inicia un SensorManager
        SensorManager sensorManager=(SensorManager)
                getSystemService(Context.SENSOR_SERVICE);
        // define un sensor acelerómetro
        Sensor acelerometro=sensorManager.getDefaultSensor(
                            Sensor.TYPE_ACCELEROMETER);
        // registra el sensor para que comience a escuchar
        sensorManager.registerListener(
                    this,
                    acelerometro,
                    SensorManager.SENSOR_DELAY_FASTEST);

        new MiAsyncTask().execute();

    }

@Override
public void onAccuracyChanged(Sensor arg0, int arg1) {
}

@Override
public void onSensorChanged(SensorEvent event) {
    // componentes de la aceleración
    x= event.values[0];
    y= event.values[1];
    z= event.values[2];
    // modulo de la aceleracion
    a=Math.sqrt(x*x+y*y+z*z);
    // aceleración máxima
    if(a>amax)amax=a;
}

class MiAsyncTask extends AsyncTask<Void,Void,Void>{

    @Override
    protected Void doInBackground(Void... arg0) {
```

```
        while(true){
           try {
              Thread.sleep(100);
           } catch (InterruptedException e) {
              e.printStackTrace();
           }
           contador++;
           publishProgress();
        }
     }

     @Override
     protected void onProgressUpdate(Void... progress){
        tvax.setText(""+x);
        tvay.setText(""+y);
        tvaz.setText(""+z);
        tva.setText(""+a);
        tvaMax.setText(""+amax);
        tvG.setText(""+gravedad);
        tvG.append("\n"+contador);

     }
  }

}
```

El resultado se muestra en la figura 5.1. La primera medida (arriba izquierda) se realizó con el teléfono en posición horizontal. Por eso, la mayor aceleración, de 9.8 m/s^2, corresponde a la componente z, que apunta hacia abajo en el sistema de coordenadas que utiliza el sensor. La segunda captura (arriba derecha) se hizo sujetando el teléfono en posición vertical. La mayor componente de la aceleración, 10.3 m/s^2, es ahora la componente y, cuya dirección es la del eje longitudinal del teléfono y su sentido va desde la parte superior a la inferior del teléfono. La tercera imagen (abajo izquierda) se obtuvo sujetando el teléfono vertical en posición apaisada con el borde izquierdo hacia abajo, con lo que ahora es mayor la componente x, 9.9 m/s^2, que apunta de derecha a izquierda a lo ancho del teléfono. La última imagen se capturó después de agitar el teléfono repetidas veces, quedando registrada una aceleración máxima de 33.5 m/s^2.

El gran libro de programación avanzada con Android

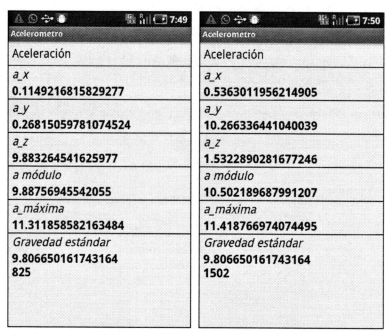

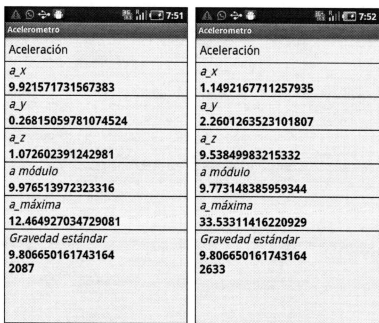

Figura 5.1. *Medidas del sensor de aceleración con un teléfono Samsung Galaxy S.*

5.2. Lista de sensores de un teléfono

Para determinar los sensores presentes en un dispositivo físico, se puede invocar el método `getSensorList(tipo)` del SensorManager, cuyo argumento es el tipo de sensor y devuelve una lista de sensores en un objeto `List`. Si queremos la lista de todos los sensores, lo invocamos con la constante `Sensor.TYPE_ALL`. Por ejemplo, en la siguiente actividad `SensorList`, obtenemos la lista de sensores y, para cada uno de ellos, mostramos en pantalla sus propiedades (tipo, fabricante, etc.), tal y como se observa en la figura 5.2.

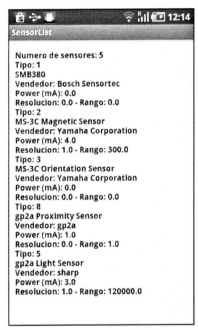

Figura 5.2. Lista de sensores en un teléfono Samsung Galaxy S.

Usaremos el siguiente fichero para el layout:

```
<?xml version="1.0" encoding="utf-8"?>
<LinearLayout
xmlns:android="http://schemas.android.com/apk/res/android"
    android:orientation="vertical"
    android:layout_width="fill_parent"
    android:layout_height="fill_parent"
    android:background="#ffeecc"
    >
<TextView
```

```
    android:id="@+id/textView"
      android:layout_width="fill_parent"
      android:layout_height="wrap_content"
      android:layout_marginLeft="10sp"
      android:textStyle="bold"
      android:text="Lista de sensores"
      android:textColor="#000000"
      />
</LinearLayout>
```

En la figura 5.2. se observa que hay cinco sensores: SMB380 (sensor de aceleración fabricado por Bosch), magnético, orientación, proximidad y luz. A continuación se detalla el fichero SensorList.java.

```java
package es.ugr.sensorlist;

import java.util.List;

import android.app.Activity;
import android.content.Context;
import android.hardware.Sensor;
import android.hardware.SensorManager;
import android.os.Bundle;
import android.widget.TextView;

public class SensorListActivity extends Activity {
    /** Called when the activity is first created. */
    @Override
    public void onCreate(Bundle savedInstanceState) {
        super.onCreate(savedInstanceState);
        setContentView(R.layout.main);
        TextView tv= (TextView) findViewById(R.id.textView);

        // inicia un SensorManager
        SensorManager sensorManager=(SensorManager)
                getSystemService(Context.SENSOR_SERVICE);
        List<Sensor> allSensors =
                sensorManager.getSensorList(Sensor.TYPE_ALL);

        int size=allSensors.size();
        tv.setText("\nNumero de sensores: "+size);
        for(int i=0;i<size;i++){

            Sensor sensor=allSensors.get(i);
            int tipo=sensor.getType();
            tv.append("\nTipo: "+tipo);
            String nombre=sensor.getName();
            tv.append("\n"+nombre);
```

```
            String vendedor=sensor.getVendor();
            tv.append("\nVendedor: "+vendedor);
            float power=sensor.getPower();
            tv.append("\nPower (mA): "+power);
            float resolucion=sensor.getResolution();
            tv.append("\nResolucion: "+resolucion);
            float rango=sensor.getMaximumRange();
            tv.append(" - Rango: "+rango);
        }

    }
}
```

5.3. Sensor de campo magnético

A partir de la aplicación anterior, vemos que nuestro dispositivo dispone de un sensor de campo magnético. Es sencillo modificar la aplicación `Acelerometro` para obtener un medidor del campo magnético. Basta con cambiar el tipo de sensor por `Sensor.TYPE_MAGNETIC_FIELD`. Utilizamos el siguiente layout:

```xml
<?xml version="1.0" encoding="utf-8"?>
<LinearLayout
xmlns:android="http://schemas.android.com/apk/res/android"
    android:orientation="vertical"
    android:layout_width="fill_parent"
    android:layout_height="fill_parent"
    android:background="#ffeecc"
    >
<TextView
    android:layout_width="fill_parent"
    android:layout_height="wrap_content"
    android:layout_margin="10px"
    android:textSize="20sp"
    android:textStyle="normal"
    android:text="Sensor de Campo Magnético"
    android:textColor="#000000"
    />

<View
    android:background="#000000"
    android:layout_width="fill_parent"
    android:layout_height="1sp">
</View>

<TextView
    android:layout_width="fill_parent"
    android:layout_height="wrap_content"
```

```xml
        android:layout_marginLeft="10px"
        android:textSize="20sp"
        android:textStyle="italic"
        android:text="B_x"
        android:textColor="#000000"
        />
<TextView
        android:id="@+id/textViewBX"
        android:layout_width="fill_parent"
        android:layout_height="wrap_content"
        android:layout_marginLeft="10px"
        android:textSize="20sp"
        android:textStyle="bold"
        android:text="Campo_X"
        android:textColor="#000000"
        />

<View
        android:background="#000000"
        android:layout_width="fill_parent"
        android:layout_height="1sp">
</View>

<TextView
        android:layout_width="fill_parent"
        android:layout_height="wrap_content"
        android:layout_marginLeft="10px"
        android:textSize="20sp"
        android:textStyle="italic"
        android:text="B_y"
        android:textColor="#000000"
        />

<TextView
        android:id="@+id/textViewBY"
        android:layout_width="fill_parent"
        android:layout_height="wrap_content"
        android:layout_marginLeft="10px"
        android:textSize="20sp"
        android:textStyle="bold"
        android:text="Campo_Y"
        android:textColor="#000000"
        />

<View
        android:background="#000000"
        android:layout_width="fill_parent"
        android:layout_height="1sp">
```

```xml
</View>

<TextView
    android:layout_width="fill_parent"
    android:layout_height="wrap_content"
    android:layout_marginLeft="10px"
    android:textSize="20sp"
    android:textStyle="italic"
    android:text="B_z"
    android:textColor="#000000"
    />
<TextView
    android:id="@+id/textViewBZ"
    android:layout_width="fill_parent"
    android:layout_height="wrap_content"
    android:layout_marginLeft="10px"
    android:textSize="20sp"
    android:textStyle="bold"
    android:text="Campo_Z"
    android:textColor="#000000"
    />

<View
    android:background="#000000"
    android:layout_width="fill_parent"
    android:layout_height="1sp">
</View>

<TextView
    android:layout_width="fill_parent"
    android:layout_height="wrap_content"
    android:layout_marginLeft="10px"
    android:textSize="20sp"
    android:textStyle="italic"
    android:text="B módulo"
    android:textColor="#000000"
    />
<TextView
    android:id="@+id/textViewB"
    android:layout_width="fill_parent"
    android:layout_height="wrap_content"
    android:layout_marginLeft="10px"
    android:textSize="20sp"
    android:textStyle="bold"
    android:text="Campo total"
    android:textColor="#000000"
    />
```

```xml
<View
    android:background="#000000"
    android:layout_width="fill_parent"
    android:layout_height="1sp">
</View>

<TextView
    android:layout_width="fill_parent"
    android:layout_height="wrap_content"
    android:layout_marginLeft="10px"
    android:textSize="20sp"
    android:textStyle="italic"
    android:text="Campo máximo"
    android:textColor="#000000"
    />

<TextView
    android:id="@+id/textViewBmax"
    android:layout_width="fill_parent"
    android:layout_height="wrap_content"
    android:layout_marginLeft="10px"
    android:textSize="20sp"
    android:textStyle="bold"
    android:text="Campo Terrestre"
    android:textColor="#000000"
    />

<View
    android:background="#000000"
    android:layout_width="fill_parent"
    android:layout_height="1sp">
</View>

<TextView
    android:layout_width="fill_parent"
    android:layout_height="wrap_content"
    android:layout_marginLeft="10px"
    android:textSize="20sp"
    android:textStyle="italic"
    android:text="Campo tierra mínimo y máximo"
    android:textColor="#000000"
    />
<TextView
    android:id="@+id/textViewBTierra"
    android:layout_width="fill_parent"
    android:layout_height="wrap_content"
    android:layout_marginLeft="10px"
    android:textSize="20sp"
```

```xml
            android:textStyle="bold"
            android:text="Campo_tierra"
            android:textColor="#000000"
            />
</LinearLayout>
```

La siguiente aplicación `CampoMagnetico` presenta algunas variaciones con respecto a `Acelerometro`. En primer lugar, modificamos el delay del sensor a `SENSOR_DELAY_NORMAL`, ya que no necesitamos la velocidad de medida máxima, que además consume más batería. En segundo lugar, añadimos una variable booleana `continuar` que controle el ciclo `while` en el hilo AsyncTask. Añadiremos, además, el método `onPause()`, donde cambiaremos su valor a `false` para que el hilo en background se detenga cuando abandonemos la actividad (en caso contrario, seguiríamos midiendo el campo magnético en background). También añadiremos el método `onResume` para reiniciar el AsyncTask si volvemos a la actividad. Finalmente, mostramos en pantalla un mensaje de texto con Toast cuando abandonemos la actividad. El programa `CampoMagnetico.java` sería el siguiente:

```java
package es.ugr.campomagnetico;

import android.app.Activity;
import android.content.Context;
import android.hardware.Sensor;
import android.hardware.SensorEvent;
import android.hardware.SensorEventListener;
import android.hardware.SensorManager;
import android.os.AsyncTask;
import android.os.Bundle;
import android.widget.TextView;
import android.widget.Toast;

public class CampoMagnetico extends Activity 
                    implements SensorEventListener{

// SensorManager sensorManager;
   int contador=0;
   boolean continuar=true;
   double x=0,y=0,z=0,a=0,amax=0;
   double campoTierraMax
            =SensorManager.MAGNETIC_FIELD_EARTH_MAX;
   double campoTierraMin
            =SensorManager.MAGNETIC_FIELD_EARTH_MIN;

   TextView tvax,tvay,tvaz,tva,tvaMax,tvG;

   /** Called when the activity is first created. */
```

```
    @Override
    public void onCreate(Bundle savedInstanceState) {
        super.onCreate(savedInstanceState);
        setContentView(R.layout.main);

        tvax=(TextView) findViewById(R.id.textViewBX);
        tvay=(TextView) findViewById(R.id.textViewBY);
        tvaz=(TextView) findViewById(R.id.textViewBZ);
        tva=(TextView) findViewById(R.id.textViewB);
        tvaMax=(TextView) findViewById(R.id.textViewBmax);
        tvG=(TextView) findViewById(R.id.textViewBTierra);

        // inicia un SensorManager
        SensorManager sensorManager=(SensorManager)
                getSystemService(Context.SENSOR_SERVICE);
        // define un sensor campo magnético
        Sensor campo=sensorManager.getDefaultSensor(
                            Sensor.TYPE_MAGNETIC_FIELD);
        // registra el sensor para que comience a escuchar
        sensorManager.registerListener(
            this, campo, SensorManager.SENSOR_DELAY_NORMAL);

        new MiAsyncTask().execute();
    }

    @Override
    public void onResume(){
        super.onResume();
        continuar=true;
        new MiAsyncTask().execute();
    }

    @Override
    public void onPause(){
        super.onPause();
        continuar=false;
    }

@Override
public void onAccuracyChanged(Sensor arg0, int arg1) {
}

@Override
public void onSensorChanged(SensorEvent event) {
    // componentes del campo
    x= event.values[0];
    y= event.values[1];
    z= event.values[2];
```

```java
         // modulo
         a=Math.sqrt(x*x+y*y+z*z);
         // maximo
         if(a>amax)amax=a;
    }

    class MiAsyncTask extends AsyncTask<Void,Void,Void>{

        @Override
        protected Void doInBackground(Void... arg0) {

            while(continuar){
                try {
                    Thread.sleep(200);
                } catch (InterruptedException e) {
                    e.printStackTrace();
                }
                contador++;
                publishProgress();
            }
            return null;
        }

        @Override
        protected void onProgressUpdate(Void... progress){
            tvax.setText(""+x);
            tvay.setText(""+y);
            tvaz.setText(""+z);
            tva.setText(""+a);
            tvaMax.setText(""+amax);
            tvG.setText(""+campoTierraMin+" - "+campoTierraMax);
            tvG.append("\n"+contador);

        }

        @Override
        protected void onPostExecute(Void result){
            super.onPostExecute(result);

            Context context=getApplicationContext();
            Toast.makeText(context,
                "Campo Magnetico AsyncTask Terminado", 1).show();
        }
    }
}
```

El gran libro de programación avanzada con Android

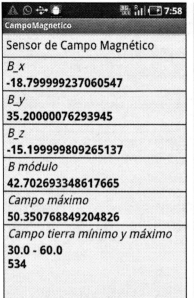

Figura 5.3. *Medidas del campo magnético con la aplicación CampoMagnetico para distintas orientaciones de un teléfono Samsung Galaxy S.*

En la figura 5.3. se muestran varias capturas de pantalla obtenidas al ejecutar este programa en un teléfono Samsung Galaxy S. Los valores de campo magnético que mide el sensor están expresados en microteslas (μT). Recordemos que el tesla (T) es la unidad de inducción magnética en el Sistema Internacional y equivale a

$$1T = \frac{1N}{Cm/s}$$

Es decir, un campo magnético de 1 T es aquel que ejerce una fuerza de un newton sobre una partícula con carga 1 culombio moviéndose a una velocidad de 1m/s perpendicularmente a la dirección del campo. El campo magnético terrestre depende de la posición y generalmente vale entre 30 y 60 microteslas. Estos son los valores de campo magnético tierra mínimo y máximo que están definidos como constantes en el sensor manager. En la primera captura de la figura 5.3. (arriba izquierda), vemos valores típicos de las tres componentes del campo y de su módulo o intensidad, medidos con el teléfono colocado sobre una mesa. La intensidad (módulo) es de 42 μT, efectivamente típica del campo terrestre. En la segunda, hemos girado el teléfono respecto al eje perpendicular (eje z) hasta que la componente x del campo sea aproximadamente cero. En esas condiciones, la componente y (el eje longitudinal del teléfono) apunta hacia el Norte. En la tercera captura (abajo izquierda) hemos colocado el teléfono sobre un ordenador portátil cerca del botón de encendido, donde el campo magnético producido por la fuente de tensión es muy intenso, más de 1000 μT. Finalmente, en la última captura de pantalla (abajo derecha), observamos el mensaje del Toast al finalizar la actividad pulsando el botón *Back* del teléfono. Si lo acercamos a un imán potente, notaremos que el teléfono queda magnetizado durante unos segundos y después vuelve a la normalidad.

5.4. Sensor de orientación

El sensor de orientación permite registrar y determinar la orientación del teléfono con tres ángulos medidos en grados. El primero es el azimut o ángulo con respecto a la dirección Norte medido en el plano horizontal. El segundo es el ángulo de verticalidad del teléfono, que es cero si está apoyado en un plano horizontal. El ángulo de giro se hace negativo al incorporar el teléfono y levantarlo, alcanzando el valor -90 al colocarlo de pie sobre su base. Si el teléfono está boca abajo, este ángulo es positivo. El tercer ángulo mide la inclinación lateral al apoyar el teléfono sobre uno de sus lados. Este ángulo es positivo con el lado izquierdo del teléfono hacia abajo y negativo si es el lado derecho el que está abajo.

La siguiente aplicación monitoriza los tres ángulos de orientación. Modificamos en primer lugar el layout de los ejemplos anteriores, incluyendo varios colores de fondo, con un mensaje en rojo que indica la orientación predominante del teléfono (Norte, Noroeste, vertical arriba, lateral derecha, etc.).

```xml
<?xml version="1.0" encoding="utf-8"?>
<LinearLayout
xmlns:android="http://schemas.android.com/apk/res/android"
    android:orientation="vertical"
    android:layout_width="fill_parent"
    android:layout_height="fill_parent"
    android:background="#ffeecc"
    >
<TextView
    android:layout_width="fill_parent"
    android:layout_height="wrap_content"
    android:layout_margin="10px"
    android:textSize="20sp"
    android:textStyle="normal"
    android:text="Sensor de Orientación"
    android:textColor="#000000"
    android:background="#ddccaa"
    />

    <View
    android:background="#000000"
    android:layout_width="fill_parent"
    android:layout_height="1sp">
    </View>

<TextView
    android:layout_width="fill_parent"
    android:layout_height="wrap_content"
    android:layout_marginLeft="10px"
    android:textSize="20sp"
    android:textStyle="italic"
    android:text="Azimut"
    android:textColor="#000000"
    android:background="#ffddaa"
    />

<TextView
   android:id="@+id/textViewAzimut"
    android:layout_width="fill_parent"
    android:layout_height="wrap_content"
    android:layout_marginLeft="10px"
    android:textSize="20sp"
    android:textStyle="bold"
    android:text="azimut"
    android:textColor="#000000"
```

```xml
        />

    <View
        android:background="#000000"
        android:layout_width="fill_parent"
        android:layout_height="1sp">
    </View>

    <TextView
        android:layout_width="fill_parent"
        android:layout_height="wrap_content"
        android:layout_marginLeft="10px"
        android:textSize="20sp"
        android:textStyle="italic"
        android:text="Verticalidad"
        android:textColor="#000000"
        android:background="#ffddaa"
        />
    <TextView
        android:id="@+id/textViewVertical"
        android:layout_width="fill_parent"
        android:layout_height="wrap_content"
        android:layout_marginLeft="10px"
        android:textSize="20sp"
        android:textStyle="bold"
        android:text="verticalidad"
        android:textColor="#000000"
        />

    <View
        android:background="#000000"
        android:layout_width="fill_parent"
        android:layout_height="1sp">
    </View>

    <TextView
        android:layout_width="fill_parent"
        android:layout_height="wrap_content"
        android:layout_marginLeft="10px"
        android:textSize="20sp"
        android:textStyle="italic"
        android:text="Inclinación lateral"
        android:textColor="#000000"
        android:background="#ffddaa"
        />
    <TextView
        android:id="@+id/textViewLateral"
        android:layout_width="fill_parent"
```

```xml
        android:layout_height="wrap_content"
        android:layout_marginLeft="10px"
        android:textSize="20sp"
        android:textStyle="bold"
        android:text="lateralidad"
        android:textColor="#000000"
        />

<View
    android:background="#000000"
    android:layout_width="fill_parent"
    android:layout_height="1sp">
</View>

<TextView
    android:layout_width="fill_parent"
    android:layout_height="wrap_content"
    android:layout_marginLeft="10px"
    android:textSize="20sp"
    android:textStyle="italic"
    android:text="Orientacion"
    android:textColor="#000000"
    android:background="#ffddaa"
    />
<TextView
    android:id="@+id/textViewOrientacion"
    android:layout_width="fill_parent"
    android:layout_height="wrap_content"
    android:layout_marginLeft="10px"
    android:textSize="30sp"
    android:textStyle="bold"
    android:text="orientación"
    android:textColor="#dd0000"
    />

<View
    android:background="#000000"
    android:layout_width="fill_parent"
    android:layout_height="1sp">
</View>

<TextView
    android:layout_width="fill_parent"
    android:layout_height="wrap_content"
    android:layout_marginLeft="10px"
    android:textSize="20sp"
    android:textStyle="italic"
    android:text="Número de lecturas"
```

```xml
        android:textColor="#000000"
        android:background="#ffddaa"
        />
<TextView
    android:id="@+id/textViewContador"
    android:layout_width="fill_parent"
    android:layout_height="wrap_content"
    android:layout_marginLeft="10px"
    android:textSize="20sp"
    android:textStyle="bold"
    android:text="cero"
    android:textColor="#000000"
    />
</LinearLayout>
```

La siguiente actividad `OrientacionSensor.java` es una variación de los ejemplos de sensores anteriores con una serie de mejoras. En primer lugar, iniciamos el sensor en el método `onResume` y lo detenemos completamente en `onPause`, usando el método `unregisterListener`. En los ejemplos anteriores, el sensor podría continuar activo en background al terminar la aplicación. En segundo lugar, en vez de AsyncTask para modificar la interfaz de usuario, utilizamos un objeto que implementa la interfaz `Runnable` y lo ejecutamos usando el método `runOnUiThread` dentro de `onSensorChanged` (ver capítulo anterior). El programa sería el siguiente:

```java
package es.ugr.orientacionsensor;

import android.app.Activity;
import android.content.Context;
import android.hardware.Sensor;
import android.hardware.SensorEvent;
import android.hardware.SensorEventListener;
import android.hardware.SensorManager;
import android.os.Bundle;
import android.widget.TextView;

public class OrientacionSensor extends Activity
                    implements SensorEventListener{

    SensorManager sensorManager;
    Sensor sensor;
    int contador=0;
    double azimut=0,vertical=0,lateral=0;
    TextView tvAzimut,tvVertical,tvLateral,
            tvOrientacion,tvContador;
    String orientacion="orientacion";
```

```java
/** Called when the activity is first created. */
@Override
public void onCreate(Bundle savedInstanceState) {
    super.onCreate(savedInstanceState);
    setContentView(R.layout.main);

    tvAzimut=(TextView)
            findViewById(R.id.textViewAzimut);
    tvVertical=(TextView)
            findViewById(R.id.textViewVertical);
    tvLateral=(TextView)
            findViewById(R.id.textViewLateral);
    tvOrientacion=(TextView)
            findViewById(R.id.textViewOrientacion);
    tvContador=(TextView)
            findViewById(R.id.textViewContador);

    // inicia un SensorManager
    sensorManager=(SensorManager)
            getSystemService(Context.SENSOR_SERVICE);
    // define un sensor de orientación
    sensor=sensorManager.getDefaultSensor(
                        Sensor.TYPE_ORIENTATION);
}

@Override
public void onResume(){
     super.onResume();
    // inicia el sensor
    sensorManager.registerListener(
        this, sensor, SensorManager.SENSOR_DELAY_NORMAL);
}

@Override
public void onPause(){
     super.onPause();
    // detiene el sensor
    sensorManager.unregisterListener(this);
}

@Override
public void onAccuracyChanged(Sensor arg0, int arg1) {
}

@Override
public void onSensorChanged(SensorEvent event) {
   // angulos de orientacion
   azimut= event.values[0];
```

```java
        vertical= event.values[1];
        lateral= event.values[2];
        contador++;
        if (azimut < 22) orientacion="NORTE";
        else if( azimut < 67) orientacion= "NORESTE";
        else if( azimut < 112 ) orientacion="ESTE";
        else if( azimut < 157 ) orientacion="SURESTE";
        else if( azimut < 202) orientacion="SUR";
        else if( azimut < 247) orientacion="SUROESTE";
        else if( azimut < 292) orientacion="OESTE";
        else if( azimut < 337) orientacion="NOROESTE";
        else orientacion="NORTE";

        if (vertical < -50) orientacion="VERTICAL ARRIBA";
        if (vertical >  50) orientacion="VERTICAL ABAJO";
        if (lateral > 50) orientacion="LATERAL IZQUIERDA";
        if (lateral < -50) orientacion="LATERAL DERECHA";
        runOnUiThread(new CambiaTexto());
    }

    class CambiaTexto implements Runnable{

        @Override
        public void run() {
            // TODO Auto-generated method stub

            tvAzimut.setText(""+azimut);
            tvVertical.setText(""+vertical);
            tvLateral.setText(""+lateral);
            tvOrientacion.setText(""+orientacion);
            tvContador.setText(""+contador);
        }

    } // end cambiaTexto

}
```

El resultado se muestra en la figura 5.4. En la primera captura (arriba izquierda), el teléfono está orientado al Norte en posición horizontal. En la segunda está vertical boca arriba; en la tercera, boca abajo y en la última está de lado con el lado izquierdo hacia abajo.

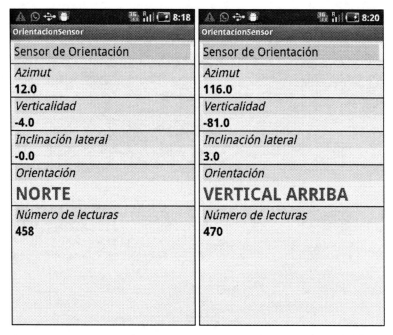

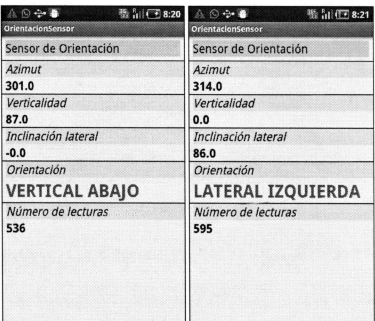

Figura 5.4. *Medidas del sensor de orientación con un teléfono Samsung Galaxy S.*

5.5. Sensor de proximidad y sensor de luminosidad

Para finalizar este capítulo, veremos cómo funcionan los sensores de aproximación y de luminosidad, que son los dos que restan del teléfono Samsung Galaxy S utilizado como modelo. El siguiente ejemplo tiene la particularidad de que utiliza simultáneamente dos sensores. La estructura es similar al ejemplo anterior, aunque hay que modificar el método `onSensorChanged` añadiendo bucles `if-else` para determinar el tipo de sensor del que proviene cada evento. Esto se consigue con el método `event.sensor.getType()`.

El layout de este ejemplo es el siguiente:

```xml
<?xml version="1.0" encoding="utf-8"?>
<LinearLayout
xmlns:android="http://schemas.android.com/apk/res/android"
    android:orientation="vertical"
    android:layout_width="fill_parent"
    android:layout_height="fill_parent"
    android:background="#ffeecc"
    >
<TextView
    android:layout_width="fill_parent"
    android:layout_height="wrap_content"
    android:layout_margin="10px"
    android:textSize="20sp"
    android:textStyle="normal"
    android:text="Sensor de Proximidad"
    android:textColor="#000000"
    android:background="#ddccaa"
    />

<View
    android:background="#000000"
    android:layout_width="fill_parent"
    android:layout_height="1sp">
</View>

<TextView
    android:layout_width="fill_parent"
    android:layout_height="wrap_content"
    android:layout_marginLeft="10px"
    android:textSize="20sp"
    android:textStyle="italic"
    android:text="Proximidad (cm)"
    android:textColor="#000000"
    android:background="#ffddaa"
    />
<TextView
```

```xml
        android:id="@+id/textViewDistancia"
        android:layout_width="fill_parent"
        android:layout_height="wrap_content"
        android:layout_marginLeft="10px"
        android:textSize="20sp"
        android:textStyle="bold"
        android:text="proximidad"
        android:textColor="#000000"
        />
<TextView
        android:id="@+id/textViewProximidad"
        android:layout_width="fill_parent"
        android:layout_height="wrap_content"
        android:layout_marginLeft="10px"
        android:textSize="30sp"
        android:textStyle="bold"
        android:text="lejos"
        android:textColor="#ff0000"
        />

<View
        android:background="#000000"
        android:layout_width="fill_parent"
        android:layout_height="1sp">
</View>

<TextView
        android:layout_width="fill_parent"
        android:layout_height="wrap_content"
        android:layout_margin="10px"
        android:textSize="20sp"
        android:textStyle="normal"
        android:text="Sensor de Luz"
        android:textColor="#000000"
        android:background="#ddccaa"
        />

<View
        android:background="#000000"
        android:layout_width="fill_parent"
        android:layout_height="1sp">
</View>

<TextView
        android:layout_width="fill_parent"
        android:layout_height="wrap_content"
        android:layout_marginLeft="10px"
        android:textSize="20sp"
```

```xml
        android:textStyle="italic"
        android:text="Luz ambiente en unidades Lux (SI)"
        android:textColor="#000000"
        android:background="#ffddaa"
        />
<TextView
        android:id="@+id/textViewLuz"
        android:layout_width="fill_parent"
        android:layout_height="wrap_content"
        android:layout_marginLeft="10px"
        android:textSize="20sp"
        android:textStyle="bold"
        android:text="luz"
        android:textColor="#000000"
        />
<TextView
        android:id="@+id/textViewLuminosidad"
        android:layout_width="fill_parent"
        android:layout_height="wrap_content"
        android:layout_marginLeft="10px"
        android:textSize="30sp"
        android:textStyle="bold"
        android:text="OSCURO"
        android:textColor="#ff0000"
        />

<View
        android:background="#000000"
        android:layout_width="fill_parent"
        android:layout_height="1sp">
</View>

<TextView
        android:layout_width="fill_parent"
        android:layout_height="wrap_content"
        android:layout_marginLeft="10px"
        android:textSize="20sp"
        android:textStyle="italic"
        android:text="Número de lecturas"
        android:textColor="#000000"
        android:background="#ffddaa"
        />
<TextView
        android:id="@+id/textViewContador"
        android:layout_width="fill_parent"
        android:layout_height="wrap_content"
        android:layout_marginLeft="10px"
        android:textSize="20sp"
```

```
        android:textStyle="bold"
        android:text="cero"
        android:textColor="#000000"
        />
</LinearLayout>
```

La actividad `ProximitySensor.java` **es la siguiente**:

```
package es.ugr.amaro.proximitysensor;

import android.app.Activity;
import android.content.Context;
import android.hardware.Sensor;
import android.hardware.SensorEvent;
import android.hardware.SensorEventListener;
import android.hardware.SensorManager;
import android.os.Bundle;
import android.widget.TextView;

public class ProximitySensor extends Activity
                    implements SensorEventListener{

    SensorManager sensorManager;
    Sensor sensorLuz,sensorProximo;
    int contador=0;
    double luz=0,distancia=0;
    TextView    tvLuz,tvLuminosidad,tvProximidad,
            tvDistancia,tvContador;
    String luminosidad="NORMAL",proximidad="LEJOS";

    /** Called when the activity is first created. */
      @Override
      public void onCreate(Bundle savedInstanceState) {
        super.onCreate(savedInstanceState);
        setContentView(R.layout.main);

        tvProximidad=(TextView)
                findViewById(R.id.textViewProximidad);
        tvDistancia=(TextView)
                findViewById(R.id.textViewDistancia);
        tvLuz=(TextView) findViewById(R.id.textViewLuz);
        tvLuminosidad=(TextView)
                findViewById(R.id.textViewLuminosidad);
        tvContador=(TextView)
                    findViewById(R.id.textViewContador);


        // inicia un SensorManager
```

```java
        sensorManager=(SensorManager)
                getSystemService(Context.SENSOR_SERVICE);
        // define sensores de proximidad y de luminosidad
        sensorProximo=sensorManager.getDefaultSensor(
                            Sensor.TYPE_PROXIMITY);
        sensorLuz=sensorManager.getDefaultSensor(
                            Sensor.TYPE_LIGHT);
    }

    @Override
    public void onResume(){
        super.onResume();
        // inicia el sensor
        sensorManager.registerListener(this, sensorLuz,
                    SensorManager.SENSOR_DELAY_FASTEST);
        sensorManager.registerListener(this, sensorProximo,
                    SensorManager.SENSOR_DELAY_FASTEST);
    }

    @Override
    public void onPause(){
        super.onPause();
        // detiene el sensor
        sensorManager.unregisterListener(this);
    }

@Override
public void onAccuracyChanged(Sensor arg0, int arg1) {
}

@Override
public void onSensorChanged(SensorEvent event) {
   if(event.sensor.getType()==Sensor.TYPE_PROXIMITY)
      distancia=event.values[0];
   if(event.sensor.getType()==Sensor.TYPE_LIGHT)
      luz=event.values[0];

   contador++;
   if (distancia < 1) proximidad="CERCA";
   else proximidad="LEJOS";

   if ( luz<100 ) luminosidad= "OSCURO";
   else if ( luz<2000 ) luminosidad= "LUZ NORMAL";
   else if ( luz<6000 ) luminosidad= "BRILLANTE";
   else luminosidad= "MUCHA LUZ";

   runOnUiThread(new CambiaTexto());
}
```

```java
class CambiaTexto implements Runnable{

    @Override
    public void run() {
        // TODO Auto-generated method stub

        tvDistancia.setText(""+distancia);
        tvProximidad.setText(""+proximidad);
        tvLuz.setText(""+luz);
        tvLuminosidad.setText(""+luminosidad);
        tvContador.setText(""+contador);
    }
} // end cambiaTexto
}
```

En la figura 5.5. se muestran dos capturas de pantalla del teléfono. En nuestro teléfono, los valores de la proximidad pueden ser cero o uno. Los valores de la luminosidad pueden ser 0, 6, 1000, 5000, 9000 y 15000. En la captura de la izquierda se miden los valores normales, proximidad uno y luminosidad 1000. En la segunda (derecha), hemos acercado la mano a un centímetro del teléfono, midiendo proximidad cero y luminosidad 6 (oscuro). Si acercamos el teléfono a una bombilla o a la luz del sol, la luminosidad es de 5000. Bajo condiciones muy brillantes, próximo a una bombilla muy potente o apuntando directamente al sol, puede subir a 9000 o 15000.

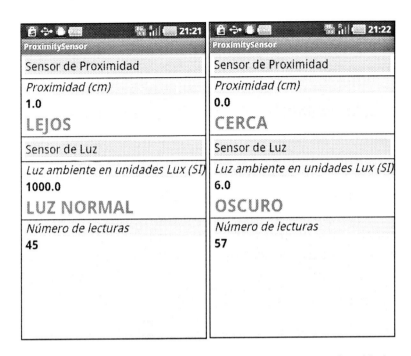

Figura 5.5. Medidas del sensor de proximidad y de luminosidad con un teléfono Samsung Galaxy S.

6. DIÁLOGOS

Si una actividad requiere información adicional del usuario, se puede obtener abriendo una nueva actividad que recoja los datos y se los transfiera a la actividad original. Sin embargo, puede ser tedioso de programar y complicar excesivamente nuestra aplicación. Los diálogos simplifican estas tareas.

6.1. Crear un diálogo

Un diálogo es una ventana que se abre sobre nuestra actividad mostrando un mensaje y nos permite interactuar con el usuario mediante botones y otros elementos.

Para mostrar un diálogo invocamos el método `showDialog()` de la clase `Activity`. Esto hace que se ejecute el método `onCreateDialog` de la clase Activity que deberemos sobrescribir para construir nuestro diálogo, que será un objeto de tipo `Dialog`.

```
Dialog dialogo;
```

Para construir un diálogo debemos definir un objeto de la clase `Builder` o constructor de diálogos, mediante

```
Builder builder = new AlertDialog.Builder(this);
```

Ejecutando distintos métodos de este objeto `Builder`, podemos ir definiendo los contenidos de nuestro diálogo. Finalmente, el diálogo se crea mediante

```
Dialogo = builder.create();
```

En el siguiente ejemplo creamos un diálogo muy simple que solo incluye un icono y un mensaje de texto. En primer lugar, creamos una actividad `Dialogo` con el siguiente layout, que incluye un botón para lanzar el diálogo:

```
<?xml version="1.0" encoding="utf-8"?>
```

```xml
<LinearLayout
xmlns:android="http://schemas.android.com/apk/res/android"
    android:layout_width="fill_parent"
    android:layout_height="fill_parent"
    android:orientation="vertical"
    android:background="#ffffff"
 >

    <TextView
        android:textColor="#000000"
        android:textSize="20sp"
        android:layout_width="fill_parent"
        android:layout_height="wrap_content"
        android:text="Ejemplo de un diálogo simple" />

    <Button
        android:id="@+id/button1"
        android:layout_width="fill_parent"
        android:layout_height="wrap_content"
        android:textSize="20sp"
        android:text="Mostrar el diálogo" />

</LinearLayout>
```

A continuación, escribimos el siguiente programa `Dialogo.java`, que incluye el método `onCreateDialog(int id)`, dependiente de un parámetro entero que permite definir varios diálogos distintos dependiendo de las necesidades del programa. Dentro de este método definimos un icono y un texto para el diálogo. En la figura 6.1. se muestra el resultado.

```java
package es.ugr.amaro.dialogo;

import android.app.Activity;
import android.app.AlertDialog;
import android.app.AlertDialog.Builder;
import android.app.Dialog;
import android.os.Bundle;
import android.view.View;
import android.view.View.OnClickListener;
import android.widget.Button;

public class Dialogo extends Activity implements OnClickListener{

    /** Called when the activity is first created. */
    @Override
    public void onCreate(Bundle savedInstanceState) {
        super.onCreate(savedInstanceState);
```

```
            setContentView(R.layout.main);
            Button boton= (Button) findViewById(R.id.button1);
            boton.setOnClickListener(this);
      }

      @Override
      public void onClick(View arg0) {
         showDialog(0);
      }

      @Override
      protected   Dialog onCreateDialog(int id){

         Dialog dialogo=null;
         if(id==0){
            Builder builder=new AlertDialog.Builder(this);
            builder=builder.setIcon(R.drawable.ic_launcher);
            builder=builder.setTitle(
                  "Este es el aspecto de un diálogo");
            dialogo=builder.create();
         }
         return dialogo;
      }
}
```

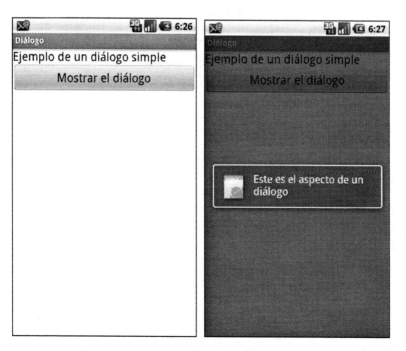

Figura 6.1. Actividad con un diálogo simple creado mediante onCreateDialog.

6.2. Diálogos con botones

Mediante `onCreateDialog`, podemos incluir hasta tres botones en el diálogo, denominados *botón positivo*, *botón negativo* y *botón neutro*. El botón positivo (primer botón) se crea con el método `setPositiveButton`, que toma como argumentos el texto del botón y un objeto que implementa la interfaz `DialogInterface.OnClickListener`, con las instrucciones a ejecutar al pulsar el botón (similar a la interfaz `OnClickListener` de la clase View). Los botones neutro y negativo se definen de forma similar. Para saber qué botón se ha pulsado, usamos las constantes de la clase `DialogInterface`

`BUTTON_POSITIVE, BUTTON_NEGATIVE, BUTTON_NEUTRAL,`

que se pueden comparar con una variable entera que recibe el método `onClick` y que toma el valor correspondiente al botón pulsado.

En el siguiente ejemplo se ilustra todo lo explicado. Creamos un diálogo con tres botones y con un mensaje de texto. Para mostrar un mensaje en un diálogo, usamos el método `setMessage`. Al pulsar los botones, se modifica un texto en la ventana principal informando del botón que hemos pulsado. Además, al pulsar un botón, la ventana de diálogo se cierra automáticamente.

Para el ejemplo utilizaremos el siguiente layout:

```xml
<?xml version="1.0" encoding="utf-8"?>
<LinearLayout
xmlns:android="http://schemas.android.com/apk/res/android"
    android:layout_width="fill_parent"
    android:layout_height="fill_parent"
    android:orientation="vertical"
    android:background="#ffffff"
>
    <TextView
        android:id="@+id/textView"
        android:textColor="#000000"
        android:textSize="20sp"
        android:layout_width="fill_parent"
        android:layout_height="wrap_content"
        android:text="Un diálogo con botones" />

    <Button
        android:id="@+id/button1"
        android:layout_width="fill_parent"
        android:layout_height="wrap_content"
        android:textSize="20sp"
        android:text="Mostrar el diálogo" />
```

```
</LinearLayout>
```

A continuación se detalla el programa DialogoConBotones.java. La interfaz para los botones se implementa en la clase DListener. En la figura 6.2. se muestran las capturas de pantalla.

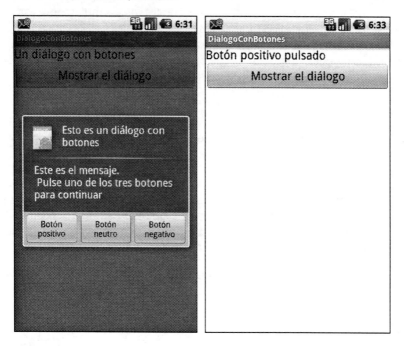

Figura 6.2. *Un diálogo con tres botones creado mediante onCreateDialog.*

```
package es.ugr.amaro.dialogoconbotones;

import android.app.Activity;
import android.app.AlertDialog;
import android.app.Dialog;
import android.app.AlertDialog.Builder;
import android.content.DialogInterface;
import android.os.Bundle;
import android.view.View;
import android.view.View.OnClickListener;
import android.widget.Button;
import android.widget.TextView;

public class DialogoConBotonesActivity  extends Activity
                            implements OnClickListener{

    TextView tv;
```

```java
    /** Called when the activity is first created. */
    @Override
    public void onCreate(Bundle savedInstanceState) {
        super.onCreate(savedInstanceState);
        setContentView(R.layout.main);

        tv=(TextView) findViewById(R.id.textView);
        Button boton= (Button) findViewById(R.id.button1);
        boton.setOnClickListener(this);
    }

@Override
public void onClick(View v) {
   showDialog(0);
}

@Override
protected  Dialog onCreateDialog(int id){

   DListener listener= new DListener();
   Dialog dialogo=null;
   if(id==0){
      Builder builder=new AlertDialog.Builder(this);
      builder=builder.setIcon(R.drawable.ic_launcher);
      builder=builder.setTitle(
                   "Esto es un diálogo con botones");
      builder=builder.setMessage("Este es el mensaje. " +
      "\n Pulse uno de los tres botones para continuar");
      builder=builder.setPositiveButton(
                       "Botón positivo", listener);
      builder=builder.setNegativeButton(
                       "Botón negativo", listener);
      builder=builder.setNeutralButton(
                       "Botón neutro", listener);
      dialogo=builder.create();
   }
   return dialogo;
}

class DListener
         implements  DialogInterface.OnClickListener{

@Override
public void onClick(DialogInterface dialog, int which) {
  if(which == DialogInterface.BUTTON_POSITIVE)
    tv.setText("Botón positivo pulsado");
  if(which == DialogInterface.BUTTON_NEGATIVE)
    tv.setText("Botón negativo pulsado");
```

```
    if(which == DialogInterface.BUTTON_NEUTRAL)
      tv.setText("Botón neutro pulsado");
    }
  } // end DialogInterface.OnClickListener
}
```

6.3. Diálogos con ítems

El método `onCreateDialog` solo permite diálogos con uno, dos o tres botones. Para incluir más opciones, podemos utilizar una lista de ítems, que se comportan de la misma manera que los botones al pulsarlos. El texto de los ítems debe introducirse en un array de tipo `CharSequence` (similar a String) y se le pasa como argumento al método `setItems`. La siguiente actividad muestra un ejemplo de un diálogo con una lista de ítems. Al pulsar cada uno de ellos, se ejecuta el método onClick de la interfaz `DialogInterface.OnClickListener` y se le pasa como argumento el índice del ítem pulsado. En esta actividad modificamos un TextView para indicar el ítem que se ha pulsado. Usamos el mismo layout que en el ejemplo anterior. A continuación se detalla el programa Java y en la figura 6.3. se muestra el resultado.

```
package es.ugr.amaro.dialogoconitems;

import android.app.Activity;
import android.app.AlertDialog;
import android.app.Dialog;
import android.app.AlertDialog.Builder;
import android.content.DialogInterface;
import android.os.Bundle;
import android.view.View;
import android.view.View.OnClickListener;
import android.widget.Button;
import android.widget.TextView;

public class DialogoConItemsActivity extends Activity
                                implements OnClickListener{

  TextView tv;
  CharSequence[] items=
            {"ítem 0","ítem 1","ítem 2",
             "ítem 3","ítem 4","ítem 5"};

  /** Called when the activity is first created. */
  @Override
  public void onCreate(Bundle savedInstanceState) {
```

```java
        super.onCreate(savedInstanceState);
        setContentView(R.layout.main);

        tv=(TextView) findViewById(R.id.textView);
        Button boton= (Button) findViewById(R.id.button1);
        boton.setOnClickListener(this);
    }

    @Override
    public void onClick(View v) {
        showDialog(0);
    }

    @Override
    protected Dialog onCreateDialog(int id){

       DListener listener= new DListener();
       Dialog dialogo=null;
       if(id==0){
          Builder builder=new AlertDialog.Builder(this);
          builder.setIcon(R.drawable.ic_launcher);
          builder.setTitle("Esto es un diálogo con ítems");
          builder.setItems(items, listener);
          dialogo=builder.create();
       }
       return dialogo;
    }

    class DListener
            implements DialogInterface.OnClickListener{

       @Override
       public void onClick(DialogInterface dialog, int which){
          tv.setText("Ha pulsado el ítem  "+ which);
       }
    }  // end DialogInterface.OnClickListener
}
```

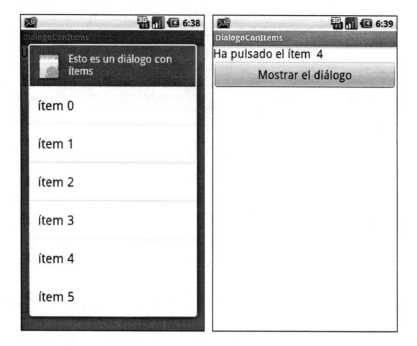

Figura 6.3. *Un diálogo con ítems creado mediante onCreateDialog.*

6.4. Diálogos de elección única

Una variación del método `setItems` es `setSingleChoiceItems`, que sirve para añadir al diálogo una lista de ítems con casillas para marcar. Al pulsar un ítem, se marca su casilla, pero el diálogo no se cierra, lo que permite corregir nuestra opción. Para cerrar el diálogo, debemos pulsar el botón *Back* del dispositivo o añadir un botón al diálogo.

En la siguiente actividad se muestra un ejemplo, que es una variación del anterior. Nótese que en los ejemplos anteriores hemos usado dos formas alternativas para añadir elementos al diálogo mediante un `Builder`: asignando el resultado al objeto `builder`

```
builder = builder.setIcon(icono);
```

o simplemente ejecutando el método

```
builder.setIcon(icono);
```

Estas asignaciones se hacen de forma secuencial una tras otra, pero existe otro modo. Puesto que `builder.setIcon(icono)` es a su vez un objeto Builder, es posible ejecutar sobre él otro método

`builder.setIcon(icono).setTitle(titulo)`

que es de nuevo un objeto Builder. Por lo tanto, podemos encadenar todas las asignaciones y englobarlas en una única sentencia. Por ejemplo, para crear un dialogo simple:

`dialogo = builder.setIcon(icono).setTitle(titulo).create();`

Esta técnica de los métodos encadenados se ha utilizado también en el siguiente ejemplo `DialogSingleChoiceItems.java`:

```java
package es.ugr.amaro.dialogsinglechoiceitems;

import android.app.Activity;
import android.app.AlertDialog;
import android.app.Dialog;
import android.app.AlertDialog.Builder;
import android.content.DialogInterface;
import android.os.Bundle;
import android.view.View;
import android.view.View.OnClickListener;
import android.widget.Button;
import android.widget.TextView;

public class DialogSingleChoiceItems extends Activity
                                     implements OnClickListener{

    TextView tv;
    CharSequence[] items=
                {"ítem 0","ítem 1","ítem 2",
                 "ítem 3","ítem 4","ítem 5"};

    @Override
    public void onCreate(Bundle savedInstanceState) {
        super.onCreate(savedInstanceState);
        setContentView(R.layout.main);

        tv=(TextView) findViewById(R.id.textView);
        Button boton= (Button) findViewById(R.id.button1);
        boton.setOnClickListener(this);
    }

    @Override
    public void onClick(View v) {
```

```java
            showDialog(0);
    }

    @Override
    protected  Dialog onCreateDialog(int id){

       DListener listener= new DListener();
       Dialog dialogo=null;
       if(id==0){
          Builder builder=new AlertDialog.Builder(this);
          dialogo= builder
                  .setIcon(R.drawable.ic_launcher)
                  .setTitle("Seleccione una de las opciones")
                  .setSingleChoiceItems(items,0, listener)
                  .setPositiveButton("OK",listener)
                  .setNegativeButton("Cancelar",listener)
                  .create();
       }
       return dialogo;
    }

    class DListener
              implements DialogInterface.OnClickListener{

       @Override
       public void onClick(DialogInterface dialog, int which){
          if(which >= 0)
          tv.setText("Ha pulsado el ítem  "+ which);
          if(which == DialogInterface.BUTTON_NEGATIVE)
             tv.setText("Ha cancelado la opción");
       }
    }  // end DialogInterface.OnClickListener

}
```

En la figura 6.4. se muestran las capturas de pantalla. Nótese que al pulsar un botón en estos diálogos, siempre se le pasa al método `onClick` una constante negativa, lo que permite discernir si se ha pulsado un botón o un ítem.

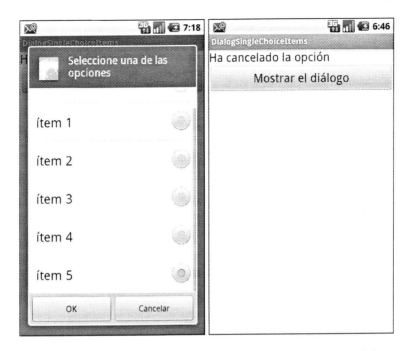

Figura 6.4. *Un diálogo con ítems con casillas de elección única creado mediante onCreateDialog.*

6.5. Diálogos de elección múltiple

En este ejemplo construiremos un diálogo de elección múltiple, donde pueden marcarse varias casillas, a partir del ejemplo anterior. Para almacenar los valores true o false de cada casilla, se introduce un array booleano llamado *marcas*. El diálogo de elección múltiple se construye ejecutando el método

`Builder.setMultiChoiceItems(items,marcas,mlistener)`

Aquí, `items` es el array de ítems, `marcas` es el array booleano y `mlistener` es un objeto de una clase que implementa la interfaz

`DialogInterface.OnMultiChoiceClickListener`

Esta interfaz debe definir el método `onClick` que toma tres argumentos, entre ellos el índice del ítem marcado y su valor true o false. En la siguiente actividad se muestra una lista de los ítems marcados al pulsar el botón *OK*. En la figura 6.5. se muestra el resultado.

El gran libro de programación avanzada con Android

Figura 6.5. *Un diálogo de elección múltiple creado mediante onCreateDialog.*

```
package es.ugr.amaro.dialogmultiplechoiceitems;

import android.app.Activity;
import android.app.AlertDialog;
import android.app.Dialog;
import android.app.AlertDialog.Builder;
import android.content.DialogInterface;
import android.os.Bundle;
import android.view.View;
import android.view.View.OnClickListener;
import android.widget.Button;
import android.widget.TextView;

public class DialogMultipleChoiceItems extends Activity
                            implements OnClickListener{

    TextView tv;
    Charsequence[] items=
                {"ítem 0","ítem 1","ítem 2",
                 "ítem 3","ítem 4","ítem 5"};
    boolean[] marcas= new boolean[items.length];

    @Override
```

```java
    public void onCreate(Bundle savedInstanceState) {
        super.onCreate(savedInstanceState);
        setContentView(R.layout.main);

        tv=(TextView) findViewById(R.id.textView);
        Button boton= (Button) findViewById(R.id.button1);
        boton.setOnClickListener(this);
    }

    @Override
    public void onClick(View v) {
        showDialog(0);
    }

    @Override
    protected  Dialog onCreateDialog(int id){

       DListener listener= new DListener();
       MListener mlistener= new MListener();
       Dialog dialogo=null;
       if(id==0){
          Builder builder=new AlertDialog.Builder(this);
          dialogo= builder
                 .setIcon(R.drawable.ic_launcher)
                 .setTitle("Seleccione una de las opciones")
                 .setMultiChoiceItems(items,marcas, mlistener)
                 .setPositiveButton("OK",listener)
                 .setNegativeButton("Cancelar",listener)
                 .create();
       }
       return dialogo;
    }

    class DListener
               implements DialogInterface.OnClickListener{

       @Override
       public void onClick(DialogInterface dialog, int which){

          if(which == DialogInterface.BUTTON_POSITIVE){
             tv.setText("Ha marcado los ítems");
             for(int i=0;i<marcas.length;i++){
                if(marcas[i])tv.append("\n "+ items[i]);
             }
           }
          if(which == DialogInterface.BUTTON_NEGATIVE)
             tv.setText("Ha cancelado la opción");
       }
```

```
        } // end DialogInterface.OnClickListener


    class MListener implements
             DialogInterface.OnMultiChoiceClickListener{

        @Override
        public void onClick(DialogInterface dialog,
                                  int which, boolean marca){
        }
        } // end DialogInterface.OnMultiChoiceClickListener
}
```

6.6. Diálogos de progreso

En el siguiente ejemplo se ilustra una actividad con dos botones. Al pulsarlos aparece un diálogo de progreso, que es un objeto de la clase `ProgressDialog`, mostrando un elemento visual animado mientras se ejecuta un proceso AsyncTask en background. Hay dos estilos de diálogo de progreso: horizontal y giratorio (*spinner*). Cada diálogo se inicia con `showDialog(id)`. Entonces se ejecuta el método `onCreateDialog(id)`, donde creamos el diálogo mediante

```
        progressDialog = new ProgressDialog(this);
```

y definimos varias de sus propiedades: estilo, icono y título. Al finalizar el proceso en background, eliminamos el diálogo mediante `removeDialog(id)` o, alternativamente, con `progressDialog.hide()`. En la figura 6.6. se muestran las capturas de pantalla.

Para esta actividad utilizamos el siguiente layout:

```xml
<?xml version="1.0" encoding="utf-8"?>
<LinearLayout
xmlns:android="http://schemas.android.com/apk/res/android"
    android:layout_width="fill_parent"
    android:layout_height="fill_parent"
    android:orientation="vertical"
    android:background="#ffffff"
 >

    <TextView
        android:id="@+id/textView"
        android:textColor="#000000"
        android:textSize="20sp"
```

```
            android:layout_width="fill_parent"
            android:layout_height="wrap_content"
            android:text="Un diálogo de progreso" />

    <Button
        android:id="@+id/button1"
        android:layout_width="fill_parent"
        android:layout_height="wrap_content"
        android:textSize="20sp"
        android:text="Barra de progreso" />

    <Button
        android:id="@+id/button2"
        android:layout_width="fill_parent"
        android:layout_height="wrap_content"
        android:textSize="20sp"
        android:text="Diálogo giratorio" />

</LinearLayout>
```

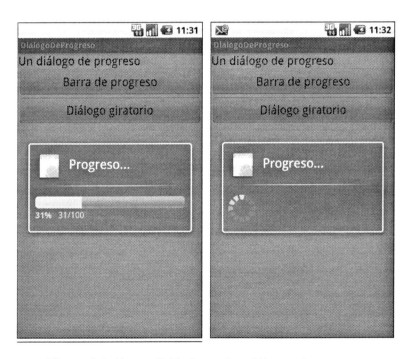

Figura 6.6. Una actividad con dos diálogos de progreso (de barra horizontal y giratorio) animados mientras se ejecuta un proceso en background con AsyncTask.

El programa `DialogoDeProgresoActivity.java` **es el siguiente**:

```java
package es.ugr.amaro.dialogodeprogreso;

import android.app.Activity;
import android.app.Dialog;
import android.app.ProgressDialog;
import android.os.AsyncTask;
import android.os.Bundle;
import android.view.View;
import android.view.View.OnClickListener;
import android.widget.Button;
import android.widget.TextView;

public class DialogoDeProgresoActivity extends Activity
                                    implements OnClickListener{
    TextView tv;
    ProgressDialog progressDialog;
    int progreso,id;

    /** Called when the activity is first created. */
    @Override
     public void onCreate(Bundle savedInstanceState) {
        super.onCreate(savedInstanceState);
        setContentView(R.layout.main);

        tv=(TextView) findViewById(R.id.textView);
        Button boton1= (Button) findViewById(R.id.button1);
        boton1.setOnClickListener(this);
        Button boton2= (Button) findViewById(R.id.button2);
        boton2.setOnClickListener(this);
    }

    @Override
    public void onClick(View v) {

       id=0;
       if(v.getId()==R.id.button1)
          id=1;

       showDialog(id);
       new MyAsyncTask().execute();
    }

    @Override
    protected  Dialog onCreateDialog(int id){
```

```
      progressDialog = new ProgressDialog(this);
      if(id==1)
         progressDialog.setProgressStyle(
                  ProgressDialog.STYLE_HORIZONTAL);
      else
         progressDialog.setProgressStyle(
                     ProgressDialog.STYLE_SPINNER);

      progressDialog.setIcon(R.drawable.ic_launcher);
      progressDialog.setTitle("Progreso...");
      return progressDialog;
   }

   class MyAsyncTask extends AsyncTask<Void,Void,Void>{

      @Override
      protected Void doInBackground(Void...arg0){

         for(int i=0;i<100;i++){
            try {
               Thread.sleep(100);
            } catch (InterruptedException e) {
            }
            progreso=i+1;
            publishProgress();
         }
         return null;
      }

      @Override
      protected void onProgressUpdate(Void...progress){
         progressDialog.setProgress(progreso);
         if(progreso==100)removeDialog(id);
//     se puede usar lo siguiente para ocultar el diálogo
//     como alternativa:
//         if(progreso==100)progressDialog.hide();
      }
   }   // end AsyncTask
}
```

6.7. Diálogos personalizados

Aunque el uso de `AlertDialog.Builder` simplifica la rutina de crear un diálogo, sus posibilidades son limitadas. Por ejemplo, no admite incluir un objeto `EditText`. Si queremos un diálogo personalizado con un layout concreto, debemos construir explícitamente un objeto `Dialog`, que se visualizará en una ventana flotante. En la siguiente actividad construiremos un diálogo básico personalizado. Dentro del método `onCreateDialog`, definimos un diálogo mediante

```
Dialog dialogo = new Dialog(this);
```

A continuación, se definen sus propiedades. Su contenido se «infla» a partir de un layout especificado en un fichero `dialogo.xml`.

```
    dialogo.setContentView(R.layout.dialogo);
```

Sus elementos pueden manipularse de forma similar a los de la ventana principal, pero hay que tener la precaución de definir los objetos View mediante `Dialog.findViewById()` **y no con** `Activity.findViewById()`.

En este ejemplo, usamos el siguiente fichero de layout `dialogo.xml` para nuestro diálogo:

```xml
<?xml version="1.0" encoding="utf-8"?>
<LinearLayout
xmlns:android="http://schemas.android.com/apk/res/android"
    android:layout_width="fill_parent"
    android:layout_height="wrap_content"
    android:orientation="vertical"
    android:background="#ffff88"
    android:padding="10dp">

    <TextView
        android:id="@+id/textViewDialogo"
        android:textColor="#0000ff"
        android:textSize="20sp"
        android:layout_width="wrap_content"
        android:layout_height="wrap_content"
        android:text="Identifíquese para comenzar" />
    <TextView
        android:id="@+id/textViewDialogo"
        android:textColor="#000000"
        android:textSize="18sp"
        android:layout_width="wrap_content"
        android:layout_height="wrap_content"
        android:text="Usuario:" />

    <EditText
        android:id="@+id/editText1"
        android:layout_width="fill_parent"
        android:layout_height="wrap_content"
        android:inputType="text" >
```

```xml
        </EditText>

        <TextView
            android:id="@+id/textViewDialogo"
            android:textColor="#000000"
            android:textSize="18sp"
            android:layout_width="wrap_content"
            android:layout_height="wrap_content"
            android:text="Contraseña:" />

        <EditText
            android:id="@+id/editText2"
            android:layout_width="fill_parent"
            android:layout_height="wrap_content"
            android:inputType="textPassword" >
        </EditText>

        <Button
            android:id="@+id/buttonDialogo"
            android:layout_width="wrap_content"
            android:layout_height="wrap_content"
            android:text="Aceptar" />
</LinearLayout>
```

La siguiente actividad `DialogoBasico.java` abre un diálogo que solicita un usuario y una contraseña. Nótese que también ilustramos cómo modificar el fondo de la ventana principal con `Window.setFlags`. En este caso, aparece en pantalla la imagen del escritorio. En la figura 6.7. se muestra el resultado.

```java
package es.ugr.amaro.dialogobasico;

import android.app.Activity;
import android.app.Dialog;
import android.os.Bundle;
import android.view.View;
import android.view.View.OnClickListener;
import android.view.Window;
import android.view.WindowManager;
import android.widget.Button;
import android.widget.EditText;
import android.widget.TextView;

public class DialogoBasico extends Activity
                     implements OnClickListener {
   TextView tv,tvd;
   EditText editText1,editText2;
   int id=0;
    /** Called when the activity is first created. */
```

```java
    @Override
    public void onCreate(Bundle savedInstanceState) {
        super.onCreate(savedInstanceState);
        setContentView(R.layout.main);
        tv=(TextView) findViewById(R.id.textView);
        Button boton1= (Button) findViewById(R.id.button1);
        boton1.setOnClickListener(this);
    }

    @Override
    public void onClick(View v) {
       showDialog(id);
    }

    @Override
    protected Dialog onCreateDialog(int id){

       Dialog dialogo = new Dialog(this);

    // Modificar una propiedad de Window
    // Esto solo es necesario si queremos personalizar
    // la ventana
        Window w = dialogo.getWindow();
// flag para desenfocar el fondo
// int flag = WindowManager.LayoutParams.FLAG_BLUR_BEHIND;
// flag para oscurecer el fondo
// int flag = WindowManager.LayoutParams.FLAG_DIM_BEHIND;
// flag para mostrar el fondo del escritorio
        int flag =
            WindowManager.LayoutParams.FLAG_SHOW_WALLPAPER;
        w.setFlags(flag,flag);

// creación de un diálogo personalizado
        dialogo.setTitle("Dialogo básico");
        dialogo.setContentView(R.layout.dialogo);
        tvd = (TextView)
                dialogo.findViewById(R.id.textViewDialogo);
        editText1=(EditText)
                dialogo.findViewById(R.id.editText1);
        editText2=(EditText)
                dialogo.findViewById(R.id.editText2);
        Button botonDialogo=(Button)
            dialogo.findViewById(R.id.buttonDialogo);
        botonDialogo.setOnClickListener(
                            new AceptarListener());
        return dialogo;
    }
```

```java
class AceptarListener implements OnClickListener{
@Override
public void onClick(View v) {

  String username= editText1.getText().toString().trim();
  String password= editText2.getText().toString().trim();
  if(username.matches("albert")&&
     password.matches("einstein")){
        dismissDialog(id);
        tv.setText("Bienvenido, "+username);
  }
  else
        tvd.setText("Incorrecto "+username
                  +" "+password
                  +"\n Identifíquese de nuevo");
  }
} // end AceptarListener
}
```

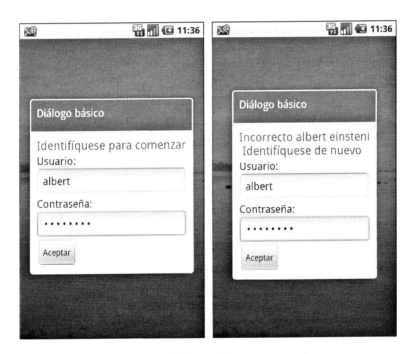

Figura 6.7. Un diálogo básico personalizado.

7. MENÚS

7.1. Menú de opciones

El menú de opciones se abre cuando pulsamos la tecla *MENU* del dispositivo (nótese que a partir de Android 3.0 no se requiere que los teléfonos tengan una tecla *MENU*, y los ítems del menú de opciones se presentan en la barra de acción). El menú se crea en el método `onCreateOptionsMenu(Menu menu)` de la clase Activity, que debemos sobrescribir, y consiste en una serie de opciones seleccionables con botones, que son objetos de la clase `MenuItem`. Para añadir un `MenuItem` al menú, se usa el método

```
menu.add(int itemGroup, int itemId, int orden,
         Charsequence titulo)
```

Los argumentos de este método son: el grupo al que pertenece cada ítem, un número identificativo, su posición y un título. Al pulsar uno de los botones del menú, se ejecuta el método `onOptionsItemSelected(MenuItem item)`, donde debemos definir la acción a realizar.

La siguiente actividad muestra un menú con tres opciones. Al pulsar una opción, se escribe un mensaje en la pantalla, como se observa en las capturas de la figura 7.1. Usamos el siguiente fichero como layout:

```xml
<?xml version="1.0" encoding="utf-8"?>
<LinearLayout
xmlns:android="http://schemas.android.com/apk/res/android"
    android:layout_width="fill_parent"
    android:layout_height="fill_parent"
    android:orientation="vertical"
    android:background="#ffffbb">

    <TextView
        android:id="@+id/textView"
        android:textColor="#000000"
        android:textSize="24sp"
         android:layout_width="fill_parent"
```

```
            android:layout_height="wrap_content"
            android:text="Una aplicación con menú.
         \n Pulse la tecla MENU y seleccione las opciones \n"
    />
</LinearLayout>
```

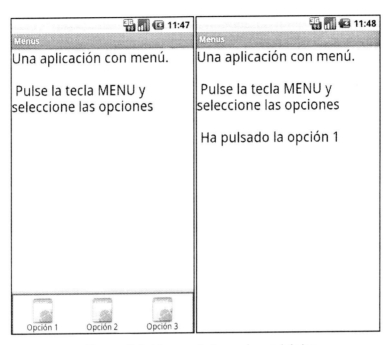

Figura 7.1. Un menú de opciones básico.

La actividad `MenusActivity.java` **es la siguiente**:

```
package es.ugr.amaro.menus;

import android.app.Activity;
import android.os.Bundle;
import android.view.Menu;
import android.view.MenuItem;
import android.widget.TextView;

public class MenusActivity extends Activity {

   TextView tv;
   /** Called when the activity is first created. */
    @Override
    public void onCreate(Bundle savedInstanceState) {
```

133

```
        super.onCreate(savedInstanceState);
        setContentView(R.layout.main);
        tv=(TextView) findViewById(R.id.textView);
    }

    @Override
    public boolean  onCreateOptionsMenu(Menu menu){

      super.onCreateOptionsMenu(menu);
      MenuItem item1= menu.add(0,1,1,"Opción 1");
      MenuItem item2= menu.add(0,2,2,"Opción 2");
      MenuItem item3= menu.add(0,3,3,"Opción 3");

      item1.setIcon(R.drawable.ic_launcher);
      item2.setIcon(R.drawable.ic_launcher);
      item3.setIcon(R.drawable.ic_launcher);
      return true;
    }

    @Override
    public boolean onOptionsItemSelected(MenuItem item){

      int id= item.getItemId();
      tv.append("\n Ha pulsado la opción "+id);
      return true;

    }
}
```

7.2. Submenús

Si el menú de una actividad tiene más de seis opciones, a partir de la sexta se muestran en un submenú desplegable, como se observa en la figura 7.2.1.

Podemos añadir al menú otros submenús desplegables mediante `Menu.addSubMenu`, **que produce un objeto de tipo** `SubMenu`. **Por ejemplo:**

```
SubMenu sub1= menu.addSubMenu(0,1,1,"submenú 1");
```

Los ítems se añaden a un submenú de la misma forma que a un menú. Hay que procurar que las id de los ítems de los distintos submenús sean únicas. Por ejemplo, en la siguiente actividad creamos dos submenús, cada uno con cuatro ítems. Al pulsar un ítem, el id de este se escribe en un TextView. Usamos el mismo layout que en el ejemplo anterior. A continuación se detalla el fichero `SubmenusActivity.java` y en la figura 7.2.2. se muestran las capturas de pantalla del resultado.

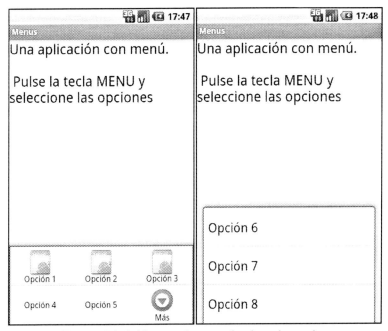

Figura 7.2.1. Un menú con más de seis opciones.

```
package es.ugr.amaro.submenus;

import android.app.Activity;
import android.os.Bundle;
import android.view.Menu;
import android.view.MenuItem;
import android.view.SubMenu;
import android.widget.TextView;

public class SubmenusActivity extends Activity {

    TextView tv;
    /** Called when the activity is first created. */
    @Override
    public void onCreate(Bundle savedInstanceState) {
        super.onCreate(savedInstanceState);
        setContentView(R.layout.main);
        tv=(TextView) findViewById(R.id.textView);
    }

    @Override
    public boolean   onCreateOptionsMenu(Menu menu){
```

```java
        super.onCreateOptionsMenu(menu);

        SubMenu sub1= menu.addSubMenu(0,1,1,"submenú 1");
        sub1.setHeaderIcon(R.drawable.ic_launcher);
        SubMenu sub2= menu.addSubMenu(0,2,2,"submenú 2");
        sub2.setHeaderIcon(R.drawable.ic_launcher);

        MenuItem item3= sub1.add(0,3,3,"Opción 3");
        MenuItem item4= sub1.add(0,4,4,"Opción 4");
        MenuItem item5= sub1.add(0,5,5,"Opción 5");
        MenuItem item6= sub1.add(0,6,6,"Opción 6");
        MenuItem item7= sub2.add(0,7,7,"Opción 7");
        MenuItem item8= sub2.add(0,8,8,"Opción 8");
        MenuItem item9= sub2.add(0,9,9,"Opción 9");
        MenuItem item10= sub2.add(0,10,10,"Opción 10");

        return true;
    }

    @Override
    public boolean onOptionsItemSelected(MenuItem item){

        int id= item.getItemId();
        if(id>2)
        tv.append("\n Ha pulsado la opción "+id);
        return true;
    }

}
```

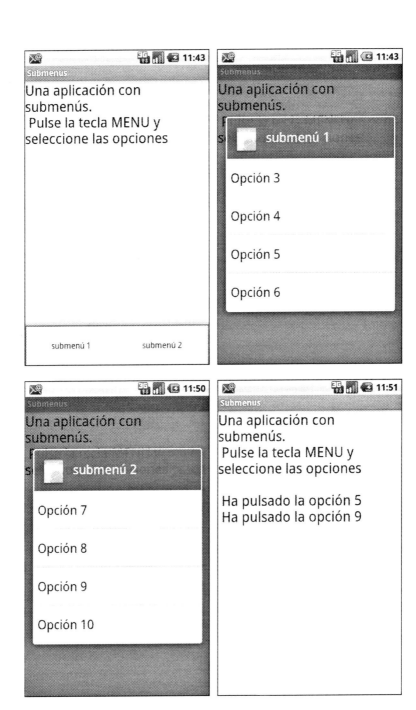

Figura 7.2.2. Una actividad con dos submenús con cuatro opciones cada uno.

137

7.3. Submenú con casillas

En un submenú, las opciones pueden mostrarse con casillas para marcar o *checkboxes*. Para mostrar una casilla marcada en un ítem se usa la instrucción

`item.setCheckable(true).setChecked(true);`

En el siguiente ejemplo, el primer submenú tiene *checkboxes*. Las marcas son exclusivas: al marcar una, se desmarcan las demás. Cada vez que abrimos el menú, se marcan las casillas correspondientes dinámicamente en el método `onPrepareOptionsMenu()`, utilizando el array booleano `check[4]`. En el método `onOptionsItemSelected`, nos encargamos de actualizar los valores de dicho array de acuerdo con la última opción elegida en el menú. En las capturas de pantalla de la figura 7.3. se muestra el resultado.

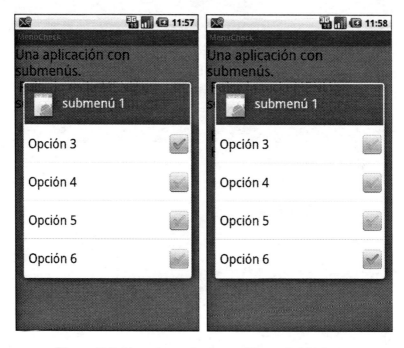

Figura 7.3. Un submenú con casillas o checkboxes.

Utilizamos el mismo layout que en el ejemplo anterior. La actividad `MenuCheckActivity` es la siguiente:

```
package es.ugr.amaro.menucheck;

import android.app.Activity;
import android.os.Bundle;
import android.view.Menu;
import android.view.MenuItem;
```

```java
import android.view.SubMenu;
import android.widget.TextView;

public class MenuCheckActivity extends Activity {
   TextView tv;
   SubMenu sub1,sub2;
   MenuItem item3,item4,item5,item6;
   boolean[] check={true,false,false,false};

   /** Called when the activity is first created. */
    @Override
    public void onCreate(Bundle savedInstanceState) {
        super.onCreate(savedInstanceState);
        setContentView(R.layout.main);
        tv=(TextView) findViewById(R.id.textView);
    }

    @Override
    public boolean  onCreateOptionsMenu(Menu menu){

      super.onCreateOptionsMenu(menu);

        sub1= menu.addSubMenu(0,1,1,"submenú 1");
        sub1.setHeaderIcon(R.drawable.ic_launcher);
        sub2= menu.addSubMenu(0,2,2,"submenú 2");
        sub2.setHeaderIcon(R.drawable.ic_launcher);

        item3= sub1.add(1,3,3,"Opción 3");
        item4= sub1.add(1,4,4,"Opción 4");
        item5= sub1.add(1,5,5,"Opción 5");
        item6= sub1.add(1,6,6,"Opción 6");

        MenuItem item7= sub2.add(2,7,7,"Opción 7");
        MenuItem item8= sub2.add(2,8,8,"Opción 8");
        MenuItem item9= sub2.add(2,9,9,"Opción 9");
        MenuItem item10= sub2.add(2,10,10,"Opción 10");

         return true;
     }

    @Override public boolean onPrepareOptionsMenu(Menu menu){
      super.onPrepareOptionsMenu(menu);

      item3.setCheckable(true).setChecked(check[0]);
      item4.setCheckable(true).setChecked(check[1]);
      item5.setCheckable(true).setChecked(check[2]);
      item6.setCheckable(true).setChecked(check[3]);
```

```
        return true;
    }

    @Override
    public boolean onOptionsItemSelected(MenuItem item){

        int id= item.getItemId();
        if(id>2){
            tv.append("\n Ha pulsado la opción "+id);
            if(id<7){
                for(int i=0;i<4;i++) check[i]=false;
                check[id-3]=true;
            }
        }
        return true;
    }

}
```

7.4. Menús de contexto

El menú de contexto se muestra en una ventana flotante cuando se realiza una pulsación larga (de unos segundos) sobre un objeto View. Cada objeto View puede tener su propio menú con distintas opciones. Para declarar que un objeto View contiene un menú de contexto se usa el método

```
setOnCreateContextMenuListener()
```

Al realizar una pulsación larga sobre el objeto View, se ejecuta el método `onCreateContextMenu()`, **donde se definen los contenidos del menú,** añadiendo ítems, como hemos hecho anteriormente. Al pulsar un ítem, se ejecuta el método `onContextItemSelected(MenuItem item)`, **que contendrá las** instrucciones a ejecutar.

En la siguiente actividad definimos dos menús de contexto para un TextView y un botón. Cada menú contiene tres ítems. Al pulsar un ítem, se escribe la información en la pantalla, como se observa en las capturas de la figura 7.4. A continuación se detalla el layout.

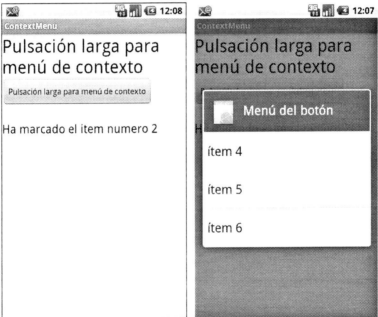

Figura 7.4. Un TextView y un botón con menús de contexto.

```xml
<?xml version="1.0" encoding="utf-8"?>
<LinearLayout
xmlns:android="http://schemas.android.com/apk/res/android"
    android:layout_width="fill_parent"
    android:layout_height="fill_parent"
    android:orientation="vertical"
    android:background="#ffffdd" >

    <TextView
        android:id="@+id/textView1"
        android:textColor="#000000"
        android:textSize="30sp"
        android:layout_width="fill_parent"
        android:layout_height="wrap_content"
        android:text="Pulsación larga para menú de contexto"
     />

    <Button
        android:id="@+id/button1"
        android:layout_width="wrap_content"
        android:layout_height="wrap_content"
        android:text="Pulsación larga para menú de contexto"
     />

    <TextView
        android:id="@+id/textView2"
        android:textColor="#000000"
        android:textSize="20sp"
        android:layout_width="fill_parent"
        android:layout_height="wrap_content"
        android:text="" />

</LinearLayout>
```

La actividad `ContextMenuActivity.java` **es la siguiente:**

```java
package es.ugr.amaro.contextmenu;

import android.app.Activity;
import android.os.Bundle;
import android.view.ContextMenu;
import android.view.ContextMenu.ContextMenuInfo;
import android.view.MenuItem;
import android.view.View;
import android.widget.Button;
import android.widget.TextView;
```

```java
public class ContextMenuActivity extends Activity {
    TextView tv1,tv2;
    /** Called when the activity is first created. */
    @Override
    public void onCreate(Bundle savedInstanceState) {
        super.onCreate(savedInstanceState);
        setContentView(R.layout.main);

        tv1=(TextView) findViewById(R.id.textView1);
        tv2=(TextView) findViewById(R.id.textView2);
        tv1.setOnCreateContextMenuListener(this);
        Button boton=(Button) findViewById(R.id.button1);
        boton.setOnCreateContextMenuListener(this);
    }

    @Override
    public void onCreateContextMenu(ContextMenu menu, View v,
                            ContextMenuInfo info){
      super.onCreateContextMenu(menu,v,info);

      if(v.getId()==R.id.textView1){
         menu.setHeaderTitle("Menú del texto");
         menu.setHeaderIcon(R.drawable.ic_launcher);
         menu.add(0,1,1,"ítem 1");
         menu.add(0,2,2,"ítem 2");
         menu.add(0,3,3,"ítem 3");
      }
      if(v.getId()==R.id.button1){
         menu.setHeaderTitle("Menú del botón");
         menu.setHeaderIcon(R.drawable.ic_launcher);
         menu.add(0,4,4,"ítem 4");
         menu.add(0,5,5,"ítem 5");
         menu.add(0,6,6,"ítem 6");
         }

    }

    @Override
    public boolean onContextItemSelected(MenuItem item){

      int id=item.getItemId();
      tv2.append("\nHa marcado el ítem número "+id);
      return true;
    }

}
```

8. VISUALIZACIÓN DE LISTAS

8.1. La clase ListView

La clase `ListView` del paquete `android.widget` permite mostrar en pantalla y manipular listas con cualquier número de elementos. Cada elemento se mostrará en un TextView genérico prefijado. La lista de elementos a mostrar se almacena en un array y se asocia al objeto ListView mediante un adaptador, que es un objeto de la clase `ArrayAdapter`. El constructor básico de un ArrayAdapter requiere una referencia a un fichero xml que contiene un TextView. Este fichero puede ser uno de los recursos predefinidos en Android. En el siguiente ejemplo, dicha referencia es

```
android.R.layout.simple_list_item1
```

Utilizamos el siguiente layout, donde hemos incluido un ListView.

```xml
<?xml version="1.0" encoding="utf-8"?>
<LinearLayout
xmlns:android="http://schemas.android.com/apk/res/android"
    android:layout_width="fill_parent"
    android:layout_height="fill_parent"
    android:orientation="vertical" >

    <TextView
        android:layout_width="fill_parent"
        android:layout_height="wrap_content"
        android:text="ListView básico de bandas de Rock" />

    <ListView
        android:id="@+id/listView1"
        android:layout_width="fill_parent"
        android:layout_height="wrap_content" >
    </ListView>

</LinearLayout>
```

La actividad `ListViewBasicoActivity` recoge la forma más sencilla de mostrar un ListView. Primero se extrae una referencia al ListView en la variable `lista`, se define el adaptador y se asocia a la lista. En la figura 8.1. se muestra el resultado.

Figura 8.1. *Un ListView básico mostrando una lista.*

```
package es.ugr.amaro.listviewbasico;

import android.app.Activity;
import android.os.Bundle;
import android.widget.ArrayAdapter;
import android.widget.ListView;

public class ListViewBasicoActivity extends Activity {
    /** Called when the activity is first created. */

    String[]  bandasRock= {
         "Fleetwood Mac",
         "Derek and the Dominos",
         "The Bluesbreakers",
         "Queen",
         "AC-DC",
         "Black Sabbath",
```

```
            "Dire Straits",
            "Boston",
            "Train",
            "Motorhead",
            "Mott the Hoople",
            "Deep Purple",
            "ZZ Top"
    };

      @Override
      public void onCreate(Bundle savedInstanceState) {
          super.onCreate(savedInstanceState);
          setContentView(R.layout.main);

          ListView lista=(ListView)
                          findViewById(R.id.listView1);
          ArrayAdapter<String> adapter
                      = new ArrayAdapter<String>(this,
              android.R.layout.simple_list_item_1,bandasRock);

          lista.setAdapter(adapter);
      }
}
```

8.2. Listas interactivas

Cada elemento de un ListView es un objeto TextView cuyas propiedades pueden personalizarse. Además, cada elemento puede ser pulsado y responder con una acción concreta. El array que contiene el texto de cada fila también puede almacenarse en un fichero xml de recursos. A continuación, se detalla cómo hacer todo esto modificando el ejemplo anterior.

En primer lugar, introducimos los elementos del array en el fichero res/values/strings.xml como una lista de ítems dentro de una etiqueta string-array.

```
<?xml version="1.0" encoding="utf-8"?>
<resources>

<string name="hello">Hello World, ListViewClickable!</string>
<string name="app_name">ListViewClickable</string>

<string-array name="grupos">
        <item>Fleetwood Mac</item>
        <item>Derek and the Dominos</item>
        <item>The Bluesbreakers</item>
        <item>Queen</item>
```

```xml
        <item>AC-DC</item>
        <item>Black Sabbath</item>
        <item>Dire Straits</item>
        <item>Boston</item>
        <item>Train</item>
        <item>Motorhead</item>
        <item>Mott the Hoople</item>
        <item>Deep Purple</item>
        <item>ZZ Top</item>
    </string-array>

</resources>
```

Para asociar el array a la lista de ítems de este fichero, usamos la instrucción

```
String[] grupos=
        getResources().getStringArray(R.array.grupos);
```

Figura 8.2. Un ListView mostrando una lista personalizada interactiva.

En segundo lugar, creamos un fichero xml que contiene un TextView genérico para cada fila. El fichero se llamará `res/layout/fila.xml` y contendrá lo siguiente:

```
<?xml version="1.0" encoding="utf-8"?>
```

```xml
<TextView
xmlns:android="http://schemas.android.com/apk/res/android"
    android:textColor="#000000"
    android:textSize="20sp"
    android:layout_width="fill_parent"
    android:layout_height="fill_parent" >
</TextView>
```

Para asociar el ArrayAdapter a este TextView, usamos la instrucción

```
arrayAdapter = new ArrayAdapter<String>(this,
                        R.layout.fila,grupos);
```

Finalmente, hacemos que nuestra actividad implemente la interfaz `OnItemClickListener`. La acción a realizar al pulsar un ítem de la lista se define en el método `onItemClick`. En este caso, indicaremos que se escriba el contenido del ítem pulsado. Utilizamos el siguiente layout:

```xml
<?xml version="1.0" encoding="utf-8"?>
<LinearLayout
xmlns:android="http://schemas.android.com/apk/res/android"
    android:layout_width="fill_parent"
    android:layout_height="fill_parent"
    android:orientation="vertical"
    android:background="#ffffff" >

    <TextView
        android:id="@+id/textView"
        android:textColor="#444400"
        android:textSize="20sp"
        android:layout_width="fill_parent"
        android:layout_height="wrap_content"
        android:text="ListView clickable de bandas de Rock" />

    <ListView
        android:id="@+id/listView1"
        android:layout_width="fill_parent"
        android:layout_height="wrap_content" >
    </ListView>

</LinearLayout>
```

A continuación se detalla la actividad `ListViewClickable.java`. En la figura 8.2. se muestran varias capturas de pantalla.

```java
package es.ugr.amaro.listviewclckable;

import android.app.Activity;
```

```java
import android.os.Bundle;
import android.view.View;
import android.widget.AdapterView;
import android.widget.ArrayAdapter;
import android.widget.ListView;
import android.widget.TextView;
import android.widget.AdapterView.OnItemClickListener;

public class ListViewClickable extends Activity
                    implements OnItemClickListener{

    TextView tv;

    /** Called when the activity is first created. */
    @Override
    public void onCreate(Bundle savedInstanceState) {
        super.onCreate(savedInstanceState);
        setContentView(R.layout.main);

        String[] grupos=
                getResources().getStringArray(R.array.grupos);
        tv=(TextView) findViewById(R.id.textView);
        ListView list=(ListView)
                    findViewById(R.id.listView1);

        ArrayAdapter<String> arrayAdapter;
        arrayAdapter = new ArrayAdapter<String>(this,
                            R.layout.fila,grupos);
        list.setAdapter(arrayAdapter);
        list.setOnItemClickListener(this);
    }

    @Override
    public void onItemClick(AdapterView<?> list, View v,
                            int position, long id) {

        String marcado = (String)
                    list.getItemAtPosition(position);
        tv.setText(
            "Ha marcado el ítem "+position+" "+marcado);
    }
}
```

8.3. ListView personalizado

Cada elemento de un ListView puede asociarse a un layout que se repite para toda la lista. En este layout debe haber un TextView que contenga el texto de cada ítem. Además, es posible añadir elementos al ListView, aunque para ello es más conveniente definir los ítems mediante un ArrayList en lugar de un array, ya que así no es necesario preocuparse por aumentar las dimensiones de este último.

Todo esto se ilustra en el siguiente ejemplo, donde asociamos un layout a un ListView. El layout para cada ítem está definido en el siguiente fichero:

```
res/layout/items.xml

<?xml version="1.0" encoding="utf-8"?>
<LinearLayout
xmlns:android="http://schemas.android.com/apk/res/android"
    android:layout_width="fill_parent"
    android:layout_height="fill_parent"
    android:orientation="vertical"
    android:background="#ffffbb" >

    <TextView
        android:id="@+id/textItem1"
        android:layout_width="wrap_content"
        android:layout_height="wrap_content"
        android:text="Nombre del grupo"
        android:textColor="#005555"
        android:textSize="12sp" />

    <TextView
        android:id="@+id/textItem2"
        android:layout_width="wrap_content"
        android:layout_height="wrap_content"
        android:text="Large Text"
        android:textColor="#000000"
        android:textSize="20sp" />

</LinearLayout>
```

El adaptador contiene las referencias al layout y a un TextView dentro del layout, de la siguiente forma:

```
adapter =new ArrayAdapter<String>
      (this,R.layout.items,R.id.textItem2,arrayList);
```

El objeto ArrayList lo construimos a partir del array definido en el ejemplo anterior en el fichero `res/values/strings.xml`. Para la actividad utilizamos el siguiente layout, que contiene un EditText y un botón para introducir nuevos ítems en la lista.

```xml
main.xml

<?xml version="1.0" encoding="utf-8"?>
<LinearLayout
xmlns:android="http://schemas.android.com/apk/res/android"
    android:layout_width="fill_parent"
    android:layout_height="fill_parent"
    android:orientation="vertical"
    android:background="#dddddd" >

    <TextView
        android:id="@+id/textView"
        android:textColor="#444400"
        android:textSize="20sp"
        android:layout_width="fill_parent"
        android:layout_height="wrap_content"
        android:text="Añada un grupo a la lista" />

    <EditText
        android:id="@+id/editText1"
        android:layout_width="fill_parent"
        android:layout_height="wrap_content" >

        <requestFocus />
    </EditText>

    <Button
        android:id="@+id/button1"
        android:layout_width="fill_parent"
        android:layout_height="wrap_content"
        android:text="Añadir" />

    <ListView
        android:id="@+id/listView1"
        android:layout_width="fill_parent"
        android:layout_height="wrap_content" >
    </ListView>
</LinearLayout>
```

Por último, para insertar un ítem en la primera posición del ListView y actualizar la lista, se usan las instrucciones

```
adapter.insert(grupo, 0);
```

```
adapter.notifyDataSetChanged();
```

A continuación se detalla la actividad `ListViewLayoutActivity.java` y en la figura 8.3. se muestra el resultado.

```java
package es.ugr.amaro.listviewlayout;

import java.util.ArrayList;
import android.app.Activity;
import android.os.Bundle;
import android.view.View;
import android.view.View.OnClickListener;
import android.widget.ArrayAdapter;
import android.widget.Button;
import android.widget.EditText;
import android.widget.ListView;
import android.widget.TextView;

public class ListViewLayoutActivity extends Activity
                              implements OnClickListener{

    TextView tv;
    EditText editText;
     ArrayAdapter<String> adapter;
    /** Called when the activity is first created. */
    @Override
     public void onCreate(Bundle savedInstanceState) {
         super.onCreate(savedInstanceState);
         setContentView(R.layout.main);
         String[] grupos =
                getResources().getStringArray(R.array.grupos);
         ArrayList<String> arrayList=new ArrayList<String>();
         for(int i=0;i< grupos.length;i++)
             arrayList.add(grupos[i]);

         tv=(TextView) findViewById(R.id.textView);
         editText=(EditText) findViewById(R.id.editText1);
         Button boton=(Button) findViewById(R.id.button1);
         boton.setOnClickListener(this);
         ListView lista= (ListView)
                       findViewById(R.id.listView1);
         adapter =new ArrayAdapter<String>(this,
                R.layout.items,R.id.textItem2,arrayList);
         lista.setAdapter(adapter);
    }

    @Override
    public void onClick(View v) {
```

```
      String grupo= editText.getText().toString();
      tv.setText("Añadiendo el grupo "+grupo);
      if(grupo.trim().length()==0)
         tv.setText("Grupo inválido");
      else{
         adapter.insert(grupo, 0);
         adapter.notifyDataSetChanged();
         tv.setText("Se ha añadido el grupo "+grupo);
         editText.setText("");
      }
   }
}
```

Figura 8.3. Un ListView con un layout personalizado y actualizable.

8.4. Construcción de un BaseAdapter

La clase ListView requiere un adaptador para asociar un array o un ArrayList a un objeto View en cada fila de la lista. Un adaptador es un objeto que extiende a la clase `BaseAdapter`. Un `ArrayAdapter` es un tipo de adaptador que hemos utilizado en los ejemplos anteriores. Su limitación es que solo permite listas simples, donde un TextView en cada fila va cambiando según el índice del array.

Es posible diseñar listas más complejas, asociando a cada fila un layout donde distintos elementos View van variando para mostrar los contenidos de varios arrays. Una forma de hacerlo es definiendo una clase que extienda a BaseAdapter con la siguiente estructura:

```
class MiAdaptador   extends BaseAdapter{

    @Override
    public int getCount() {
    }

    @Override
    public Object getItem(int index) {
    }

    @Override
    public long getItemId(int id) {
    }

    @Override
    public View getView(int item, View view,
                                    ViewGroup parent) {
       return view;
    }
}
```

El más importante es el último método `getView`, donde se define el objeto View asociado a cada ítem. En nuestro caso, vamos a «inflar» ese View a partir de un layout almacenado en el fichero xml `res/layout/fila.xml`. Para ello, primero invocamos un objeto `LayoutInflater`.

```
LayoutInflater lInflater=LayoutInflater.from(context);
view=lInflater.inflate(R.layout.fila, null);
```

Una vez «inflado» el layout, ya podemos invocar sus distintos elementos para modificarlos usando `view.findViewById`. Por ejemplo, si `fila.xml` contiene dos TextView, escribiríamos:

```
   TextView tvNombre=(TextView)
                view.findViewById(R.id.textView1);
   TextView tvMiembros=(TextView)
                view.findViewById(R.id.textView2);
```

La implementación completa se expone en el siguiente ejemplo, que es una variación de los anteriores. Mostraremos una lista de grupos de rock con tres campos: nombre del grupo, miembros y fecha de formación, asociados a tres TextView con distintos formatos.

Usamos el siguiente layout con un TextView y un ListView.

```xml
<?xml version="1.0" encoding="utf-8"?>
<LinearLayout
xmlns:android="http://schemas.android.com/apk/res/android"
    android:layout_width="fill_parent"
    android:layout_height="fill_parent"
    android:orientation="vertical" >

    <TextView
        android:id="@+id/textView"
        android:textSize="18sp"
        android:layout_width="wrap_content"
        android:layout_height="wrap_content"
        android:text="Grupos de Rock" />

    <ListView
        android:id="@+id/listView1"
        android:layout_width="fill_parent"
        android:layout_height="wrap_content" >
    </ListView>

</LinearLayout>
```

Además del string-array `grupos` definido en el ejemplo anterior, añadimos los dos arrays siguientes al fichero `res/values/strings.xml`.

```xml
<string-array name="miembros">
   <item>Peter Green</item>
   <item>Eric Clapton, Duane Allman</item>
   <item>John Mayall, Eric Clapton</item>
   <item>Freddie Mercury, Brian May</item>
   <item>Angus Young, Bon Scott<item>
   <item>Ozzy Osbourne, Tony Iommy</item>
   <item>Mark Knopfler</item>
   <item>Tom Scholz, Brad Delp, Barry Goudreau</item>
   <item>Patrick Monahan, Jimmy Stafford</item>
   <item>Lemmy Kilmister</item>
   <item>Ian Hunter</item>
   <item>Ian Gillan, Ritchie BlackMore</item>
   <item>Billy Gibbons</item>
</string-array>

<string-array name="years">
   <item>1967</item>
   <item>1970-1971</item>
   <item>1963-1969</item>
   <item>1971</item>
```

```xml
    <item>1973</item>
    <item>1969</item>
    <item>1977-1995</item>
    <item>1976</item>
    <item>1994</item>
    <item>1975</item>
    <item>1969-1974</item>
    <item>1968</item>
    <item>1969</item>
</string-array>
```

El fichero `res/layout/fila.xml` contiene el layout para cada fila conteniendo tres TextView.

```xml
<?xml version="1.0" encoding="utf-8"?>
<LinearLayout
xmlns:android="http://schemas.android.com/apk/res/android"
    android:background="#ffffff"
    android:layout_width="fill_parent"
    android:layout_height="fill_parent"
    android:orientation="vertical" >

    <TextView
        android:id="@+id/textView1"
        android:textColor="#662200"
        android:textSize="20sp"
        android:textStyle="bold"
        android:layout_width="wrap_content"
        android:layout_height="wrap_content"
        android:text="TextView" />

    <TextView
        android:id="@+id/textView2"
        android:textColor="#000000"
        android:textSize="18sp"
        android:layout_width="wrap_content"
        android:layout_height="wrap_content"
        android:text="TextView" />

    <TextView
        android:id="@+id/textView3"
        android:textColor="#000055"
        android:textSize="18sp"
        android:layout_width="wrap_content"
        android:layout_height="wrap_content"
        android:text="TextView" />

</LinearLayout>
```

A continuación se detalla la actividad `ListViewMultiActivity.java`. Contiene una clase auxiliar `Grupo`, que almacena los datos de cada grupo. En la figura 8.4. se muestran las capturas de pantalla.

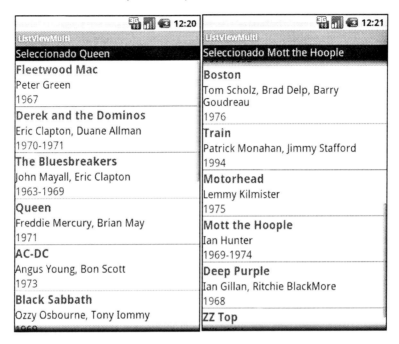

Figura 8.4. *Un ListView con un layout personalizado creado con un BaseAdapter.*

```
package es.ugr.amaro.listviewmulti;

import java.util.ArrayList;
import android.app.Activity;
import android.content.Context;
import android.os.Bundle;
import android.view.LayoutInflater;
import android.view.View;
import android.view.ViewGroup;
import android.widget.AdapterView;
import android.widget.AdapterView.OnItemClickListener;
import android.widget.BaseAdapter;
import android.widget.ListView;
import android.widget.TextView;

public class ListViewMultiActivity extends Activity
                            implements OnItemClickListener{

    ListView lv;
```

```java
    TextView tv;
    /** Called when the activity is first created. */
    @Override
    public void onCreate(Bundle savedInstanceState) {
        super.onCreate(savedInstanceState);
        setContentView(R.layout.main);

        String[] grupos =
             getResources().getStringArray(R.array.grupos);
        String[] miembros =
            getResources().getStringArray(R.array.miembros);
        String[] years =
             getResources().getStringArray(R.array.years);

        ArrayList<Grupo> gruposArrayList =
                                new ArrayList<Grupo>();

        for(int i=0; i<grupos.length;i++){
           Grupo g1 = new Grupo();
           g1.nombre=grupos[i];
           g1.miembros=miembros[i];
           g1.years=years[i];
           gruposArrayList.add(g1);
        }

        tv= (TextView) findViewById(R.id.textView);
        lv=(ListView) findViewById(R.id.listView1);
        MiAdaptador adapter =
                  new MiAdaptador(this,gruposArrayList);
        lv.setAdapter(adapter);
        lv.setOnItemClickListener(this);
    }

    class MiAdaptador extends BaseAdapter{

      ArrayList<Grupo> grupoArrayList;
      LayoutInflater lInflater;

      MiAdaptador(Context context,ArrayList<Grupo> grupos){
         grupoArrayList=grupos;
         lInflater=LayoutInflater.from(context);
      }

      @Override
      public int getCount() {
         return grupoArrayList.size();
      }
```

```java
    @Override
    public Object getItem(int index) {
       return grupoArrayList.get(index);
    }

    @Override
    public long getItemId(int id) {
       return id;
    }

    @Override
    public View getView(int item, View view,
                                 ViewGroup parent) {

      // infla el layout de cada ítem
      view=lInflater.inflate(R.layout.fila, null);

      // referencia a los TextView
      TextView tvNombre=(TextView)
                view.findViewById(R.id.textView1);
      TextView tvMiembros=(TextView)
                 view.findViewById(R.id.textView2);
      TextView tvYears=(TextView)
                 view.findViewById(R.id.textView3);

      tvNombre.setText(grupoArrayList.get(item).nombre);
      tvMiembros.setText(
                grupoArrayList.get(item).miembros);
      tvYears.setText(grupoArrayList.get(item).years);

      return view;
    }
  }

  class Grupo{
     String nombre;
     String miembros;
     String years;
  }

  @Override
  public void onItemClick(AdapterView<?> av, View v,
                               int position, long id) {

     Grupo grupo= (Grupo) lv.getItemAtPosition(position);
     tv.setText("Seleccionado "+grupo.nombre);
  }
}
```

8.5. La clase ListActivity

Si nuestra actividad solo contiene un ListView, podemos utilizar la clase `ListActivity` en lugar de Activity. La clase ListActivity crea una actividad que ya está preparada para incluir un ListView, lo que simplifica su implementación. Solo se requiere definir el adaptador del ListView:

```
setListAdapter(new ArrayAdapter<String>(this,
         android.R.layout.simple_list_item_checked,array));
```

Lo mejor es ilustrarlo con un ejemplo. La siguiente actividad extiende a ListActivity y muestra una lista de grupos de rock, almacenada en el mismo string-array de los ejemplos anteriores. Mostramos la lista con el estilo de marcas de elección simple y en cada ítem, el número de veces que ha sido marcado. Además, añadimos un TextView al encabezamiento y modificamos algunas de las características del ListView, como el color del fondo y la anchura de las líneas separadoras. No se requiere ningún layout, pues se usa uno de los ListView predefinidos en Android. En la figura 8.5. se muestra el resultado.

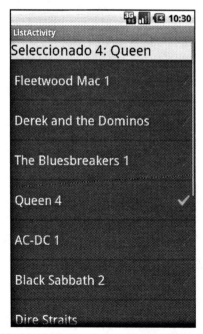

Figura 8.5. Un ListActivity con marcas de elección simple.

```java
package es.ugr.amaro.listactivity;

import android.app.ListActivity;
import android.graphics.Color;
import android.os.Bundle;
import android.view.View;
import android.widget.ArrayAdapter;
import android.widget.ListView;
import android.widget.TextView;

public class ListActivityActivity extends ListActivity {

    String[] grupos,gruposPulsados;
    int[] pulsaciones;    // pulsaciones de cada ítem
    TextView tv;

    @Override
    public void onCreate(Bundle savedInstanceState) {
       super.onCreate(savedInstanceState);

        // inicializa varios arrays
      grupos = getResources().getStringArray(R.array.grupos);
      int ngrupos=grupos.length;
       pulsaciones=new int[ngrupos];
       for(int i=0;i<ngrupos;i++)pulsaciones[i]=0;
       gruposPulsados=grupos.clone();

       // define propiedades del ListView
       ListView listView= getListView();
       listView.setBackgroundColor(Color.BLUE);
       listView.setDividerHeight(5);
       listView.setChoiceMode(1);   // modo de elección simple

       // define un TextView para el encabezamiento
       tv= new TextView(this);
       tv.setTextColor(Color.BLACK);
       tv.setTextSize(24);
       tv.setBackgroundColor(Color.rgb(250,230,160));
       tv.setText("Lista de Grupos");
       listView.addHeaderView(tv);

       // asocia un adaptador con un layout prefijado
       setListAdapter(new ArrayAdapter<String>(this,
            android.R.layout.simple_list_item_checked,
            gruposPulsados));
    }

    public void onListItemClick(ListView parent, View v,
```

```
                             int position, long id){
    // indice del array pulsado
    // empieza en cero, por tanto restamos 1
    int index=position-1;
    pulsaciones[index]=pulsaciones[index]+1;
    gruposPulsados[index] = grupos[index]+"   "
                        + pulsaciones[index];
    tv.setText("Seleccionado " + position+": "
                          + grupos[index]);
    }
}
```

8.6. Listas desplegables con SpinnerView

La clase `Spinner` permite visualizar una lista de ítems. Es similar a ListView, salvo que la lista se muestra en un menú desplegable. En la vista normal no desplegada solo se ve el ítem seleccionado. El spinner se muestra como un botón y al pulsarlo, se despliega la lista. Pulsando un ítem se ejecuta el método `onItemSelected`. Previamente, hay que definir el spinner como un oyente de clics mediante

```
spinner.setOnItemSelectedListener(OnItemSelectedListener);
```

e implementar la interfaz `OnItemSelectedListener`. En la siguiente actividad se muestra un ejemplo, usando el mismo array de grupos de rock definido anteriormente en el fichero `res/values/strings.xml`. Utilizamos el siguiente layout que incluye un spinner:

```
<?xml version="1.0" encoding="utf-8"?>
<LinearLayout
xmlns:android="http://schemas.android.com/apk/res/android"
    android:layout_width="fill_parent"
    android:layout_height="fill_parent"
    android:orientation="vertical"
    android:background="#ffffff" >

    <TextView
        android:id="@+id/textView1"
        android:textColor="#000000"
        android:textSize="24sp"
        android:layout_width="fill_parent"
        android:layout_height="wrap_content"
        android:text="Una lista desplegable" />
```

```xml
<Spinner
    android:id="@+id/spinner"
    android:layout_width="fill_parent"
    android:layout_height="wrap_content"
    android:drawSelectorOnTop="true" />

<TextView
    android:id="@+id/textView2"
    android:textColor="#000000"
    android:textSize="24sp"
    android:layout_width="fill_parent"
    android:layout_height="wrap_content"
    android:text="Una lista desplegable" />
</LinearLayout>
```

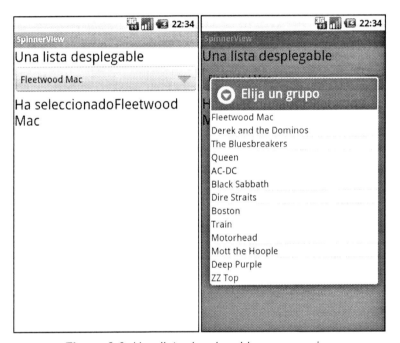

Figura 8.6. Una lista desplegable con un spinner.

A continuación se detalla la actividad `SpinnerViewActivity.java`. Al seleccionar uno de los ítems en el spinner, se muestra un mensaje en un TextView, como se observa en la figura 8.6.

163

```java
package es.ugr.amaro.spinnerview;

import android.app.Activity;
import android.os.Bundle;
import android.view.View;
import android.widget.AdapterView;
import android.widget.AdapterView.OnItemSelectedListener;
import android.widget.ArrayAdapter;
import android.widget.Spinner;
import android.widget.TextView;

public class SpinnerViewActivity extends Activity
                 implements OnItemSelectedListener{

   String[] grupos;
   TextView tv;
   /** Called when the activity is first created. */
    @Override
    public void onCreate(Bundle savedInstanceState) {
        super.onCreate(savedInstanceState);
        setContentView(R.layout.main);

        grupos=getResources().getStringArray(R.array.grupos);
        Spinner spinner=
                        (Spinner) findViewById(R.id.spinner);
        spinner.setPrompt("Elija un grupo");
        tv=(TextView) findViewById(R.id.textView2);

        int resource1
             =android.R.layout.simple_spinner_dropdown_item;
        int resource2
             =android.R.layout.simple_spinner_item;
        ArrayAdapter<String> adapter
           = new ArrayAdapter<String>(this, resource2,grupos);
        spinner.setAdapter(adapter);
        spinner.setOnItemSelectedListener(this);

    }

    @Override
    public void onItemSelected(AdapterView<?> arg0,
                        View arg1, int arg2,long arg3) {
        tv.setText("Ha seleccionado"+grupos[arg2]);
   }

    @Override
    public void onNothingSelected(AdapterView<?> arg0) {
    }
}
```

Nótese que al ejecutar por primera vez el spinner, queda seleccionado automáticamente el primer ítem en el array. Una forma sencilla de cambiar esto sería definir el primer ítem en la lista con el texto «Ninguno».

9. BASES DE DATOS

Android usa el sistema SQLite para gestionar bases de datos. SQLite es un sistema de gestión de bases de datos que utiliza el lenguaje SQL (Structured Query Language); un lenguaje de consulta y acceso a bases de datos ampliamente utilizado en muchos sistemas. En este capítulo se introducen las bases de SQL y SQLite necesarias para crear, manipular y consultar bases de datos, así como su implementación en aplicaciones Android.

9.1. Elementos de SQLite y SQL

Android soporta sqlite3. En esta sección veremos cómo se crea una base de datos SQLite, así como la creación de tablas e introducción y consulta de datos usando el lenguaje SQL. Únicamente veremos las sentencias SQLite y expresiones SQL básicas para que el lector que no conoce este lenguaje pueda seguir los ejemplos que posteriormente desarrollaremos para Android.

En esta sección utilizaremos la línea de comandos para interactuar con SQLite. No es necesario haberlo instalado previamente en nuestro ordenador. Puesto que tenemos el SDK de Android, aprovecharemos el intérprete de comandos que el ADB (Android Debug Bridge) nos brinda para conectar con un dispositivo virtual de Android e interactuar con él mediante una shell de Linux.

9.1.1. Iniciar sqlite3 con ADB

Usando el AVD manager o desde Eclipse, comenzaremos iniciando un dispositivo virtual de Android. Después, abriremos un terminal o una ventana msdos. En Windows, esto se hace ejecutando *cmd*. A continuación, cambiaremos al directorio `platform-tools` localizado donde tengamos instalado el `android-sdk`. Por ejemplo, en Windows XP escribimos

```
>cd c:\archivos de programa\android\android-sdk\platform-tools
```

y pulsamos *Enter*.

Seguidamente, ejecutamos el comando *adb-shell* para conectar con nuestro terminal.

```
> adb shell
#
```

El símbolo # es el prompt, e indica que hemos conectado con nuestro emulador y hemos iniciado una sesión de Linux.

Si hay un teléfono o dispositivo conectado, hay que especificar dónde queremos conectarnos, si al emulador o al teléfono, mediante `adb -e shell` (emulador) o `adb -d shell` (dispositivo).

Ya podemos comenzar a introducir comandos Linux. Por ejemplo, podemos ver un listado de ficheros y directorios ejecutando el comando *ls*.

```
# ls
sqlite_stmt_journals
config
cache
sdcard
d
etc
system
sys
sbin
proc
init.rc
init.goldfish.rc
init
default.prop
data
root
dev
#
```

A continuación, nos situaremos en el directorio `data` y allí crearemos un directorio `pruebas` para trabajar.

```
#cd data
#mkdir pruebas
#cd pruebas
```

Una vez en `pruebas`, iniciamos SQLite creando una base de datos. Esta base de datos se almacena en un fichero que llamaremos `base.db`.

```
# sqlite3 base.db
SQLite version 3.5.9
Enter ".help" for instructions
sqlite>
```

SQLite permite ejecutar una serie de comandos que comienzan por un punto. Podemos ver una lista de los comandos introduciendo el comando *.help*. Para salir de SQLite, ejecutamos *.exit*.

9.1.2. Crear una tabla

A continuación crearemos una tabla de teléfonos en nuestra base de datos mediante la sentencia `create` de SQL.

```
sqlite>create table telefonos (nombre text, apellidos text, tel integer);
sqlite>
```

Hay que tener en cuenta que la expresión anterior debe escribirse en una línea completa, ya que todas las expresiones SQL deben terminar con un punto y coma. En caso contrario, al pulsar *Enter* se abre una continuación de línea, que se indica con tres puntos.

```
sqlite>create table telefonos (nombre text, apellidos text, tel integer)
   ...> ;
sqlite>
```

Para ver la lista de tablas, usamos el comando *.tables*.

```
sqlite> .tables
telefonos
sqlite>
```

La tabla `telefonos` tiene tres columnas llamadas `nombre, apellidos` y `tel`. Al definir la tabla hemos especificado el tipo de datos que incluye cada columna. Los tipos de datos más comunes son: text, integer y float. Para ver la definición de la tabla, usamos el comando *.schema*.

```
sqlite> .schema telefonos
CREATE TABLE telefonos (nombre text, apellidos text, tel integer);
sqlite>
```

Cada tabla se compone de filas con los distintos datos dispuestos en su respectiva columna. Para introducir una fila usamos la sentencia SQL `insert`.

```
sqlite> insert into telefonos (nombre, apellidos,tel)
   ...> values ('Juan','Martínez',234567);
```

Para comprobar el contenido de la tabla, usamos la declaración SQL `select`.

```
sqlite> select * from telefonos;
Juan|Martínez|234567
```

El resultado se muestra en pantalla como una fila con las tres columnas separadas por una barra vertical. Podemos cambiar el modo de visualización de la tabla para que muestre las columnas separadas por espacios ejecutando el comando *.mode column*.

```
sqlite> .mode column
sqlite> select * from telefonos;
Juan        Martínez    234567
```

Usando *.headers on* se muestra un encabezamiento con los nombres de las columnas.

```
sqlite> .headers on
sqlite> select * from telefonos;
nombre      apellidos   tel
----------  ----------  ----------
Juan        Martínez    234567
```

9.1.3. Algunas expresiones SQL

Para mostrar únicamente algunas columnas determinadas, las especificamos separadas por comas tras la declaración `select`. A continuación, mostramos primero el número de teléfono y luego el apellido de nuestra tabla.

```
sqlite> select tel,apellidos from telefonos;
tel         apellidos
----------  ----------
234567      Martínez
```

Añadimos ahora varias filas más a la tabla de teléfonos. Al añadir todos los valores, no es necesario especificar los nombres de las columnas.

```
sqlite> insert into telefonos values ('Juan', 'Caballero', 340034);
sqlite> insert into telefonos values ('Maria', 'Barbaro', 232323);
sqlite> insert into telefonos values ('Enrique', 'Ruiz', 666001);
sqlite> insert into telefonos values ('Chiara', 'Maieron', 240012);
sqlite> select * from telefonos;
nombre      apellidos   tel
----------  ----------  ----------
Juan        Martínez    234567
Juan        Caballero   340034
Maria       Barbaro     232323
```

```
Enrique    Ruiz        666001
Chiara     Maieron     240012
```

Podemos insertar solo algunas columnas determinadas, en cuyo caso el resto quedan vacías. Por ejemplo, podemos añadir solo el apellido.

```
sqlite> insert into telefonos (apellidos, tel)
   ...> values ('Donnelly', 556677);
```

La cláusula where selecciona únicamente aquellas filas que cumplen cierta condición.

```
sqlite> select * from telefonos where apellidos ='donnelly';
nombre      apellidos   tel
----------  ----------  ----------
            Donnelly    556677
```

Para especificar un patrón a buscar, se usa el operador like. Por ejemplo, para buscar todos los apellidos que comienzan por «ma»:

```
sqlite> select * from telefonos where apellidos like 'ma%' ;
nombre      apellidos   tel
----------  ----------  ----------
Juan        Martínez    234567
Chiara      Maieron     240012
```

El símbolo de porcentaje indica «cualquier cadena de caracteres». Hay que tener en cuenta que like no distingue entre mayúsculas y minúsculas.

Para seleccionar valores de una lista, se usa el operador in, que sí distingue entre mayúsculas y minúsculas.

```
sqlite> select * from telefonos where nombre in ('juan','maria');
sqlite> select * from telefonos where nombre in ('Juan','Maria');
nombre      apellidos   tel
----------  ----------  ----------
Juan        Martínez    234567
Juan        Caballero   340034
Maria       Barbaro     232323
```

Para borrar una o varias filas de una tabla, usamos delete from. Por ejemplo, para borrar a Juan Martínez:

```
sqlite> delete from telefonos where apellidos='Martínez';
sqlite> select * from telefonos;
nombre      apellidos   tel
----------  ----------  ----------
Juan        Caballero   340034
Maria       Barbaro     232323
```

```
Enrique      Ruiz         666001
Chiara       Maieron      240012
             Donnelly     556677
```

Podemos ordenar los resultados con `order by`. Por ejemplo, para ordenar los apellidos por orden alfabético:

```
sqlite> select * from telefonos order by apellidos;
nombre       apellidos    tel
----------   ----------   ----------
Maria        Barbaro      232323
Juan         Caballero    340034
             Donnelly     556677
Chiara       Maieron      240012
Enrique      Ruiz         666001
```

En las siguientes secciones veremos algunos ejemplos más de expresiones SQL manipulando una base datos con Android.

9.2. Crear una base de datos con Android

Para crear una base de datos SQLite, o abrir una ya existente, creamos un objeto de la clase `SQLiteDatabase`. Para ello se usa el método `openOrCreateDatabase` de la clase `ContextWrapper`, que es una superclase de Activity. En la siguiente aplicación creamos una base de datos de música mediante la instrucción

`db=this.openOrCreateDatabase("musica.db",MODE_PRIVATE,null);`

Esto crea el fichero `musica.db`, que es una base de datos SQLite localizada en el directorio de datos de nuestro dispositivo. Este fichero puede examinarse mediante la perspectiva DDMS de Eclipse o bien abriendo una shell con *avd shell*. En este ejemplo, la base de datos se almacena en el directorio

`data/data/es.ugr.basededatos/databases`

Dicha base de datos es completamente compatible con sqlite3. Sus contenidos pueden consultarse desde la línea de comandos o, como haremos a continuación, desde nuestra aplicación de Android. Con este fin utilizaremos los métodos disponibles de la clase `SQLiteDatabase` para ejecutar directamente instrucciones en lenguaje SQL.

El método `execSQL` admite como argumento una cadena con una instrucción SQL que no devuelve ningún resultado. Así, para crear la tabla `operas` con cuatro columnas, empleamos `create table if not exists`.

```
db.execSQL("create table if not exists "+
           " operas (id integer primary key, titulo text,"+
           "compositor text, year integer);");
```

Nótese que para definir la primera columna con SQL, hemos usado el tipo `integer primary key`, es decir, un número entero como clave primaria. En lenguaje SQL, este número indica el número de orden de cada fila, que debe ser único, y se autoincrementará automáticamente, si no lo hacemos nosotros, al crear una nueva fila.

Para insertar una nueva fila procedemos normalmente, usando la cláusula SQL `insert into`.

```
db.execSQL("insert into operas (titulo,compositor,year) "+
           " values('Don Govanni','W.A. Mozart',1787);");
```

Realizar una búsqueda en lenguaje SQL es igual de sencillo. Para ello se usa el método `rawQuery`, que devuelve un objeto de tipo `Cursor`. Para buscar todos los elementos de la tabla escribiríamos

```
Cursor cursor= db.rawQuery("select * from operas",null);
```

El objeto `Cursor` contiene el resultado de la búsqueda, además de información sobre las filas y columnas de la tabla. Como su propio nombre indica, podemos imaginarlo como una flecha que señala una fila de la búsqueda. Para extraer la primera fila, primero hay que colocarlo señalando el primer lugar mediante `moveToFirst()`. Para extraer las columnas almacenadas en el Cursor, usamos los métodos `getInt(i)` o `getString(i)`, dependiendo de si la columna número *i* contiene un número entero o una cadena. Extraídos estos elementos, hay que moverlo al segundo lugar mediante `moveToNext()`, y procederíamos del mismo modo. El método `moveToNext()` devuelve `false` si el Cursor está situado en la última fila y `true` en caso contrario. El número de filas contenidas en el Cursor se obtiene con `getCount()` y el número de columnas, con `getColumnCount()`.

Para la aplicación `BaseDeDatosActivity` usamos el siguiente layout:

```xml
<?xml version="1.0" encoding="utf-8"?>
<LinearLayout
xmlns:android="http://schemas.android.com/apk/res/android"
    android:layout_width="fill_parent"
    android:layout_height="fill_parent"
    android:orientation="vertical"
    android:background="#ffffff"
    >

    <TextView
        android:id="@+id/textView"
```

```
            android:textColor="#000000"
            android:textSize="18sp"
            android:layout_width="fill_parent"
            android:layout_height="wrap_content"
            android:text="Base de Datos SQLite" />

</LinearLayout>
```

A continuación se detalla la aplicación `BaseDeDatosActivity`. Nótese que hemos definido dos métodos: `ejecutaSQL()`, para incluir todas las manipulaciones de la tabla y búsquedas, y `muestraTabla()`, para mostrar los contenidos del Cursor. Esto permitirá que, posteriormente, podamos realizar modificaciones del programa de un modo más cómodo. Cada vez que ejecutemos este programa, se abrirá la base de datos y se insertará el mismo registro, la ópera Don Giovanni, en una fila de la tabla. En la figura 9.2. se muestra el resultado de ejecutar este programa siete veces.

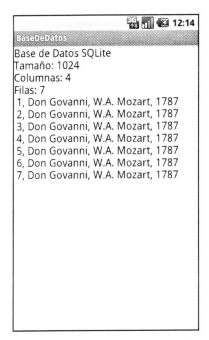

Figura 9.2. *Una base de datos con cuatro columnas y siete filas.*

```
package es.ugr.amaro.basededatos;

import android.app.Activity;
import android.database.Cursor;
import android.database.sqlite.SQLiteDatabase;
import android.os.Bundle;
```

```java
import android.widget.TextView;

public class BaseDeDatosActivity extends Activity {

    TextView tv;
    String texto="";
    SQLiteDatabase db=null;
    Cursor cursor=null;

    @Override
    public void onCreate(Bundle savedInstanceState) {
        super.onCreate(savedInstanceState);
        setContentView(R.layout.main);
        tv= (TextView) findViewById(R.id.textView);

        //---abre o crea base de datos---
        db=this.openOrCreateDatabase(
                        "musica.db",MODE_PRIVATE,null);

        //---crea una tabla si no existe
        db.execSQL("create table if not exists "+
            " operas (id integer primary key, titulo text,"+
            " compositor text, year integer);");

        ejecutaSQL();
        muestraTabla();
        db.close();
        tv.append(texto);
    }

    void ejecutaSQL(){

        //---inserta datos en la tabla---
        db.execSQL(
          "insert into operas (titulo,compositor,year) "
        +" values('Don Govanni','W.A. Mozart',1787);");

        //---selecciona todos los datos en un Cursor---
        cursor= db.rawQuery("select * from operas",null);

    }  // end ejecutaSQL

    void muestraTabla(){

        tv.append("\nTamaño: "+db.getPageSize());
        int numeroDeColumnas=cursor.getColumnCount();
        tv.append("\nColumnas: "+numeroDeColumnas);
        int numeroDeFilas=cursor.getCount();
```

```
        tv.append("\nFilas: "+numeroDeFilas);

        cursor.moveToFirst();
        for (int i=1;i<=numeroDeFilas;i++){
        //---loop sobre las filas---
           int id=cursor.getInt(0);
           String titulo=cursor.getString(1);
           String compositor=cursor.getString(2);
           int year=cursor.getInt(3);
           texto=texto+"\n "+id+", "+titulo+
           ", "+compositor+", "+year;
           cursor.moveToNext();

        }
    } //  end muestraTabla
}
```

9.3. Borrar filas de una tabla

En el ejemplo anterior hemos creado una tabla con siete filas repetidas. Podemos borrar las filas repetidas e insertar dos nuevas cambiando el método `ejecutaSQL()` por el que se detalla a continuación. En la figura 9.3. se muestra el resultado.

```
    void ejecutaSQL(){

      //---inserta datos en la tabla---
//      db.execSQL(
//         "insert into operas (titulo,compositor,year) "
//         +" values('Don Govanni','W.A. Mozart',1787);");

        for (int i=2; i<8; i++)
           db.execSQL("delete from operas where id="+i+";");

        db.execSQL(
           "insert into operas (titulo,compositor,year) "
           +" values('Giulio Cesare','G.F. Haendel',1724);");
        db.execSQL(
            "insert into operas (titulo,compositor,year) "
           +" values('Orlando Furioso','A. Vivaldi',1727);");

        //---selecciona todos los datos en un Cursor---
        cursor= db.rawQuery("select * from operas",null);

    } // end ejecutaSQL
```

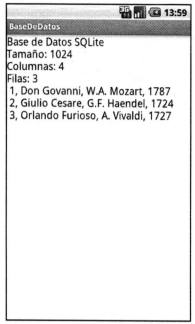

Figura 9.3. *La tabla de óperas tras borrar las filas repetidas e insertar dos nuevas.*

9.4. Automatizar las columnas del Cursor

En el método `muestraTabla` hemos supuesto que el Cursor contiene siempre las cuatro columnas especificadas en la tabla. A continuación modificamos dicho método para que sea posible realizar consultas SQL que den como resultado un número menor de columnas. Para tener en cuenta todos los casos, extraeremos las columnas contenidas en el Cursor usando un *loop*. En todos los casos extraeremos los campos con `getString()`. Aunque la columna sea de tipo numérico, no supone ningún problema, puesto que será convertida en String al extraerla. También mostraremos un encabezamiento para la tabla. Los nombres de las columnas los extraemos mediante el método `getColumnName()`.

El método `ejecutaSQL()` se ha modificado para añadir dos filas más y a continuación mostramos solo las columnas `year`, `titulo`, `compositor` con las filas ordenadas por año de estreno usando la expresión SQL

```
select year, titulo, compositor from operas order by year
```

En la figura 9.4. se muestra el resultado.

Figura 9.4. Tres columnas de la tabla de óperas tras insertar dos filas más. El año aparece en primer lugar y las filas están ordenadas por año de estreno.

```
void ejecutaSQL(){

    db.execSQL(
       "insert into operas (titulo,compositor,year) "
      +" values('Montezuma','C.H. Graun',1755);");
    db.execSQL(
       "insert into operas (titulo,compositor,year) "
      +" values('Statira','F. Cavalli',1656);");

    //---selecciona todos los datos en un Cursor---
    cursor= db.rawQuery(
              "select year, titulo, compositor"
             +"from operas order by year",null);
} // end ejecutaSQL

void muestraTabla(){
    tv.append("\nTamaño: "+db.getPageSize());
    int numeroDeColumnas=cursor.getColumnCount();
    tv.append("\nColumnas: "+numeroDeColumnas);
    int numeroDeFilas=cursor.getCount();
    tv.append("\nFilas: "+numeroDeFilas);

    texto=texto+"\n--------------------------\n";
```

```
        String[] columna= new String[numeroDeColumnas];
        for (int i=0 ; i<numeroDeColumnas ; i++){
           columna[i]= cursor.getColumnName(i);
           texto=texto+columna[i]+"   ";
        }
        texto=texto+"\n---------------------------";

        cursor.moveToFirst();
        String campo;
        for (int i=1;i<=numeroDeFilas;i++){
         //---loop sobre las filas---

           texto=texto+"\n";
           for (int j=0; j<numeroDeColumnas;j++){
              //---loop sobre las columnas---
              campo=cursor.getString(j);
              texto=texto + campo+ "   ";
           }
           cursor.moveToNext();
        }
        tv.append(texto);
   }  //   end muestraTabla
```

9.5. Abrir una base de datos con SQLiteOpenHelper

Alternativamente al método `openOrCreateDatabase`, utilizado en los ejemplos anteriores para abrir o crear una base de datos, puede usarse la clase abstracta `SQLiteOpenHelper` del paquete `android.database.sqlite`. En este caso, hay que crear una clase auxiliar que implemente los métodos `onCreate` y `onUpgrade`, que se ejecutarán al crear la base de datos o al actualizarla a una nueva versión.

En el siguiente ejemplo definimos una clase llamada `SQLiteHelper`, que implementa a SQLiteOpenHelper. Al crear un objeto de esta clase, se crea la base de datos *musica.db* y la tabla `operas`, si no existen. Seguidamente se define la base de datos con el método `getWritableDatabase`. En lugar de emplear directamente comandos SQL para insertar filas y buscar en la tabla, usamos los métodos `insert` y `query`.

El método `insert` requiere tres parámetros:

```
db.insert(String table, String nullColumn,
          ContentValues values);
```

El primer parámetro es el nombre de la tabla. El segundo es opcional, generalmente null, y se refiere al nombre de la columna donde se insertará `null` en el caso de insertar una fila vacía. El tercero es el conjunto de valores que hay que insertar en cada columna. Estos valores se introducen en un objeto `ContentValues`, que contiene las parejas: nombre de columna y valor a insertar.

El método `query` requiere siete parámetros necesarios para realizar una consulta completa SQL.

```
public Cursor query (String table, String[] columns,
             String selection, String[] selectionArgs,
          String groupBy, String having, String orderBy)
```

Para buscar todas las columnas y filas de una tabla, basta con proporcionar únicamente el primer parámetro, que es el nombre de la tabla. Todos los demás parámetros serán null.

A continuación se detalla la aplicación `SQLiteHelperActivity`. Usamos el mismo layout de los ejemplos anteriores. En la figura 9.5. se muestra el resultado de ejecutar esta aplicación cinco veces.

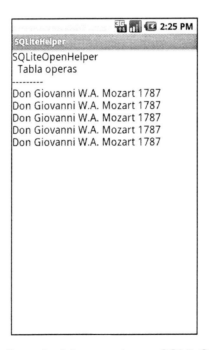

Figura 9.5. Base de datos creada con SQLiteOpenHelper. La aplicación ha sido ejecutada cinco veces.

```java
package es.ugr.amaro.sqlitehelper;

import android.app.Activity;
import android.content.ContentValues;
import android.content.Context;
import android.database.Cursor;
import android.database.sqlite.SQLiteDatabase;
import android.database.sqlite.SQLiteDatabase.CursorFactory;
import android.database.sqlite.SQLiteOpenHelper;
import android.os.Bundle;
import android.widget.TextView;

public class SQLiteHelperActivity extends Activity {

    TextView tv;
    @Override
    public void onCreate(Bundle savedInstanceState) {
        super.onCreate(savedInstanceState);
        setContentView(R.layout.main);
        tv=(TextView) findViewById(R.id.textView);

        SQLiteHelper sqliteHelper
                = new SQLiteHelper(this,"musica.db",null,1);
        SQLiteDatabase db
                = sqliteHelper.getWritableDatabase();

        ContentValues values= new ContentValues();
        values.put("titulo", "Don Giovanni");
        values.put("compositor", "W.A. Mozart");
        values.put("year", 1787);
        db.insert("operas",null, values);

        Cursor cursor=db.query("operas", null, null, null,
                                    null, null, null);

        String titulo,compositor,year;
        tv.append("\n  Tabla operas    \n---------");
        cursor.moveToFirst();
        int filas= cursor.getCount();
        for (int i=0;i<filas;i++){
           titulo = cursor.getString(1);
           compositor=cursor.getString(2);
           year=cursor.getString(3);
           tv.append("\n"+titulo+" "+compositor+" "+year);
           cursor.moveToNext();
        }

        db.close();
```

```
    } //---end onCreate


    class SQLiteHelper extends SQLiteOpenHelper{
       public SQLiteHelper(Context context, String name,
                 CursorFactory factory, int version) {
          super(context, name, factory, version);
       }

       @Override
       public void onCreate(SQLiteDatabase db) {

          db.execSQL("create table if not exists "+
            "operas (id integer primary key, titulo text, "+
            " compositor text, year integer);");
       }

       @Override
       public void onUpgrade(SQLiteDatabase db,
                          int oldVersion,int newVersion){
       }
    }   //---end SQLiteHelper
}
```

El tercer parámetro de `SQLiteOpenHelper`, que en nuestro ejemplo es null y no se usa, es un objeto de tipo `CursorFactory`. Se utilizaría para pasarle una subclase de Cursor que hayamos implementado nosotros.

9.6. Borrar filas con delete

La clase `SQLiteDatabase` permite usar el método `delete` para borrar filas de una tabla. En el anterior ejemplo podemos borrar las filas repetidas sustituyendo la línea

```
db.insert("operas",null, values);
```

por la línea

```
db.delete("operas","id>1",null);
```

que borra todas las filas excepto la primera.

El resultado de hacer esta sustitución y ejecutar el programa anterior se muestra en la figura 9.6. El segundo argumento del método `delete` es una string correspondiente a una cláusula `where` de SQL, pero excluyendo la palabra «where». Es decir, la línea anterior es equivalente a ejecutar el comando SQL

```
delete from operas where id > 1 ;
```

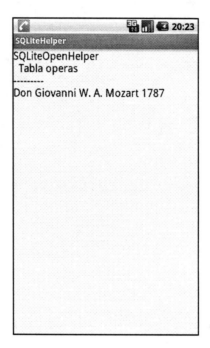

Figura 9.6. *La base de datos creada con SQLiteOpenHelper tras borrar todas las filas excepto la primera con delete.*

9.7. Realizar búsquedas con query

Hemos visto que el método query requiere siete parámetros necesarios para realizar una consulta completa SQL.

```
public Cursor query (String table, String[] columns,
           String selection, String[] selectionArgs,
           String groupBy, String having, String orderBy)
```

Si solo proporcionamos el primer parámetro y los demás son null, es equivalente a la búsqueda SQL

```
select * from tabla
```

En la práctica, se realizarán consultas especificando patrones de búsqueda, para lo cual se usarán los distintos parámetros de query. A continuación veremos algunos casos concretos de búsquedas.

Primero ejecutamos la siguiente actividad, modificada a partir del ejemplo anterior, para insertar trece filas en la base de datos *musica.db*. Hemos definido un método para facilitar la inserción de filas y otro método para escribir los contenidos del Cursor. En la figura 9.7.1. se muestra la tabla resultante.

Figura 9.7.1. *La base de datos creada con SQLiteOpenHelper tras insertar nuevas filas.*

```
package es.ugr.amaro.sqlitehelper;

import android.app.Activity;
import android.content.ContentValues;
import android.content.Context;
import android.database.Cursor;
import android.database.sqlite.SQLiteDatabase;
import android.database.sqlite.SQLiteDatabase.CursorFactory;
import android.database.sqlite.SQLiteOpenHelper;
import android.os.Bundle;
import android.widget.TextView;
```

```java
public class SQLiteHelperActivity extends Activity {

    TextView tv;
    SQLiteDatabase db;

    @Override
    public void onCreate(Bundle savedInstanceState) {
        super.onCreate(savedInstanceState);
        setContentView(R.layout.main);
        tv=(TextView) findViewById(R.id.textView);

        SQLiteHelper sqliteHelper
                = new SQLiteHelper(this,"musica.db",null,1);
        db= sqliteHelper.getWritableDatabase();

        // inserta trece nuevas filas
        inserta("Le Nozze di Figaro","W. A. Mozart",1786);
        inserta("Giulio Cesare","G. F. Haendel",1724);
        inserta("Orlando Furioso","A. Vivaldi",1727);
        inserta("Montezuma","C. H. Graun",1755);
        inserta("Starira","F. Cavalli",1656);
        inserta("Griselda","A. Scarlatti",1721);
        inserta("Piramo e Tisbe","J. A. Hasse",1768);
        inserta("Atenaide"," A. Vivaldi", 1728);
        inserta("Tolomeo","G. F. Haendel", 1728);
        inserta("Armida","J. Haydn",1784);
        inserta("Armide","C. W. Gluck",1777);
        inserta("Il Tutore Burlato","V. Martín y Soler",
                                                    1775);
        inserta("Berenice","G. F. Haendel",1737);

        Cursor cursor=db.query("operas", null, null, null,
                                        null, null, null);
        escribeCursor(cursor);
        db.close();

    }  // end onCreate

    // función para facilitar la inserción de filas
    void inserta(String titulo,String compositor, int year){

        ContentValues values= new ContentValues();
        values.put("titulo", titulo);
        values.put("compositor", compositor);
        values.put("year", year);
        db.insert("operas",null, values);
    }
```

```java
    // función para mostrar el contenido del Cursor
    void escribeCursor(Cursor cursor){

        String titulo,compositor,year;
        String fila="\n";
        tv.append("\n   Tabla operas     \n---------");
        cursor.moveToFirst();
        int nfilas= cursor.getCount();
        int ncolumnas=cursor.getColumnCount();
        for (int i=0;i<nfilas;i++){
          fila="\n";
          for(int j=0;j<ncolumnas;j++)
             fila=fila+cursor.getString(j)+" ";
          tv.append(fila);
          cursor.moveToNext();
        }
    }

    class SQLiteHelper extends SQLiteOpenHelper{

        public SQLiteHelper(Context context, String name,
                    CursorFactory factory, int version) {
            super(context, name, factory, version);
        }

        @Override
        public void onCreate(SQLiteDatabase db) {

            db.execSQL("create table if not exists "+
              "operas (id integer primary key, titulo text, "+
              " compositor text, year integer);");
        }

        @Override
        public void onUpgrade(SQLiteDatabase db,
                           int oldVersion, int newVersion){
        }

    }   //---end SQLiteHelper
}
```

A continuación, realizamos una búsqueda del título y año de todas las óperas posteriores a 1750, ordenadas por fecha. Basta con sustituir la llamada a query del ejemplo anterior por la siguiente:

```java
        String[] columns={"titulo","year"};
        String selection="year>1750";
```

```
String[] selectionArgs=null;
String groupBy=null;
String having=null;
String orderBy="year";
cursor=db.query("operas", columns, selection,
         selectionArgs, groupBy, having, orderBy);
```

El resultado se muestra en la figura 9.7.2.

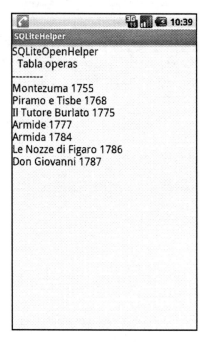

Figura 9.7.2. Resultado de una búsqueda de óperas posteriores a 1750 ordenadas cronológicamente.

Esto sería equivalente a la siguiente búsqueda en SQL:

```
cursor=db.rawQuery("select titulo,year from operas "
      +" where year>1750  order by year;",null);
```

Se pueden especificar argumentos mediante símbolos de interrogación ? en la cadena `selection`. Estos argumentos serán sustituidos por los valores contenidos en el array `selectionArgs`, como en el siguiente ejemplo:

```
String[] columns={"titulo","year"};
String selection="year in (?,?)";
String[] selectionArgs={"1727","1728"};
String groupBy=null;
```

```
String having=null;
String orderBy="year";
cursor=db.query("operas", columns, selection,
        selectionArgs, groupBy, having, orderBy);
```

Esta búsqueda es equivalente al comando SQL

```
cursor=db.rawQuery("select titulo,year from operas "
    +" where year in (1727,1728) order by year;",null);
```

En la figura 9.7.3. se muestra el resultado de esta búsqueda.

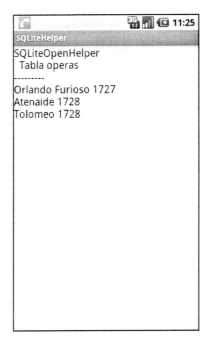

Figura 9.7.3. *Resultado de una búsqueda de óperas de los años 1727 y 1728 ordenadas cronológicamente.*

El argumento `groupBy` permite agrupar las filas con algún elemento común. En el siguiente ejemplo agrupamos las filas por compositor. Usamos la función de SQL `count(1)`, que suma un uno en cada una de las filas comunes, para contar el número de óperas de cada compositor, y también la utilizamos para ordenar los resultados de mayor a menor.

```
String[] columns={"compositor","count(1)"};
String selection=null;
String[] selectionArgs=null;
String groupBy="compositor";
```

```
String having=null;
String orderBy="count(1) desc";
cursor=db.query("operas", columns, selection,
          selectionArgs, groupBy, having, orderBy);
```

El resultado se muestra en la figura 9.7.4. Esta búsqueda es equivalente a la siguiente sentencia SQL:

```
cursor=db.rawQuery("select compositor,count(1) from operas''+
      "group by compositor order by count(1) desc;", null);
```

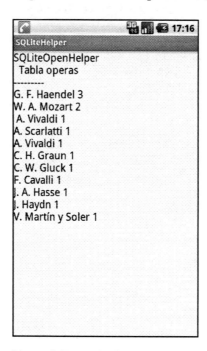

Figura 9.7.4. Resultado de una búsqueda de número de óperas por compositor.

El argumento `having` permite imponer condiciones adicionales sobre los resultados. Por ejemplo, para mostrar solo los compositores con más de una ópera usaríamos:

```
String[] columns={"compositor","count(1)"};
String selection=null;
String[] selectionArgs=null;
String groupBy="compositor";
String having="count(1)>1";
String orderBy="count(1) desc";
cursor=db.query("operas", columns, selection,
          selectionArgs, groupBy, having, orderBy);
```

En la figura 9.7.5. se muestra el resultado de esta búsqueda, que sería equivalente al comando SQL

```
cursor=db.rawQuery("select compositor,count(1) from operas" +
             "group by compositor having count(1)>1''+
             " order by count(1) desc;", null);
```

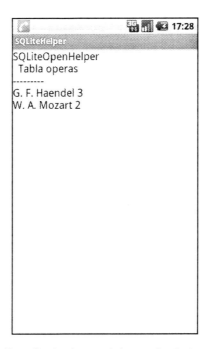

Figura 9.7.5. Resultado de una búsqueda de los compositores con más de una ópera en la base de datos.

En esta sección hemos ilustrado solo algunas de las posibilidades que ofrece Android para realizar búsquedas y manipular bases de datos SQLite usando el lenguaje SQL. El lector interesado puede profundizar en el uso de bases de datos y en el lenguaje SQL leyendo algún manual especializado.

9.8. Adaptar un Cursor a un ListView

La clase `CursorAdapter` permite adaptar un Cursor a un ListView y así mostrar en una lista de ítems los resultados de búsqueda en una base de datos. Aquí utilizaremos la subclase `SimpleCursorAdapter`. Esta clase permite especificar las columnas que queremos mostrar, asociando cada una de ellas a un TextView. El ListView se asocia a su vez al layout de un fichero xml, que contiene los distintos TextView. Para construir un SimpleCursorAdapter se precisan cinco argumentos. Por ejemplo, en la actividad `CursorAdapter` que mostramos a continuación, lo construimos del siguiente modo:

```
String[] from={"titulo","compositor"};
int[] to={R.id.textView3,R.id.textView4};
SimpleCursorAdapter adapter=new SimpleCursorAdapter
                 (this,R.layout.list, cursor, from,to);
```

El primer parámetro es el contexto, es decir, la actividad actual `this`. El segundo es el id del layout correspondiente al fichero `list.xml`, dado más abajo, que representa el layout de cada fila de la lista. El tercero es el Cursor, que necesariamente debe tener una columna llamada `_id` (en caso contrario, se produce un error). El cuarto parámetro es un array de cadenas que contienen las columnas del Cursor que queremos escribir. Esto se hará usando varios TextView del layout, especificados en el quinto parámetro, que es un array de enteros que contienen la id de los TextView. A partir de Android 3.0 (API 11), se recomienda no utilizar este constructor para adaptar un Cursor en el hilo principal, pues podría producir que la aplicación no responda, dependiendo del contenido del Cursor. Sin embargo, si el Cursor no contiene muchas filas, no debería presentarse ningún problema.

En el siguiente ejemplo llenamos una tabla de óperas en una base de datos y mostramos su contenido con un ListView usando este SimpleCursorAdapter. También implementamos el método `OnItemClick` para mostrar todos los contenidos de la fila que se ha pulsado. El resultado se muestra en la figura 9.8. Para esta actividad usamos el siguiente fichero `main.xml` que contiene un ListView.

```xml
<?xml version="1.0" encoding="utf-8"?>
<LinearLayout
xmlns:android="http.//schemas.android.com/apk/res/android"
    android:layout_width="fill_parent"
    android:layout_height="fill_parent"
    android:orientation="vertical"
    android:background="#ffffcc" >

    <TextView
        android:id="@+id/textView1"
        android:textColor="#993300"
        android:textSize="20sp"
        android:layout_width="fill_parent"
        android:layout_height="wrap_content"
        android:text="Titulo" />
    <TextView
        android:id="@+id/textView2"
        android:textColor="#000000"
        android:textSize="18sp"
        android:layout_width="fill_parent"
        android:layout_height="wrap_content"
```

```
            android:text="Compositor" />
    <View
        android:layout_width="fill_parent"
        android:layout_height="5sp"
        android:background="#999900" />

    <ListView
        android:id="@+id/listView1"
        android:layout_width="fill_parent"
        android:layout_height="wrap_content" >
    </ListView>
</LinearLayout>
```

Figura 9.8. Contenidos de una base de datos visualizados en un ListView usando un SimpleCursorAdapter.

El siguiente fichero `list.xml` corresponde al layout que vamos a adaptar al ListView.

```
<?xml version="1.0" encoding="utf-8"?>
<LinearLayout
xmlns:android="http://schemas.android.com/apk/res/android"
    android:layout_width="fill_parent"
    android:layout_height="fill_parent"
    android:orientation="vertical"
```

```xml
        android:background="#ffffee" >

    <TextView
        android:id="@+id/textView3"
        android:textColor="#993300"
        android:textSize="20sp"
        android:layout_width="fill_parent"
        android:layout_height="wrap_content"
        android:text="Titulo" />
    <TextView
        android:id="@+id/textView4"
        android:textColor="#000000"
        android:textSize="18sp"
        android:layout_width="fill_parent"
        android:layout_height="wrap_content"
        android:text="Compositor" />

</LinearLayout>
```

Por último, la actividad `CursorAdapter.java` es la siguiente:

```java
package es.ugr.amaro.cursoradapter;

import android.app.Activity;
import android.content.ContentValues;
import android.database.Cursor;
import android.database.sqlite.SQLiteDatabase;
import android.os.Bundle;
import android.view.View;
import android.widget.AdapterView;
import android.widget.AdapterView.OnItemClickListener;
import android.widget.ListView;
import android.widget.SimpleCursorAdapter;
import android.widget.TextView;

public class CursorAdapterActivity extends Activity
                                implements OnItemClickListener{
    SQLiteDatabase db;
    TextView tv1,tv2;

    @Override
    public void onCreate(Bundle savedInstanceState) {
        super.onCreate(savedInstanceState);
        setContentView(R.layout.main);
        tv1=(TextView) findViewById(R.id.textView1);
        tv2=(TextView) findViewById(R.id.textView2);

        db=openOrCreateDatabase(
```

```java
                        "musica.db",MODE_PRIVATE,null);
    db.execSQL("create table if not exists operas1 " +
        "(_id integer primary key, titulo text, " +
            "compositor text, year integer);");
    // ---llena la tabla de óperas
    llenaTabla();

    // ---Realiza una búsqueda
    String[] columns={"_id","titulo","compositor",
                                            "year"};
    Cursor cursor=db.query("operas1", columns,null,null,
                                        null,null,null);
    // ---adapta el Cursor a nuestro ListView
    ListView lv=(ListView) findViewById(R.id.listView1);
    String[] from={"titulo","compositor"};
    int[] to={R.id.textView3,R.id.textView4};
    SimpleCursorAdapter adapter=new SimpleCursorAdapter
                (this,R.layout.list, cursor, from,to);
    lv.setAdapter(adapter);
    lv.setOnItemClickListener(this);
    db.close();
}

void llenaTabla(){

    insertaFila("Don Giovanni", "W. A. Mozart", 1787);
    insertaFila("Giulio Cesare","G.F. Haendel",1724);
    insertaFila("Orlando Furioso","A. Vivaldi",1727);
    insertaFila("Montezuma","C.H. Graun",1755);
    insertaFila("Statira","F. Cavalli",1656);
    insertaFila("La Griselda","A. Scarlatti",1721);
    insertaFila("Il re Teodoro in Venezia",
                            "G. Paisiello",1784);
    insertaFila("La Locandiera","A. Salieri",1773);
    insertaFila("La Clementina","L. Boccherini",1783);
    insertaFila("Il Matrimonio Segreto",
                                "D. Cimarosa",1792);
    insertaFila("Il barbiere di Siviglia",
                            "G. Paisiello",1782);
    insertaFila("Semiramide","G. Rossini",1823);

}

void insertaFila(String titulo,
            String compositor, int year){

  ContentValues values=new ContentValues();
  values.put("titulo",titulo);
```

```java
            values.put("compositor", compositor);
            values.put("year", year);
            db.insert("operas1",null, values);
        }


    @Override
    public void onItemClick(AdapterView<?> listView,
                        View v, int position, long id) {
        // TODO Auto-generated method stub
        Cursor cursor
              =(Cursor) listView.getItemAtPosition(position);
        int _id=cursor.getInt(0);
        String titulo=cursor.getString(1);
        String compositor=cursor.getString(2);
        int year=cursor.getInt(3);
        tv1.setText(_id+", "+titulo);
        tv2.setText(compositor+", Estreno: "+year);
    }
}
```

10. PROVEEDORES DE CONTENIDOS

Las bases de datos SQLite discutidas en el capítulo anterior son internas a cada aplicación, es decir, no se puede acceder a ellas desde otra aplicación. Para que nuestra base de datos u otros contenidos sean accesibles, debemos crear un proveedor de contenidos, extendiendo a la clase `ContentProvider`. Android utiliza proveedores de contenidos nativos para almacenar los contactos, las imágenes, los archivos multimedia, las preferencias, las llamadas telefónicas, etc. En este capítulo comenzaremos viendo cómo se accede a algunos de estos proveedores nativos para, posteriormente, proceder a crear nuestro propio proveedor de contenidos.

10.1. El proveedor de contactos

Cada `ContentProvider` posee un identificador único, especificado mediante una cadena de texto en formato URI (Uniform Resource Identifier). Este identificador uniforme de recurso tiene una estructura similar al URL (Uniform Resource Location) de una página web. Por ejemplo, el URI de la tabla de contactos de Android es

`content://com.android.contacts/contacts`

Este URI consta de varias partes:

- El prefijo `content:` es obligatorio e indica que se trata del URI de un ContentProvider.

- La autoridad (*authority*) `//com.android.contacts` identifica al proveedor de contactos. Este nombre corresponde a una aplicación Android que nos dará acceso a la base de datos que contiene.

- El path `/contacts` o ruta del contenido, que generalmente será el nombre de una tabla en la base de datos. En este ejemplo especifica la tabla denominada `contacts` de la base de datos del proveedor de contactos.

El URI de la tabla de contactos está almacenado como una constante estática de la clase `ContactsContract`. Esta clase contiene toda la información y facilita el uso del proveedor de contactos. Este URI se almacena en un objeto de tipo `Uri` mediante

```
Uri uriContactos=ContactsContract.Contacts.CONTENT_URI;
```

Alternativamente, si conocemos el URI completo, podemos utilizar el método `Uri.parse`.

```
uriContactos=Uri.parse(
        "content://com.android.contacts/contacts");
```

El URI puede especificar una fila concreta de la tabla de contactos añadiendo a la ruta un fragmento con el número de la fila. Por ejemplo, así se definiría el URI de la fila número 17 de la tabla `contacts`:

```
uriContactos=Uri.parse(
        "content://com.android.contacts/contacts/17");
```

Una vez definido el URI de una tabla o una fila de la base de datos, podemos examinar sus contenidos usando un objeto de tipo `ContentResolver`. Por ejemplo, se puede extraer el tipo MIME asociado al URI.

```
ContentResolver resolver= getContentResolver();
String mime= resolver.getType(uriContactos);
```

Esta operación aplicada a la tabla de contactos nos devuelve el siguiente tipo MIME:

```
vnd.android.cursor.dir/contact
```

El ContentResolver se encarga de «resolver» la dirección del URI y enlazarla con el ContentProvider. Para realizar una búsqueda en la tabla, utilizamos el método `query` de ContentResolver. Este método es similar al que usamos para inspeccionar una base de datos, con la excepción de que el primer argumento es un URI en lugar del nombre de una tabla.

```
Cursor cursor=resolver.query(uriContactos, null,null,null);
```

El ContentResolver nos permite realizar la búsqueda en la tabla que corresponda al URI especificado. El resto de los argumentos delimitan la búsqueda, que en general será del tipo

```
query   (Uri uri,
        String[] projection,
        String selection,
        String[] selectionArgs,
```

```
        String sortOrder);
```

Aquí, `projection` contiene los nombres de las columnas, `selection` es una cadena que contiene una cláusula `where` de SQL, que puede contener varios argumentos indicados con un signo de interrogación `?`, y que serán sustituidos por los contenidos de `selectionArgs`. Finalmente, `sortOrder` indica la ordenación especificada como una cláusula `order by` de SQL.

El resultado de la búsqueda se almacena en un objeto Cursor. Para extraer los datos del Cursor, utilizamos las técnicas empleadas en el capítulo anterior.

En el siguiente ejemplo exploramos el contenido de la tabla de contactos de un teléfono. Usamos un ScrollView para mostrar en pantalla el URI y el MIME de la tabla de contactos. A continuación, realizamos una búsqueda y mostramos los nombres de todas las columnas de dicha tabla, que quedan almacenadas en un Cursor. La búsqueda se realiza solo para los contactos con número de teléfono y se ordenan por orden alfabético según la columna `display_name`. Nótese que la columna `has_phone_number` contiene una variable booleana que es true si el contacto tiene número de teléfono.

Para que nuestra actividad pueda acceder a la tabla de contactos debe ser autorizada por el usuario. Para solicitar dicha autorización, hay que incluir en el fichero `AndroidManifest.xml` la siguiente etiqueta `uses-permission`:

```
<uses-permission
 android:name="android.permission.READ_CONTACTS">
</uses-permission>
```

El fichero `AndroidManifest.xml` de nuestra aplicación quedará como sigue:

```
<?xml version="1.0" encoding="utf-8"?>
<manifest
xmlns:android="http://schemas.android.com/apk/res/android"
    package="es.ugr.amaro.contactos"
    android:versionCode="1"
    android:versionName="1.0" >

    <uses-sdk android:minSdkVersion="7" />

    <uses-permission
     android:name="android.permission.READ_CONTACTS">
    </uses-permission>

    <application
        android:icon="@drawable/ic_launcher"
        android:label="@string/app_name" >
```

```xml
        <activity
            android:name=".ContactosActivity"
            android:label="@string/app_name" >
            <intent-filter>
               <action
                  android:name="android.intent.action.MAIN" />

               <category
                android:name="android.intent.category.LAUNCHER" />
                </intent-filter>
         </activity>
    </application>

</manifest>
```

Utilizamos la siguiente interfaz de usuario con un ScrollView, pues el número de datos puede desbordar las dimensiones de la pantalla.

```xml
<?xml version="1.0" encoding="utf-8"?>

<ScrollView
xmlns:android="http://schemas.android.com/apk/res/android"
    android:layout_width="fill_parent"
    android:layout_height="fill_parent">

<LinearLayout
    android:layout_width="fill_parent"
    android:layout_height="wrap_content"
    android:orientation="vertical"
    android:background="#ffffcc" >

    <TextView
        android:id="@+id/textView"
        android:textColor="#000000"
        android:textSize="16sp"
        android:layout_width="fill_parent"
        android:layout_height="wrap_content"
        android:text="@string/hello" />

</LinearLayout>
</ScrollView>
```

El programa `ContactosActivity.java` es el siguiente:

```java
package es.ugr.amaro.contactos;

import android.app.Activity;
import android.content.ContentResolver;
```

```java
import android.database.Cursor;
import android.net.Uri;
import android.os.Bundle;
import android.provider.ContactsContract;
import android.widget.TextView;

public class ContactosActivity extends Activity {
    /** Called when the activity is first created. */
    @Override
    public void onCreate(Bundle savedInstanceState) {
        super.onCreate(savedInstanceState);
        setContentView(R.layout.main);
        TextView tv=(TextView) findViewById(R.id.textView);

        //---URL de la tabla de contatos
        Uri uriContactos
            =ContactsContract.Contacts.CONTENT_URI;
        //---definición alternativa---
        uriContactos=Uri.parse(
            "content://com.android.contacts/contacts");
        String uriString=uriContactos.toString();
        tv.setText("uri de la tabla contactos:\n"+uriString);

        //---Definimos un ContentResolver
        ContentResolver resolver= getContentResolver();
        String mime= resolver.getType(uriContactos);
        tv.append("\nMIME de la tabla contactos:\n"+mime);

        //---descomentar esto para obtener un único contacto
//        uriContactos=Uri.parse(uriString+"/14");
//        mime= resolver.getType(uriContactos);
//        tv.append("\nMIME de un único contacto:\n"+mime);

        //---Búsqueda de  contactos---
        Cursor cursor=resolver.query(uriContactos, null,
                "has_phone_number", null, "display_name");

    //---escribe los nombres de las columnas---
        int ncolumnas=cursor.getColumnCount();
        String[] nombreColumna=new String[ncolumnas];
        for(int i=0;i<ncolumnas;i++){
           nombreColumna[i]=cursor.getColumnName(i);
           tv.append("\n"+i+","+nombreColumna[i]);
        }

    //---forma alternativa de obtener las columnas---
        int displayNameIndex= cursor.getColumnIndex(
                ContactsContract.Contacts.DISPLAY_NAME);
```

```
            tv.append("\n\nDISPLAY_NAME index="
                                    +displayNameIndex);
            int idIndex= cursor.getColumnIndex
                            (ContactsContract.Contacts._ID);
            tv.append("\n_ID index="+idIndex);

    //---escribe los contactos---
            tv.append("\n\nTABLA DE CONTACTOS: _ID ,
                                        DISPLAY_NAME");

            cursor.moveToFirst();
            int nfilas=cursor.getCount();
            for(int i=0;i<nfilas;i++){
                String _id=cursor.getString(idIndex);
                String display_name
                        =cursor.getString(displayNameIndex);
                tv.append("\n"+_id+","+display_name);
                cursor.moveToNext();
            }
        }
    }
```

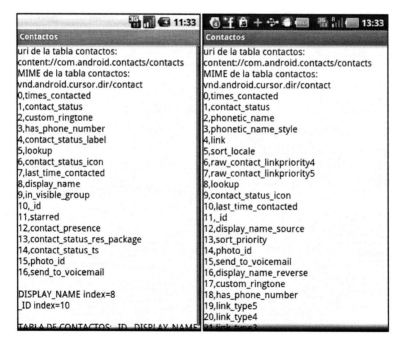

Figura 10.1.1. Izquierda: contenidos de la tabla de contactos en un emulador con Android 2.1 (Eclair). Derecha: en un teléfono Samsung Galaxy S con Android 2.2.1 (Froyo).

El número de columnas de la tabla de contactos depende de la versión de Android y del dispositivo que utilicemos. Así, esta aplicación ejecutada en un emulador con Android 2.1 muestra 16 columnas, donde el nombre del contacto ocupa la posición 8 y su id la posición 10, como se observa en la figura 10.1.1. La misma tabla tiene 41 columnas en un teléfono Samsung Galaxy S con Android 2.2.1; el nombre ocupa la posición 27 y su índice, la posición 11 (ver figuras 10.1.1. y 10.1.2.). Por esta razón es conveniente utilizar en la aplicación el nombre de la columna en lugar del valor numérico de su posición en la tabla. Esta información está almacenada en las constantes de la clase ContactsContract. El nombre de la columna display_name está almacenado en la constante

ContactsContract.Contacts.DISPLAY_NAME

y el de la columna _id en la constante

ContactsContract.Contacts._ID

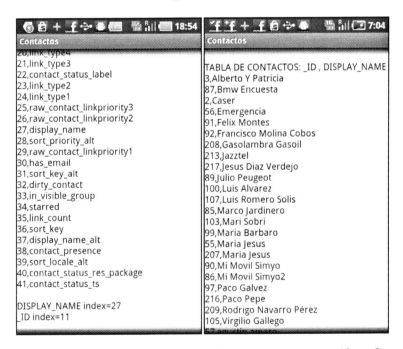

Figura 10.1.2. *Contenidos de la tabla de contactos en un teléfono Samsung Galaxy S (continuación). Izquierda: nombres de las columnas de la tabla de la 21 a la 41. Derecha: primeros contactos con número de teléfono, ordenados alfabéticamente.*

10.2. La tabla de datos de los contactos

En la sección anterior hemos explorado la tabla de contactos con el URI

```
content://com.android.contacts/contacts
```

Al inspeccionar sus columnas, habremos notado que dicha tabla no contiene números de teléfono, sino la columna `has_phone_number`, que indica si el contacto tiene un número de teléfono. En caso afirmativo, dicho número se almacena en otra tabla denominada `data`. Esta tabla de datos pertenece también al proveedor de contactos y tiene el URI

```
content://com.android.contacts/data
```

En la siguiente aplicación inspeccionamos dicha tabla, escribiendo en primer lugar los nombres de todas sus columnas. Nos interesa examinar las cuatro columnas siguientes de todos nuestros contactos:

```
display_name
data1
mimetype
raw_contact_id
```

Los nombres de estas cuatro columnas están almacenados en las siguientes constantes de la clase `ContactsContract`:

```
ContactsContract.CommonDataKinds.Phone.DISPLAY_NAME;
ContactsContract.CommonDataKinds.Phone.NUMBER;
ContactsContract.Data.MIMETYPE;
ContactsContract.Data.RAW_CONTACT_ID;
```

Esto nos indica, concretamente, que la columna `data1` es la que se utiliza para almacenar el número de teléfono, pero este es solo uno de los usos de dicha columna. Como veremos al ejecutar el siguiente programa, la columna `data1` se utiliza también para almacenar otros tipos de datos, como correos electrónicos, nombres de contactos, direcciones de páginas web personales, etc. En realidad, cualquier dato puede almacenarse en la columna `data1` y otras columnas disponibles al efecto denominadas `data2`, `data3`, etc. Entonces, ¿cómo podemos saber el tipo de dato almacenado en la columna `data1`? Ahí es donde entra en juego la columna `mimetype`, que contiene el tipo MIME del dato almacenado en cada fila, y que generalmente está en la columna `data1` o en alguna de las restantes (`data2`, `data3`, etc.).

Todos los tipos MIME correspondientes al URI de un proveedor de Android comienzan por `vnd.android.cursor`. El prefijo `vnd` significa *vendor*. Este tipo

MIME indica, por lo tanto, que el URI es un Cursor de Android. Si el Cursor corresponde a una tabla completa, se le añade un sufijo `.dir`. Por ejemplo, en la sección anterior hemos visto que el tipo MIME de la tabla de contactos es

`vnd.android.cursor.dir/contact`

Lo que vemos al ejecutar el ejemplo siguiente es que un número de teléfono posee el tipo MIME

`vnd.android.cursor.item/phone_v2`

El sufijo `.item` indica que el dato corresponde a una fila de una tabla. Otros tipos MIME que también podemos encontrar almacenados en `data1` son:

- El nombre de un contacto

  `vnd.android.cursor.item/name`

- El correo electrónico

  `vnd.android.cursor.item/email_v2`

- La página web del contacto

  `vnd.android.cursor.item/website`

- La dirección del contacto en la red de la aplicación WhatsApp

  `vnd.android.cursor.item/vnd.com.whatsapp.profile`

Para la siguiente aplicación utilizaremos la misma interfaz de usuario de la sección anterior. El programa `TelefonosActivity.java` es el siguiente:

```
package es.ugr.amaro.telefonos;

import android.app.Activity;
import android.content.ContentResolver;
import android.database.Cursor;
import android.net.Uri;
import android.os.Bundle;
import android.provider.ContactsContract;
import
   android.provider.ContactsContract.CommonDataKinds.Phone;
import android.widget.TextView;

public class TelefonosActivity extends Activity {
    /** Called when the activity is first created. */
```

```java
    @Override
    public void onCreate(Bundle savedInstanceState) {
        super.onCreate(savedInstanceState);
        setContentView(R.layout.main);
        TextView tv=(TextView) findViewById(R.id.textView);

        Uri uriData;
        uriData=ContactsContract.Data.CONTENT_URI;
        tv.setText(
            "URI de la tabla Data:\n"+uriData.toString());

//---realiza una búsqueda---
        ContentResolver resolver=getContentResolver();
        Cursor cursor=resolver.query(
                        uriData, null, null, null, null);
        startManagingCursor(cursor);

//---muestra los nombres de todas las columnas---
        int ncolumnas=0;
        tv.append("\nColumnas:"+ncolumnas);
        String[] columna=cursor.getColumnNames();
        ncolumnas=columna.length;
        tv.append("\ncolumnas="+ncolumnas);

        for(int i=1;i<ncolumnas;i++){
            tv.append("\n"+i+" , "+columna[i]);
        }

//---extrae el índice de las cuatro columnas interesantes
        String colPhone=Phone.NUMBER;
        String colName=Phone.DISPLAY_NAME;
        String colMime=ContactsContract.Data.MIMETYPE;
        String colRaw=ContactsContract.Data.RAW_CONTACT_ID;
        int iPhone=cursor.getColumnIndex(colPhone);
        int iName=cursor.getColumnIndex(colName);
        int iMime=cursor.getColumnIndex(colMime);
        int iRaw=cursor.getColumnIndex(colRaw);

        tv.append("\nRAW_CONTACT_ID\n"+colRaw+" : "+iRaw);
        tv.append(
            "\nPhone.DISPLAY_NAME\n"+colName+" : "+iName);
        tv.append("\nPhone.NUMBER\n"+colPhone+":"+iPhone);
        tv.append("\nMIMETYPE\n"+colMime+" : "+iMime+"\n");

//---Muestra datos de todos los contactos---
        int nfilas=cursor.getCount();
        String phone,name,mime,raw;
        cursor.moveToFirst();
```

```
        for(int i=1;i<nfilas;i++){
           phone=cursor.getString(iPhone);
           name=cursor.getString(iName);
           mime=cursor.getString(iMime);
           raw=cursor.getString(iRaw);
           tv.append(
             "\n* "+raw+"\n"+name+"\n"+phone+"\n"+mime+"\n");
           cursor.moveToNext();
        }
        stopManagingCursor(cursor);
    }
}
```

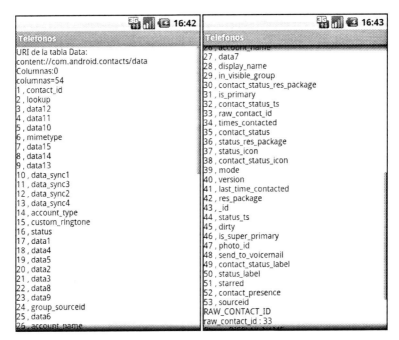

Figura 10.2.1. Columnas de la tabla de datos en un emulador con Android 2.1.

En la figura 10.2.1. se muestra el resultado de ejecutar esta aplicación en un emulador con Android 2.1. En este caso, la tabla de datos tiene 53 columnas. Las cuatro que nos interesan ocupan las siguientes posiciones:

```
display_name: 28
data1: 17
mimetype: 6
raw_contact_id: 33
```

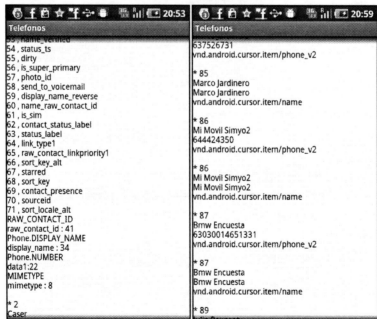

Figura 10.2.2. *Contenidos de la tabla de datos en un teléfono Samsung Galaxy S con Android 2.2.1.*

En la figura 10.2.2. vemos el resultado de ejecutar la aplicación en un teléfono Samsung Galaxy S con Android 2.2.1. En este caso, la tabla de datos tiene 71 columnas. Las cuatro que nos interesan ocupan ahora las posiciones

```
display_name:   34
data1: 22
mimetype: 8
raw_contact_id: 41
```

Los nombres de todas estas columnas se pueden ver en las tres primeras imágenes de la figura. El número de filas es de varios cientos. En la última imagen (abajo derecha), se muestran algunas de ellas. Podemos observar que solo algunos de los datos contienen un número de teléfono, con el tipo MIME

`vnd.android.cursor.item/phone_v2.`

La otra columna que hemos mostrado es `raw_contact_id`. Este número es el id que el contacto tiene en la tabla `raw_contacs`, que será el objeto de la sección siguiente. En nuestro ejemplo vemos que distintas filas correspondientes al mismo contacto tienen el mismo valor de este registro, que identifica unívocamente el contacto. Este valor habrá que conocerlo a la hora de introducir algún dato en la tabla `data`.

10.3. La tabla raw contacts

La tabla `raw contacts` es la tabla principal del proveedor de contactos. El URI de esta tabla es

`content://com.android.contacts/raw_contacts`

Este URI está almacenado en la clase `ContactsContract` y lo podemos obtener mediante

`Uri uriRaw=ContactsContract.RawContacts.CONTENT_URI;`

En la tabla `raw contacts` se registra cada nuevo contacto y se le asocia un único número de identificación, en la columna `_id`, antes de introducir sus datos en la tabla `data`. En raw contacts no se almacena ningún dato personal, solo el nombre y tipo de cuenta a la que está asociado el contacto. Dicha información está almacenada en las columnas

```
account_type
account_name
```

Cada contacto está identificado en raw contacts por su id, que es el que aparece en la columna `raw_contact_id` de la tabla `data`, y debe conocerse para introducir los datos de los contactos, como veremos en la próxima sección.

En la siguiente aplicación exploramos la tabla raw contacts y mostramos las dos columnas anteriores, junto con la id. Los nombres de estas tres columnas están almacenados en la clase ContactsContract y pueden obtenerse mediante

```
String contactId=ContactsContract.RawContacts.CONTACT_ID;
String accountName
         =ContactsContract.RawContacts.ACCOUNT_NAME;
String accountType
         =ContactsContract.RawContacts.ACCOUNT_TYPE;
```

También mostramos los nombres del resto de las columnas de la tabla. Como se muestra en las capturas de pantalla de la figura 10.3., esta tabla tiene 34 columnas en un teléfono Samsung Galaxy S con Android 2.2.1.

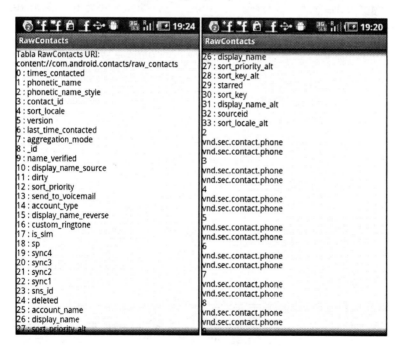

Figura 10.3. *Visualización de la tabla RawContacts en un teléfono Samsung Galaxy S con Android 2.2.1.*

En esta figura vemos que los contactos asociados a números de teléfono pertenecen a la cuenta con nombre y tipo denominados

```
vnd.sec.contact.phone
```

Podemos encontrar otros tipos de cuentas. Para contactos de la tarjeta SIM:

```
vnd.sec.contact.sim
```

Para contactos de Gmail:

```
com.google
```

Para contactos de WhatsApp:

```
com.whatsapp
```

En este ejemplo utilizaremos la misma interfaz de usuario de las secciones anteriores. El programa `RawContactsActivity.java` es el siguiente:

```java
package es.ugr.amaro.rawcontacts;

import android.app.Activity;
import android.content.ContentResolver;
import android.database.Cursor;
import android.net.Uri;
import android.os.Bundle;
import android.provider.ContactsContract;
import android.widget.TextView;

public class RawContactsActivity extends Activity {
    /** Called when the activity is first created. */
    @Override
    public void onCreate(Bundle savedInstanceState) {
        super.onCreate(savedInstanceState);
        setContentView(R.layout.main);

        TextView tv=(TextView) findViewById(R.id.textView);

        Uri uriRaw;
        uriRaw=ContactsContract.RawContacts.CONTENT_URI;
        tv.setText("Tabla RawData URI:\n"+uriRaw.toString());

        ContentResolver resolver=getContentResolver();
        Cursor cursor=resolver.query(uriRaw,
                                     null, null, null, null);

        //---muestra los nombres de las columnas en pantalla
        String[] columna=cursor.getColumnNames();
        int ncolumnas=columna.length;
        for(int i=0;i<ncolumnas;i++){
            tv.append("\n"+i+" : "+columna[i]);
        }
```

```
        //---muestra los contenidos de las columnas
        String contacted
            = ContactsContract.RawContacts.CONTACT_ID;
        String accountName
            = ContactsContract.RawContacts.ACCOUNT_NAME;
        String accountType
            = ContactsContract.RawContacts.ACCOUNT_TYPE;
        int iId = cursor.getColumnIndex(contactId);
        int iName = cursor.getColumnIndex(accountName);
        int iType = cursor.getColumnIndex(accountType);
        cursor.moveToFirst();
        String id,name,type;
        int nfilas=cursor.getCount();
        for(int i=0;i<nfilas;i++){
            id=cursor.getString(iId);
            name=cursor.getString(iName);
            type=cursor.getString(iType);
            tv.append("\n"+id+"\n"+name+"\n"+type);
            cursor.moveToNext();
        }
    }
}
```

10.4. Añadir contactos

En esta sección presentamos una sencilla aplicación para añadir un nuevo contacto, incluyendo nombre, teléfonos móvil y del domicilio y correo electrónico. Estos datos se almacenan en la tabla `data`. Nuestra aplicación divide la pantalla en dos secciones, como se observa en la figura 10.4. En la parte superior hay un botón y cuatro campos de texto para introducir los datos anteriores. En la parte inferior de la pantalla vamos a escribir el contenido de las nuevas filas creadas en las tablas `raw contacs` y `data`. Mostraremos todas las columnas de dichas tablas que no estén vacías (es decir, cuyo contenido no sea null). Veremos así que el proveedor de contactos procede internamente al llenado de muchas de las columnas al añadir un nuevo contacto, no solo las que nosotros hemos introducido.

Los permisos requeridos para leer y escribir contactos, que deben introducirse en el fichero `AndroidManifest.xmlm`, son los siguientes:

```
<uses-permission
        android:name="android.permission.READ_CONTACTS"/>
<uses-permission
        android:name="android.permission.WRITE_CONTACTS"/>
```

Figura 10.4. Aplicación para añadir contactos ejecutada en un teléfono Samsung Galaxy S.

Para esta aplicación usaremos la interfaz de usuario definida en el siguiente fichero `main.xml`.

```xml
<?xml version="1.0" encoding="utf-8"?>

<LinearLayout
xmlns:android="http://schemas.android.com/apk/res/android"
          android:id="@+id/linearLayout1"
          android:orientation="vertical"
          android:layout_width="fill_parent"
          android:layout_height="fill_parent" >

   <LinearLayout
       android:background="#ffddee"
       android:orientation="horizontal"
       android:layout_width="fill_parent"
       android:layout_height="wrap_content" >

    <Button
        android:id="@+id/button1"
        android:layout_width="wrap_content"
        android:layout_height="wrap_content"
        android:text="Añadir contacto" />

   <TextView
       android:textColor="#000000"
       android:layout_width="wrap_content"
       android:layout_height="wrap_content"
       android:text="By J.E. Amaro 2012" />
  </LinearLayout>

   <ScrollView
        android:layout_width="fill_parent"
        android:layout_height="wrap_content"
        android:background="#440044" >

     <LinearLayout
       android:orientation="vertical"
       android:layout_width="fill_parent"
       android:layout_height="wrap_content" >

     <TextView
        android:id="@+id/textView1"
        android:layout_width="fill_parent"
        android:layout_height="wrap_content"
        android:text="Nombre:" />
```

```xml
    <EditText
       android:id="@+id/editText1"
       android:layout_width="fill_parent"
       android:layout_height="wrap_content">
    </EditText>

    <TextView
       android:id="@+id/textView2"
       android:layout_width="fill_parent"
       android:layout_height="wrap_content"
       android:text="Teléfono Móvil:" />

    <EditText
       android:id="@+id/editText2"
       android:layout_width="fill_parent"
       android:layout_height="wrap_content">
    </EditText>

    <TextView
       android:id="@+id/textView3"
       android:layout_width="fill_parent"
       android:layout_height="wrap_content"
       android:text="Teléfono casa:" />

    <EditText
       android:id="@+id/editText3"
       android:layout_width="fill_parent"
       android:layout_height="wrap_content">
    </EditText>

    <TextView
       android:id="@+id/textView4"
       android:layout_width="fill_parent"
       android:layout_height="wrap_content"
       android:text="email:" />

    <EditText
       android:id="@+id/editText4"
       android:layout_width="fill_parent"
       android:layout_height="wrap_content">
    </EditText>

</LinearLayout>
</ScrollView>

<ScrollView
     android:layout_width="fill_parent"
     android:layout_height="fill_parent"
```

```xml
            android:background="#ffaaee" >

    <LinearLayout
        android:orientation="vertical"
        android:layout_width="fill_parent"
        android:layout_height="wrap_content" >

      <TextView
          android:id="@+id/textView"
          android:layout_width="fill_parent"
          android:layout_height="wrap_content"
          android:textColor="#000000"
          android:text="Información" />

      </LinearLayout>
   </ScrollView>
</LinearLayout>
```

Esta aplicación se ha estructurado definiendo dos métodos: `inserta` y `muestraRegistro`. Al pulsar el botón, se llama al primer método para insertar el contacto.

```
inserta(nombre,movil,casa,email);
```

El segundo método toma como argumento el URI del dato introducido, busca el registro en la tabla correspondiente y escribe en pantalla las columnas no vacías.

El método `inserta` tiene cinco secciones. En la primera se inserta un nuevo contacto en la tabla `raw data`.

```
values.put(RawContacts.ACCOUNT_TYPE, null);
values.put(RawContacts.ACCOUNT_NAME, null);
Uri uriRawItem = getContentResolver().insert(
                                    uriRaw, values);
rawContactId = ContentUris.parseId(uriRawItem);
```

Nótese que solo insertamos datos en las columnas `account type` y `account name`, y ambos son null. Posteriormente, el proveedor de contenidos se encargará de modificar estos valores al tipo y nombre correctos. El resultado de la inserción se almacena en el URI `uriRawItem`, que contiene el id del nuevo contacto en el último segmento `/id`. Este número será necesario para introducir los datos, así que lo extraemos mediante el método `ContentUris.parseId`, que sirve para este fin.

A continuación, se introduce el nombre del contacto en la columna `display name` de la tabla `data`.

```
values.clear();
values.put(ContactsContract.Data.RAW_CONTACT_ID,
                                    rawContactId);
values.put(Data.MIMETYPE,
            StructuredName.CONTENT_ITEM_TYPE);
values.put(StructuredName.DISPLAY_NAME,nombre);
Uri uriNombre= getContentResolver().insert(
                                    uriData, values);
```

La información sobre esta columna está almacenada en la clase

`ContactsContract.CommonDataKinds.StructuredName;`

Nótese que el tipo MIME de este dato se indica mediante la constante

`StructuredName.CONTENT_ITEM_TYPE`

Para introducir los demás datos, se procede de forma similar. Cada vez que se introduce un dato, se llama al método `muestraRegistro`, que se encarga de escribir los contenidos no nulos del nuevo URI. Al ejecutar el programa, veremos que el proveedor de contactos se ha encargado de llenar columnas adicionales automáticamente.

El programa `AddContact.java` es el siguiente:

```
package es.ugr.amaro.addcontact;

import android.app.Activity;
import android.content.ContentUris;
import android.content.ContentValues;
import android.database.Cursor;
import android.net.Uri;
import android.os.Bundle;
import android.provider.ContactsContract;
import
    android.provider.ContactsContract.CommonDataKinds.Email;
import
    android.provider.ContactsContract.CommonDataKinds.Phone;
import
  android.provider.ContactsContract.CommonDataKinds.StructuredName;
import android.provider.ContactsContract.Data;
import android.provider.ContactsContract.RawContacts;
import android.view.View;
import android.view.View.OnClickListener;
import android.view.inputmethod.InputMethodManager;
import android.widget.Button;
import android.widget.EditText;
import android.widget.TextView;
```

```java
public class AddContactActivity extends Activity
                        implements OnClickListener{

    TextView tv;
    EditText edit1,edit2,edit3,edit4;

    @Override
    public void onCreate(Bundle savedInstanceState) {
        super.onCreate(savedInstanceState);
        setContentView(R.layout.main);
        tv=(TextView) findViewById(R.id.textView);
        edit1=(EditText) findViewById(R.id.editText1);
        edit2=(EditText) findViewById(R.id.editText2);
        edit3=(EditText) findViewById(R.id.editText3);
        edit4=(EditText) findViewById(R.id.editText4);
        Button boton1=(Button) findViewById(R.id.button1);
        boton1.setOnClickListener(this);
    }

    @Override
    public void onClick(View v) {

      String nombre=edit1.getText().toString().trim();
      String movil =edit2.getText().toString().trim();
      String casa  =edit3.getText().toString().trim();
      String email =edit4.getText().toString().trim();

      // ---esconde el teclado o SoftInput
      // que  se puede quedar desplegado
      InputMethodManager manager
        =(InputMethodManager)this.getSystemService(
                                INPUT_METHOD_SERVICE);
      manager.hideSoftInputFromWindow(v.getWindowToken(), 0);

      tv.setText("Insertando contacto "+nombre+", "
                    +movil+", "+casa+", "+email);
      inserta(nombre,movil,casa,email);
      edit1.setText("");
      edit2.setText("");
      edit3.setText("");
      edit4.setText("");

    } //---end onClick

    public void inserta(String nombre,String movil,
                    String casa, String email){
```

```java
    ContentValues values=new ContentValues();
    long rawContactId=0;
    Uri uriRaw=ContactsContract.RawContacts.CONTENT_URI;
    Uri uriData=ContactsContract.Data.CONTENT_URI;

   // inserta raw_contact
   if(nombre.length()>0){

      values.clear();
      values.put(RawContacts.ACCOUNT_TYPE, null);
      values.put(RawContacts.ACCOUNT_NAME, null);
      Uri uriRawItem = getContentResolver().insert(
                                    uriRaw, values);
      rawContactId = ContentUris.parseId(uriRawItem);
      tv.append(
          "\n\n*Paso 1...\nInsertado nuevo RAW_CONTACT");
      muestraRegistro(uriRawItem);
   }

// inserta nombre
if(nombre.length()>0 && rawContactId !=0){

   values.clear();
   values.put(ContactsContract.Data.RAW_CONTACT_ID,
                                    rawContactId);
   values.put(Data.MIMETYPE,
              StructuredName.CONTENT_ITEM_TYPE);
   values.put(StructuredName.DISPLAY_NAME,nombre);
   Uri uriNombre= getContentResolver().insert(
                                  uriData, values);
   tv.append(
     "\n\n**Paso 2...\nInsertado nombre del contacto");
   muestraRegistro(uriNombre);
}

// inserta teléfono móvil
if(movil.length()>0 && rawContactId !=0){
   values.clear();
   values.put(ContactsContract.Data.RAW_CONTACT_ID,
                                    rawContactId);
   values.put(ContactsContract.Data.MIMETYPE,
                         Phone.CONTENT_ITEM_TYPE);
   values.put(Phone.NUMBER, movil);
   values.put(Phone.TYPE, Phone.TYPE_MOBILE);
   Uri uriMovil= getContentResolver().insert(
                                 uriData, values);
   tv.append(
       "\n\n***Paso 3...\nInsertado teléfono movil");
```

```
            muestraRegistro(uriMovil);
   }

   // inserta teléfono de domicilio
   if(casa.length()>0 && rawContactId !=0){
      values.clear();
      values.put(ContactsContract.Data.RAW_CONTACT_ID,
                                      rawContactId);
      values.put(ContactsContract.Data.MIMETYPE,
                           Phone.CONTENT_ITEM_TYPE);
      values.put(Phone.NUMBER, casa);
      values.put(Phone.TYPE, Phone.TYPE_HOME);
      Uri uriCasa= getContentResolver().insert(
                                    uriData, values);
      tv.append(
      "\n\n****Paso 4...\nInsertado teléfono del domicilio");
      muestraRegistro(uriCasa);
   }

   // inserta email
   if(email.length()>0 && rawContactId !=0){
      values.clear();
      values.put(ContactsContract.Data.RAW_CONTACT_ID,
                                      rawContactId);
      values.put(ContactsContract.Data.MIMETYPE,
                           Email.CONTENT_ITEM_TYPE);
      values.put(Data.DATA1, email);
      Uri uriEmail= getContentResolver().insert(
                                    uriData, values);
      tv.append("\n\n****Paso 5...\nInsertado email");
      muestraRegistro(uriEmail);
   }

} //---end inserta

void muestraRegistro(Uri uri) {

      tv.append(
      "\n\n Mostrando registros no nulos del URI:\n"+uri);
      Cursor cursor=getContentResolver().query(
                           uri,null,null,null,null);
      String[] columnas1=cursor.getColumnNames();
      int ncolumnas=columnas1.length;
      cursor.moveToFirst();
      for(int i=0;i<ncolumnas;i++){
         String columna=cursor.getString(i);
         if(columna != null)
            tv.append("\n"+i+":"+columnas1[i]
```

```
                    +"="+cursor.getString(i));
        }
   }//--- end muestraRegistro
}
```

Para terminar, nótese que en el método onClick hemos utilizado el método `hideSoftInputFromWindow` de la clase `InputMethodManager`, para ocultar el teclado «virtual» desplegado por el sistema.

```
InputMethodManager manager=(InputMethodManager)
             this.getSystemService(INPUT_METHOD_SERVICE);
manager.hideSoftInputFromWindow(v.getWindowToken(), 0);
```

Esto resulta conveniente para estar seguros de que el teclado se oculta tras pulsar el botón. En caso contrario, tendríamos que pulsar la tecla *Back* para cerrarlo y poder ver así la parte inferior de la pantalla.

10.5. Otros proveedores de contenidos

Los proveedores nativos de Android incluyen: registro de llamadas, ajustes del sistema, bookmarks y búsquedas del navegador, archivos de audio, videos, fotografías, etc. A continuación construimos una aplicación con once botones para consultar los contenidos de algunas de las tablas de estos proveedores. Para simplificar la escritura, almacenamos la lista de los URI en un array.

```
    Uri[] uri={
        CallLog.Calls.CONTENT_URI,
        Settings.System.CONTENT_URI,
        Settings.Secure.CONTENT_URI,
        Browser.BOOKMARKS_URI,
        Browser.SEARCHES_URI,
        MediaStore.Audio.Media.EXTERNAL_CONTENT_URI,
        MediaStore.Audio.Media.INTERNAL_CONTENT_URI,
        MediaStore.Images.Media.EXTERNAL_CONTENT_URI,
        MediaStore.Images.Media.INTERNAL_CONTENT_URI,
        MediaStore.Video.Media.EXTERNAL_CONTENT_URI,
        MediaStore.Video.Media.INTERNAL_CONTENT_URI,
    };
```

De esta forma, en el siguiente programa `ExploraActivity.java` solo tenemos que llamar al método

```
muestraTabla( uri[i] )
```

para mostrar la tabla correspondiente. Utilizaremos la siguiente interfaz de usuario, que incluye un `HorizontalScrollView` para poder mostrar en pantalla una fila de once botones que se desliza horizontalmente.

```xml
<?xml version="1.0" encoding="utf-8"?>
<LinearLayout
xmlns:android="http://schemas.android.com/apk/res/android"
    android:background="#ffffcc"
    android:layout_width="fill_parent"
    android:layout_height="fill_parent"
    android:orientation="vertical" >

<HorizontalScrollView
    android:layout_width="wrap_content"
    android:layout_height="wrap_content"
    android:orientation="horizontal" >

<LinearLayout
    android:background="#dddd99"
    android:layout_width="wrap_content"
    android:layout_height="wrap_content"
    android:orientation="horizontal" >

    <Button
        android:id="@+id/button0"
        android:layout_width="wrap_content"
        android:layout_height="wrap_content"
        android:text="CallLog \n calls" />
    <Button
        android:id="@+id/button1"
        android:layout_width="wrap_content"
        android:layout_height="wrap_content"
        android:text="Settings\n System" />
    <Button
        android:id="@+id/button2"
        android:layout_width="wrap_content"
        android:layout_height="wrap_content"
        android:text="Settings \n secure" />
    <Button
        android:id="@+id/button3"
        android:layout_width="wrap_content"
        android:layout_height="wrap_content"
        android:text="Browser \n bookmarks" />
    <Button
        android:id="@+id/button4"
        android:layout_width="wrap_content"
```

```xml
            android:layout_height="wrap_content"
            android:text="Browser \n searches" />

    <Button
        android:id="@+id/button5"
        android:layout_width="wrap_content"
        android:layout_height="wrap_content"
        android:text="Audio media \n external" />
    <Button
        android:id="@+id/button6"
        android:layout_width="wrap_content"
        android:layout_height="wrap_content"
        android:text="Audio media \ninternal" />
    <Button
        android:id="@+id/button7"
        android:layout_width="wrap_content"
        android:layout_height="wrap_content"
        android:text="Images media \nexternal" />
    <Button
        android:id="@+id/button8"
        android:layout_width="wrap_content"
        android:layout_height="wrap_content"
        android:text="Images media \ninternal" />

    <Button
        android:id="@+id/button9"
        android:layout_width="wrap_content"
        android:layout_height="wrap_content"
        android:text="Video media \nexternal" />
    <Button
        android:id="@+id/button10"
        android:layout_width="wrap_content"
        android:layout_height="wrap_content"
        android:text="Video media \ninternal" />

</LinearLayout>
</HorizontalScrollView>

<TextView
        android:id="@+id/textView1"
        android:background="#dddd99"
        android:textColor="#000000"
        android:textSize="18sp"
        android:textStyle="bold"
        android:layout_width="fill_parent"
        android:layout_height="wrap_content"
        android:text="Explora las tablas" />
```

```xml
<ScrollView
    android:layout_width="fill_parent"
    android:layout_height="fill_parent" >

    <TextView
        android:id="@+id/textView"
        android:textColor="#000000"
        android:textSize="18sp"
        android:layout_width="fill_parent"
        android:layout_height="wrap_content"
        android:text="Proveedores de contenidos" />

</ScrollView>
</LinearLayout>
```

A continuación se detalla la actividad `ExploraActivity.java`. En el método `muestraTabla` se escriben en pantalla el URI de la tabla, los nombres de todas las columnas y, después, los contenidos de todas las filas del Cursor. De nuevo, el número de columnas puede depender de la versión de Android y del dispositivo. El lector queda avisado de que el listado generado por este programa para algunas tablas puede ser algo extenso. En la figura 10.5. se pueden ver algunas capturas de pantalla con los contenidos de la tabla de ajustes del sistema.

```java
package es.ugr.amaro.explora;

import android.app.Activity;
import android.database.Cursor;
import android.net.Uri;
import android.os.Bundle;
import android.provider.Browser;
import android.provider.CallLog;
import android.provider.MediaStore;
import android.provider.Settings;
import android.view.View;
import android.view.View.OnClickListener;
import android.widget.Button;
import android.widget.TextView;

public class ExploraActivity extends Activity
                        implements OnClickListener {
    TextView tv,tv1;
    int nbotones;
    Uri[] uri={
        CallLog.Calls.CONTENT_URI,
        Settings.System.CONTENT_URI,
        Settings.Secure.CONTENT_URI,
        Browser.BOOKMARKS_URI,
        Browser.SEARCHES_URI,
```

```java
            MediaStore.Audio.Media.EXTERNAL_CONTENT_URI,
            MediaStore.Audio.Media.INTERNAL_CONTENT_URI,
            MediaStore.Images.Media.EXTERNAL_CONTENT_URI,
            MediaStore.Images.Media.INTERNAL_CONTENT_URI,
            MediaStore.Video.Media.EXTERNAL_CONTENT_URI,
            MediaStore.Video.Media.INTERNAL_CONTENT_URI,
    };

    String[] tabla={"CallLog Calls",
                "Settings System",
                "Settings secure",
                "Browser bookmarks",
                "Browser searches",
                "Audio media external",
                "Audio media internal",
                "Images media external",
                "Images media internal",
                "Video media external",
                "Video media internal"
    };

    int[] idBoton= {R.id.button0,R.id.button1,R.id.button2,
                    R.id.button3,R.id.button4,R.id.button5,
                    R.id.button6,R.id.button7,R.id.button8,
                    R.id.button9,R.id.button10};

/** Called when the activity is first created. */
 @Override
 public void onCreate(Bundle savedInstanceState) {
     super.onCreate(savedInstanceState);
     setContentView(R.layout.main);
     tv=(TextView) findViewById(R.id.textView);
     tv1=(TextView) findViewById(R.id.textView1);

     nbotones=idBoton.length;
     Button[] boton=new Button[nbotones];

     for (int i=0;i<nbotones;i++){
        boton[i]=(Button) findViewById(idBoton[i]);
        boton[i].setOnClickListener(this);
     }
 }

@Override
public void onClick(View v) {

   int id=v.getId();
   for (int i=0;i<nbotones;i++){
```

```
            if(id==idBoton[i]){
               muestraTabla(uri[i]);
               tv1.setText("Tabla "+tabla[i]);
            }
         }
      }

      void muestraTabla(Uri uri){

            tv.setText("URI tabla:\n"+uri);
            Cursor cursor=getContentResolver().query(uri,
                                        null,null,null,null);
            String[] columnas= cursor.getColumnNames();
            int ncolumnas=columnas.length;
            for (int i=0;i<ncolumnas;i++){
                tv.append("\n"+i+" : "+columnas[i]);
            }

            String columna;
            int nfilas=cursor.getCount();
            tv.append("\nNumero de filas:"+nfilas);
            cursor.moveToFirst();
            for (int i=0;i<nfilas;i++){
                tv.append("\n");
                for(int j=0;j<ncolumnas;j++){
                    try{ columna=cursor.getString(j);}
                    catch(Exception e){ columna="unreadable";}
                    tv.append(" : "+columna);
                }
             cursor.moveToNext();
            }
         }
}
```

Para leer la tabla de bookmarks se requiere el siguiente permiso en el fichero AndroidManifest:

```
<uses-permission android:name=
"com.android.browser.permission.READ_HISTORY_BOOKMARKS"/>
```

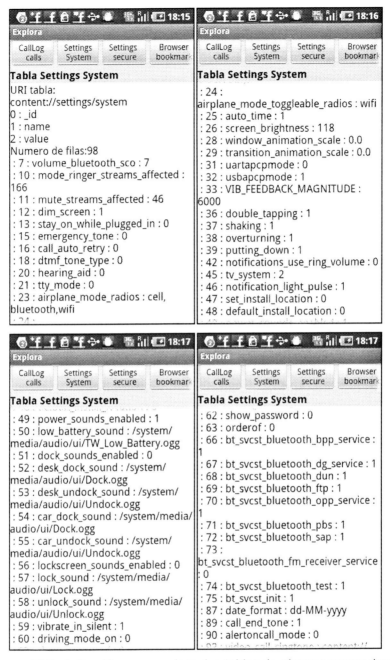

Figura 10.5. Aplicación para explorar las tablas de algunos proveedores de contenidos en un teléfono Samsung Galaxy S.

10.6. Implementación de un ContentProvider

En esta sección crearemos nuestro propio proveedor de contenidos que contenga una base de datos SQLite que será accesible desde otras aplicaciones. Para ello debemos incluir en nuestra aplicación una clase que implemente la clase abstracta `ContentProvider`.

En el siguiente ejemplo creamos una aplicación que contiene dos programas Java: una actividad `OperasProviderActivity.java` y un proveedor de contenidos `OperasProvider.java`. Este se declara como provider en el AndroidManifest

```
<provider
    android:name="OperasProvider"
    android:authorities="es.ugr.amaro.provider.operas">
</provider>
```

Aquí también declaramos la autoridad que aparecerá en su dirección URI, que debe ser única. En este caso la autoridad es

`es.ugr.amaro.provider.operas`

El fichero `AndroidManifest.xml` de nuestra aplicación queda como sigue:

```
<?xml version="1.0" encoding="utf-8"?>
<manifest
xmlns:android="http://schemas.android.com/apk/res/android"
    package="es.ugr.amaro.operasprovider"
    android:versionCode="1"
    android:versionName="1.0" >

    <uses-sdk android:minSdkVersion="7" />

    <application
        android:icon="@drawable/ic_launcher"
        android:label="@string/app_name" >

        <activity
            android:name=".OperasProviderActivity"
            android:label="@string/app_name" >
            <intent-filter>
            <action
                android:name="android.intent.action.MAIN"/>
            <category
            android:name="android.intent.category.LAUNCHER"/>
```

```xml
            </intent-filter>
        </activity>

        <provider android:name="OperasProvider"
          android:authorities="es.ugr.amaro.provider.operas">
        </provider>
    </application>
</manifest>
```

A continuación definimos la clase `OperasProvider`, que extiende a `ContentProvider`, en el fichero `OperasProvider.java`. Esta clase debe implementar los métodos `onCreate`, `insert`, `query`, `delete`, `getType` y `update`. En este sencillo ejemplo solo implementamos lo indispensable para que podamos consultar la tabla `operas` de la base de datos SQLite `operas.db`, insertar y borrar filas. En el método `onCreate` abrimos la base de datos y creamos la tabla, si no existe. En los otros métodos simplemente usamos los métodos `insert`, `query` y `delete` para realizar estas acciones sobre la base de datos, cuando se requiera. El resto de los métodos los dejamos vacíos. Adicionalmente, en el método `insert`, devolvemos el URI de la nueva fila cada vez que se crea una. Con este proveedor, el URI de la tabla `operas` será

`content://es.ugr.amaro.provider.operas/operas`

El URI de la fila 1 debería ser

`content://es.ugr.amaro.provider.operas/operas/1`

Sin embargo, en este ejemplo no hemos implementado la posibilidad de consultar una fila individual por su URI.

```java
package es.ugr.amaro.operasprovider;

import android.content.ContentProvider;
import android.content.ContentValues;
import android.content.Context;
import android.database.Cursor;
import android.database.sqlite.SQLiteDatabase;
import android.net.Uri;

public class OperasProvider extends ContentProvider{

    SQLiteDatabase db;
    @Override
    public boolean onCreate() {

        Context context=getContext();
        db=context.openOrCreateDatabase("operas.db",0, null);
```

```java
        if(db==null) return false;
        db.execSQL("create table if not exists "
            +"operas (_id integer primary key autoincrement, "
            +" titulo text, "
            +" compositor text, year integer);");
        return true;
    }

    @Override
    public Uri insert(Uri uri, ContentValues values) {

        long fila=db.insert("operas","", values);
        Uri uri1=Uri.withAppendedPath(uri, ""+fila);
        return uri1;
    }

    @Override
    public Cursor query(Uri uri, String[] projection,
                            String selection,
                            String[] selectionArgs,
                            String sortOrder) {

        Cursor cursor=db.query("operas", projection,
            selection, selectionArgs, null, null, sortOrder);
        return cursor;
    }

    @Override
    public int delete(Uri uri, String whereClause,
                            String[] whereArgs) {

        return db.delete("operas", whereClause, whereArgs);
    }

    @Override
    public String getType(Uri uri) {

        return "MIME no definidos en amaro.provider.operas";
    }

    @Override
    public int update(Uri uri, ContentValues values,
                    String selection, String[] selectionArgs) {

        return 0;
    }

}
```

En este ejemplo hemos abierto la base de datos directamente en onCreate usando `Context.openOrCreateDatabase`. Alternativamente, podría haberse utilizado un objeto `SQLiteOpenHelper` para gestionar la base de datos. Para ello habría que sustituir el método onCreate anterior por lo siguiente:

```
    private static class DatabaseHelper 
                        extends SQLiteOpenHelper{

        public DatabaseHelper(Context context) {
            super(context, "operas.db", null,1);
        }

        @Override
        public void onCreate(SQLiteDatabase db) {
            db.execSQL("create table if not exists "
            +"operas (id integer primary key autoincrement, "
             +"titulo text, "
             +" compositor text, year integer);");
        }

        @Override
        public void onUpgrade(SQLiteDatabase db,
                        int  oldVersion, int newVersion) {
        }
    }

    @Override
    public boolean onCreate() {
        Context context=getContext();
        DatabaseHelper dbHelper=new DatabaseHelper(context);
        db=dbHelper.getWritableDatabase();
        return (db==null)? false : true;
    }
```

Eligiendo cualquiera de las dos opciones anteriores, ya se puede utilizar nuestro proveedor, tanto desde nuestra aplicación como desde una aplicación externa. A continuación, para insertar filas y consultar la base de datos, modificamos la actividad `OperasProviderActivity.java`. Utilizamos la siguiente interfaz de usuario en el fichero `main.xml`, con tres campos de texto editables, un botón y un ScrollView.

```xml
<?xml version="1.0" encoding="utf-8"?>
<LinearLayout
xmlns:android="http://schemas.android.com/apk/res/android"
    android:layout_width="fill_parent"
    android:layout_height="fill_parent"
    android:orientation="vertical"
    android:background="#ddffdd" >
```

```xml
<TextView
    android:textSize="18sp"
    android:textColor="#000000"
    android:layout_width="fill_parent"
    android:layout_height="wrap_content"
    android:text="Compositor" />

<EditText
    android:id="@+id/editText1"
    android:layout_width="fill_parent"
    android:layout_height="wrap_content" >
</EditText>

<TextView
    android:textSize="18sp"
    android:textColor="#000000"
    android:layout_width="fill_parent"
    android:layout_height="wrap_content"
    android:text="Título" />

<EditText
    android:id="@+id/editText2"
    android:layout_width="fill_parent"
    android:layout_height="wrap_content" >
</EditText>

<TextView
    android:textSize="18sp"
    android:textColor="#000000"
    android:layout_width="fill_parent"
    android:layout_height="wrap_content"
    android:text="Año de estreno" />

<EditText
    android:id="@+id/editText3"
    android:layout_width="fill_parent"
    android:layout_height="wrap_content" >
</EditText>

<Button
    android:id="@+id/button1"
    android:layout_width="wrap_content"
    android:layout_height="wrap_content"
    android:text="Insertar la ópera" />

<ScrollView
    android:background="#bbff99"
```

```xml
        android:layout_width="fill_parent"
        android:layout_height="wrap_content" >

    <TextView
        android:id="@+id/textView"
        android:textSize="14sp"
        android:textColor="#000000"
        android:layout_width="fill_parent"
        android:layout_height="wrap_content"
        android:text="Proveedor de óperas vacío" />

    </ScrollView>

</LinearLayout>
```

A continuación se detalla el programa `OperasProviderActivity.java`. Se utiliza un `ContentResolver` y el método `getContentResolver()`, para acceder a la base de datos con el URI

`content://es.ugr.amaro.provider.operas/operas`

En el método `onClick` se inserta una fila al pulsar el botón. Hemos introducido un método `showTable`, donde se consulta la base de datos y se escribe el resultado en pantalla. En la figura 10.6. se muestra el resultado de ejecutar esta aplicación en un teléfono Samsung Galaxy S.

```java
package es.ugr.amaro.operasprovider;

import android.app.Activity;
import android.content.ContentResolver;
import android.content.ContentValues;
import android.database.Cursor;
import android.net.Uri;
import android.os.Bundle;
import android.view.View;
import android.view.View.OnClickListener;
import android.view.inputmethod.InputMethodManager;
import android.widget.Button;
import android.widget.EditText;
import android.widget.TextView;
import android.widget.Toast;

public class OperasProviderActivity extends Activity
                                    implements OnClickListener{

    EditText et1,et2,et3;
    String compositor,titulo,year;
    Uri uri=Uri.parse(
```

```java
                "content://es.ugr.amaro.provider.operas/operas");
    TextView tv;

    @Override
    public void onCreate(Bundle savedInstanceState) {
         super.onCreate(savedInstanceState);
         setContentView(R.layout.main);
         tv=(TextView) findViewById(R.id.textView);
         Button boton=(Button) findViewById(R.id.button1);
         boton.setOnClickListener(this);
         tv.setText("");
         showTable();
    }

    @Override
    public void onClick(View v) {

         et1=(EditText) findViewById(R.id.editText1);
         et2=(EditText) findViewById(R.id.editText2);
         et3=(EditText) findViewById(R.id.editText3);
         compositor =et1.getText().toString();
         titulo=et2.getText().toString();
         year=et3.getText().toString();

         int lon1=compositor.length();
         int lon2=titulo.length();

         if(lon1*lon2 >0){

           ContentValues values=new ContentValues();
           values.put("compositor",compositor);
           values.put("titulo", titulo);
           values.put("year", year);
           Uri urinew
              =getContentResolver().insert(uri, values);
           tv.setText("Insertado uri="+urinew);
           tv.append("\n"+compositor+" "+titulo+" "+year);
           showTable();

           et1.setText("");
           et2.setText("");
           et3.setText("");

        // ---esconde el teclado o SoftInput
           InputMethodManager manager=(InputMethodManager)
               this.getSystemService(INPUT_METHOD_SERVICE);
           manager.hideSoftInputFromWindow(
                                  v.getWindowToken(), 0);
```

```java
        }else
     Toast.makeText(this,
         "Debe insertar compositor y título", 0).show();
    }

    void showTable(){

        String mime = getContentResolver().getType(uri);
        tv.append("\nTipo="+mime);

        Cursor cursor = getContentResolver().query(uri,
                            null,null,null,null);
        String[] columnas=cursor.getColumnNames();
        int ncolumnas=columnas.length;
        tv.append("\nTabla de operas, columnas="+ncolumnas);
        int nfilas=cursor.getCount();
        tv.append(", filas="+nfilas);

        if(nfilas>0){

            cursor.moveToFirst();
            String id,compositor,titulo,year;

            for (int i=0;i<nfilas;i++){

              id=cursor.getString(0);
              compositor=cursor.getString(1);
               titulo=cursor.getString(2);
                year=cursor.getString(3);
                tv.append("\n"+id+" : "+compositor+" : "
                        +titulo+" : "+year);
                cursor.moveToNext();
            }
        }
    }
}
```

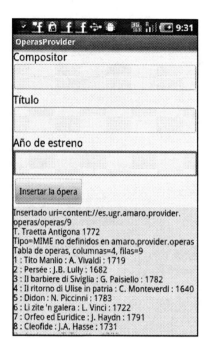

Figura 10.6. Un proveedor de contenidos con una base de datos, que además permite introducir datos y consultar la tabla. Captura de pantalla de un teléfono Samsung Galaxy S.

10.7. Acceso externo a nuestro ContentProvider

El paso final para comprobar que nuestro proveedor de contenidos OperasProvider funciona correctamente, es acceder a su base de datos desde una aplicación externa, usando el URI

content://es.ugr.amaro.provider.operas/operas

En esta sección realizamos una aplicación, denominada *Operas*, para consultar la base de datos operas.db del proveedor y mostrar los contenidos de la tabla operas en pantalla. También comprobaremos que la tabla se puede manipular desde el exterior, añadiendo la funcionalidad de borrar una fila de la lista al pulsar un ítem.

Usamos la siguiente interfaz de usuario en el fichero `main.xml`:

```xml
<?xml version="1.0" encoding="utf-8"?>
<LinearLayout
xmlns:android="http://schemas.android.com/apk/res/android"
    android:layout_width="fill_parent"
    android:layout_height="fill_parent"
    android:orientation="vertical"
    android:background="#ffffaa" >

    <TextView
        android:id="@+id/textView"
        android:textColor="#000000"
        android:textSize="16sp"
        android:layout_width="fill_parent"
        android:layout_height="wrap_content"
        android:text="Tabla de óperas. Sólo borrar. \n
        Para insertar ejecute OperasProvider" />

    <ListView
        android:id="@+id/listView1"
        android:layout_width="fill_parent"
        android:layout_height="wrap_content" >
    </ListView>

</LinearLayout>
```

El fichero `fila.xml` con el layout de nuestro ListView es el siguiente. Se usa un `SimpleCursorAdapter` para ligar un Cursor a este layout.

```xml
<?xml version="1.0" encoding="utf-8"?>
<LinearLayout
xmlns:android="http://schemas.android.com/apk/res/android"
    android:layout_width="fill_parent"
    android:layout_height="fill_parent"
    android:orientation="vertical"
    android:background="#ffffff" >

    <TextView
        android:id="@+id/textView1"
        android:textSize="20sp"
        android:textColor="#000000"
        android:textStyle="bold"
        android:layout_width="fill_parent"
        android:layout_height="wrap_content"
        android:text="@string/hello" />
    <TextView
        android:id="@+id/textView2"
```

```xml
            android:textSize="20sp"
            android:textColor="#000000"
            android:layout_width="fill_parent"
            android:layout_height="wrap_content"
            android:text="@string/hello" />
    <TextView
            android:id="@+id/textView3"
            android:textSize="18sp"
            android:textColor="#000000"
            android:layout_width="fill_parent"
            android:layout_height="wrap_content"
            android:text="@string/hello" />

</LinearLayout>
```

A continuación se detalla el programa `OperasActivity.java`. El método `mostrarTabla` consulta la tabla `operas` de nuestro proveedor OperasProvider, usando el URI que hemos proporcionado en la sección anterior.

```
Uri uri=Uri.parse(
        "content://es.ugr.amaro.provider.operas/operas");
```

Esta consulta devuelve un objeto de tipo Cursor. Las tres columnas que nos interesan del Cursor son: `titulo`, `compositor` y `year`. Estas columnas se muestran en pantalla usando un ListView. Para ello se define un `SimpleCursorAdapter`, que liga los contenidos de las columnas del Cursor a los tres TextView que están en el fichero de layout `fila.xml`.

También hemos implementado el método `OnItemLongClickListener` para que, al pulsar un ítem, se abra un diálogo con dos botones. El contenido del diálogo se define en `onCreateDialog` (ver capítulo 6). Este incluye dos botones. Al pulsar el primero, se borra el contenido del ítem de la base de datos. El borrado está implementado en el método `onClick` de la interfaz `DialogInterface.OnClickListener`, al final del programa.

Este programa solo permite borrar. Para introducir los datos hemos usado el programa `OperasProvider` realizado en la sección anterior. En la figura 10.7. se muestran las capturas de pantalla con el resultado.

```
package es.ugr.amaro.operas;

import android.app.Activity;
import android.app.AlertDialog;
import android.app.AlertDialog.Builder;
import android.app.Dialog;
import android.content.DialogInterface;
import android.database.Cursor;
```

```java
import android.net.Uri;
import android.os.Bundle;
import android.view.View;
import android.widget.AdapterView;
import android.widget.AdapterView.OnItemLongClickListener;
import android.widget.ListView;
import android.widget.SimpleCursorAdapter;
import android.widget.TextView;

public class OperasActivity extends Activity
                        implements OnItemLongClickListener{

    Uri uri=Uri.parse(
        "content://es.ugr.amaro.provider.operas/operas");
    TextView tv;
    ListView lv;
    long id_borrar=-1;

    @Override
    public void onCreate(Bundle savedInstanceState) {
        super.onCreate(savedInstanceState);
        setContentView(R.layout.main);
        tv=(TextView) findViewById(R.id.textView);
        lv=(ListView) findViewById(R.id.listView1);
        mostrarTabla();
    }

    void mostrarTabla(){

        Cursor cursor=getContentResolver().query(
                    uri,null, null, null, null);
        String[] from={"Titulo","Compositor","year"};
        int[] to={R.id.textView1,R.id.textView2,
                R.id.textView3};
        SimpleCursorAdapter adapter
            =new SimpleCursorAdapter(this,
                    R.layout.fila, cursor, from, to);
        lv.setAdapter(adapter);
        lv.setOnItemLongClickListener(this);
    }

    @Override
    public boolean onItemLongClick(AdapterView<?> arg0,
                        View arg1, int arg2, long arg3) {

        tv.setText("Seleccionado elemento "+arg2);
        id_borrar=arg3;
        showDialog(0);
```

```java
            return false;
        }

        @Override
        protected Dialog onCreateDialog(int id){

            DListener listener=new DListener();
            Dialog dialogo=null;
            Builder builder=new AlertDialog.Builder(this);
            builder.setTitle("Borrar elemento");
            builder.setMessage("Está seguro? ");
            builder.setPositiveButton("Borrar", listener);
            builder.setNegativeButton("Cancelar", listener);
            dialogo=builder.create();
            return dialogo;
        }

        class DListener implements
                        DialogInterface.OnClickListener{

        @Override
        public void onClick(DialogInterface dialog,
                                            int which) {

            if(which==DialogInterface.BUTTON_POSITIVE){
                getContentResolver().delete(uri,
                                    "_id="+id_borrar,null);
                mostrarTabla();
            }
        }
    }
}
```

Figura 10.7. Una aplicación que accede a nuestro proveedor de contenidos, consultando la tabla y pudiendo borrar registros al presionar sobre un ítem. Ejecutado en un teléfono Samsung Galaxy S.

10.8. La clase UriMatcher

El proveedor de contenidos que hemos implementado es muy sencillo, pues su base de datos solo contiene una tabla con cuatro columnas. Es posible programar proveedores más complejos que permitan el acceso a diversos contenidos, repartidos en varias tablas, subtablas o ítems individuales, cada uno con su propio URI. Un URI general queda especificado por su estructura de segmentos. Al programar nuestro proveedor de contenidos, tenemos libertad para estructurarlo como mejor nos convenga. Por ejemplo, una tabla podría especificarse con un segmento

```
/tabla
```

una subtabla con dos segmentos

```
/tabla/subtabla
```

y un ítem de una tabla con un segmento final que contenga el índice de la fila

```
/tabla/item
/tabla/subtabla/item
```

Al implementar un método del `ContentProvider` que recibe como argumento un URI, se procede en dos pasos. Primero examinamos la estructura de segmentos del URI para, después, determinar qué tabla o elemento se está requiriendo.

Esto podría hacerse directamente comparando los segmentos del URI proporcionado, con los segmentos que nosotros hemos establecido. Para facilitar esta labor, la clase URI proporciona el método `getPathSegments`, que extrae los segmentos en una lista de cadenas.

```
List<String> segmentos = uri.getPathSegments();
```

Alternativamente, se puede utilizar la clase `UriMatcher` del paquete `android.content`, que permite sistematizar la comparación del URI, sin necesidad de examinarlo. Un objeto `UriMatcher` contiene una lista de los distintos URI que acepta nuestro proveedor. A cada tipo de URI se le asigna un código numérico mediante el método `addURI`. Por ejemplo, si quisiéramos proporcionar subtablas con óperas barrocas y clásicas, podríamos asignar códigos del 1 al 6 para los distintos tipos de URI.

```
String autoridad="es.ugr.amaro.content.operas";
UriMatcher uriMatcher
        = new UriMatcher(UriMatcher.NO_MATCH);
uriMatcher.addURI(autoridad,"operas",1);
uriMatcher.addURI(autoridad,"operas/#",2);
uriMatcher.addURI(autoridad,"operas/barrocas",3);
uriMatcher.addURI(autoridad,"operas/barrocas/#",4);
uriMatcher.addURI(autoridad,"operas/clasicas",5);
uriMatcher.addURI(autoridad,"operas/clasicas/#",6);
```

Cuando nuestro proveedor recibe un URI, usamos el método `match` para obtener su código. Por ejemplo, para el quinto elemento de la tabla de óperas barrocas:

```
Uri uri1 = Uri.parse(
  "content://es.ugr.amaro.content.operas/operas/barrocas/5");
int codigo = uriMatcher.match(uri1)
```

el código obtenido será 4, que corresponde a un ítem de óperas barrocas.

En la siguiente actividad mostramos un ejemplo del uso de `UriMatcher` y `getPathSegments`. **No** hay ningún proveedor de contenidos, simplemente usamos `UriMatcher` para extraer el código de varios URI y `getPathSegments` para mostrar los segmentos de un URI.

Utilizamos el siguiente layout:

```xml
<?xml version="1.0" encoding="utf-8"?>
<LinearLayout
xmlns:android="http://schemas.android.com/apk/res/android"
    android:layout_width="fill_parent"
    android:layout_height="fill_parent"
    android:orientation="vertical"
    android:background="#ffffdd">

    <TextView
        android:id="@+id/textView"
        android:textColor="#000000"
        android:textSize="14sp"
        android:layout_width="fill_parent"
        android:layout_height="wrap_content"
        android:text="@string/hello" />

</LinearLayout>
```

A continuación se detalla la actividad `UriMatcherActivity.java`. En la figura 10.8. se muestra el resultado.

```java
package es.ugr.amaro.urimatcher;

import java.util.List;
import android.app.Activity;
import android.content.UriMatcher;
import android.net.Uri;
import android.os.Bundle;
import android.widget.TextView;

public class UriMatcherActivity extends Activity {
    /** Called when the activity is first created. */
    @Override
    public void onCreate(Bundle savedInstanceState) {
        super.onCreate(savedInstanceState);
        setContentView(R.layout.main);
        TextView tv=(TextView) findViewById(R.id.textView);

        String autoridad="es.ugr.amaro.content.operas";
        UriMatcher uriMatcher= new UriMatcher(
                            UriMatcher.NO_MATCH);
        uriMatcher.addURI(autoridad,"operas",1);
        uriMatcher.addURI(autoridad,"operas/#",2);

        Uri uri1=Uri.parse(
            "content://es.ugr.amaro.content.operas/operas");
        Uri uri2=Uri.parse(
            "content://es.ugr.amaro.content.operas/operas/1");
```

```
            Uri uri3=Uri.parse(
               "content://es.ugr.amaro.content.operas/operas/2");
            
            int match1=uriMatcher.match(uri1);
            int match2=uriMatcher.match(uri2);
            int match3=uriMatcher.match(uri3);
            
            tv.append("\n\n"+uri1+"\nuriMatcher codigo="+match1);
            tv.append("\n\n"+uri2+"\nuriMatcher codigo="+match2);
            tv.append("\n\n"+uri3+"\nuriMatcher codigo="+match3);
            
            //---descompone un uri en segmentos---
            List<String> segmentos = uri3.getPathSegments();
            int size=segmentos.size();
            tv.append("\nNumero de segmentos="+size);
            
            String segmento;
            for(int i=0;i<size;i++){
                segmento= segmentos.get(i);
                tv.append("\nsegmento "+i+" = "+segmento);
            }
        }
}
```

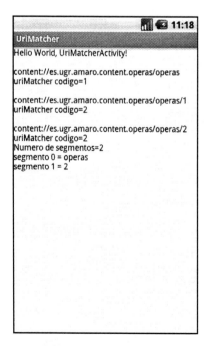

Figura 10.8. Uso de UriMatcher para extraer los códigos de varios URI y de getPathSegments para obtener los segmentos de un URI.

11. COMUNICACIÓN ENTRE ACTIVIDADES

11.1. Secuencia de estados de una actividad

El estado de una actividad está determinado por su posición en el `Activity stack` o pila de actividades. El sistema Android se encarga de colocar nuevas actividades o eliminarlas de la pila. Los estados en los que se puede encontrar una actividad son:

1. Activa

2. Pausada

3. Detenida

4. Inactiva

Al iniciar una nueva actividad, se coloca en lo alto de la pila y se encuentra activa, visible y enfocada; es decir, recibiendo el input del usuario. La actividad entra en pausa cuando otra actividad pasa a estar activa, tras lo cual queda detenida. Una actividad detenida sigue en memoria, pero podría pasar a un estado inactivo en cualquier momento, al ser eliminada de la pila por el sistema para liberar recursos.

Cuando una actividad cambia de estado, se ejecutan una serie de métodos que debemos sobrescribir si deseamos realizar alguna acción concreta en ese momento de la vida de la actividad. Los métodos más importantes que pueden ejecutarse a lo largo de la vida de una actividad son:

`onCreate, onStart, onResume, onRestart, onPause, onStop, onDestroy, onSaveInstanceState, onRestoreInstanceState`

En el siguiente ejemplo implementamos todos estos métodos en una actividad. Usamos una cadena de texto donde se añade un mensaje cada vez que se ejecuta uno de los métodos. El mensaje se escribe en pantalla en el método `onRestart` e incluye el valor de una variable entera que se va incrementando en cada método. En el método `onSaveInstanceState` almacenamos el valor de estas dos variables en el objeto `saveInstanceState`. **Este objeto es de tipo `Bundle`, una clase que permite almacenar distintos tipos de datos asociados a etiquetas de tipo string, en la forma (etiqueta, dato).** El método `onCreate` recibe dicho objeto, lo cual nos permite, en ocasiones, recuperar los datos de la actividad después de haber pasado a inactiva. Por ejemplo, al girar el teléfono, la aplicación activa se reinicia, destruyéndose su estado, a no ser que lo guardemos en `onSaveInstanceState`.

Para la aplicación `ActivityLife` usaremos el siguiente layout:

```xml
<?xml version="1.0" encoding="utf-8"?>
<ScrollView
xmlns:android="http://schemas.android.com/apk/res/android"
    android:layout_width="fill_parent"
    android:layout_height="fill_parent"
    android:orientation="vertical"
    android:background="#ffffcc">

    <TextView
        android:id="@+id/textView"
        android:layout_width="fill_parent"
        android:layout_height="wrap_content"
        android:text="Secuencia de vida de la actividad"
        android:textColor="#000000"
        android:textSize="18sp" />

</ScrollView>
```

El fichero de la actividad es el siguiente:

```java
package es.ugr.amaro.activityLife;

import android.app.Activity;
import android.os.Bundle;
import android.widget.TextView;
import android.widget.Toast;

public class ActivityLifeActivity extends Activity{

    int state=0;
    TextView tv;
    String texto="Secuencia de Vida de la actividad";

    @Override
    public void onCreate(Bundle savedInstanceState) {
        super.onCreate(savedInstanceState);
        setContentView(R.layout.main);
         tv=(TextView) findViewById(R.id.textView);
```

```java
      try{
        state=savedInstanceState.getInt("estado",0);
        texto=savedInstanceState.getString("texto");
        texto=texto+"\nRestablecido estado";
      } catch(Exception e){
      }
      state++;
      texto=texto+"\n"+state+" onCreate";
   }

   @Override
   public void onRestoreInstanceState(
                           Bundle savedInstanceState){
      super.onRestoreInstanceState(savedInstanceState);
      state++;
      texto=texto+"\n"+state+" onRestoreInstanceState";
   }

   @Override
   public void onRestart(){
      super.onRestart();
      state++;
      texto=texto+"\n"+state+" onRestart";
   }

   @Override
   public void onStart(){
      super.onStart();
      state++;
      texto=texto+"\n"+state+" onStart";
   }

   @Override
   public void onResume(){
      super.onResume();
      state++;
      texto=texto+"\n"+state+" onResume";
      tv.setText(texto);
   }

   @Override
   public void onSaveInstanceState(
                        Bundle savedInstanceState){
     super.onSaveInstanceState(savedInstanceState);
     state++;
     texto=texto+"\n"+state+" onSaveInstanceState";
     Toast.makeText(this,"onSaveInstanceState",0).show();
     savedInstanceState.putInt("estado", state);
```

```
      savedInstanceState.putString("texto", texto);
   }

   @Override
   public void onPause(){
      super.onPause();
      state++;
      texto=texto+"\n"+state+" onPause";
      Toast.makeText(this,"onPause",0).show();
   }

   @Override
   public void onStop(){
      super.onStop();
      state++;
      texto=texto+"\n"+state+" onStop";
      Toast.makeText(this, "onStop", 0).show();
   }

   @Override
   public void onDestroy(){
      super.onDestroy();
      state++;
      texto=texto+"\n"+state+" onDestroy";
      Toast.makeText(this, "onDestroy", 0).show();
   }
}
```

Tal y como se observa en la primera imagen de la figura 11.1. (arriba izquierda), ejecutando este programa comprobamos que al iniciar una actividad que estaba inactiva, se ejecuta la siguiente secuencia de métodos:

```
onCreate
onStart
onResume
```

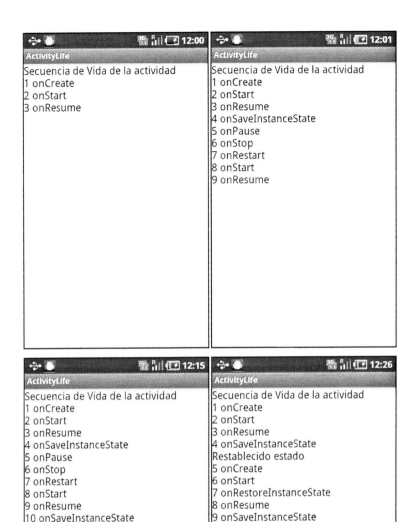

Figura 11.1. Secuencia de métodos ejecutados en la vida de una actividad.

Al finalizar una actividad, por ejemplo pulsando la tecla *Back* del teléfono, se ejecutan en orden los métodos:

```
onPause
onStop
onDestroy
```

Por lo tanto, la aplicación queda inactiva. Esto se puede comprobar con nuestra aplicación porque hemos añadido un Toast que se escribe en pantalla cuando se ejecuta uno de estos métodos.

Si una aplicación está activa y colocamos encima de la pila otra actividad (por ejemplo, pulsando la tecla *Home* o la tecla de llamada telefónica), se ejecutan los siguientes métodos y la actividad queda detenida:

```
onSaveInstanceState
onPause
onStop
```

Si una actividad está detenida y volvemos a activarla y ponerla en la pila (por ejemplo, pulsando el icono de la aplicación o eliminando la que está activa), se ejecutan, en orden, los métodos siguientes:

```
onCreate
onStart
onResume
```

La secuencia de métodos después de abrir una actividad, detenerla y volver a activarla, se observa en la segunda captura de la figura 11.1. (arriba derecha).

Al activarse automáticamente el protector de pantalla del teléfono, la actividad queda en pausa. Al reactivarla (tercera captura de la figura 11.1.), vemos que se han ejecutado los métodos

```
onSaveInstanceState
onPause
onResume
```

Finalmente, si la aplicación está activa y giramos el teléfono, se ejecutará la siguiente secuencia de métodos:

```
onSaveInstanceState
onCreate
onStart
onRestoreInstanceState
onResume
```

Estos métodos se volverán a ejecutar al girar de nuevo el teléfono en posición vertical (cuarta captura de la figura 11.1.).

Si se realiza este experimento en un emulador, pulsando <Control+F12>, notaremos que esta secuencia se ejecuta dos veces. Esto se debe a que, en el emulador, el cambio de estado correspondiente al giro se realiza de forma distinta al del teléfono, que utiliza sus sensores de orientación. El emulador no posee estos sensores y la simulación se realiza en dos pasos, con operaciones que involucran un cambio del teclado.

11.2. Resultado de una actividad

En esta sección veremos cómo se abre una subactividad con `startActivityForResult`, lo que permite devolver un resultado a la actividad principal. Las subactividades son también actividades, por lo que deben declararse en el `AndroidManifest`. Cuando finaliza una subactividad, se envía un evento a su actividad madre, que ejecuta su método `onActivityResult`. Este método recibe también los datos que le ha enviado la subactividad, y que llegan en un objeto de tipo `Intent`, donde están almacenados, por ejemplo, como datos extra. En el siguiente ejemplo lo ilustramos. La actividad principal abre una subactividad usando un intent, y esta le envía unos datos usando un segundo intent.

Utilizaremos el siguiente fichero de layout `main.xml` para la actividad principal:

```xml
<?xml version="1.0" encoding="utf-8"?>
<LinearLayout 
xmlns:android="http://schemas.android.com/apk/res/android"
    android:layout_width="fill_parent"
    android:layout_height="fill_parent"
    android:orientation="vertical"
    android:background="#ffffcc">

    <TextView
        android:id="@+id/textView"
        android:textColor="#000000"
        android:textSize="20sp"
        android:layout_width="fill_parent"
        android:layout_height="wrap_content"
        android:text="@string/hello" />

    <Button
        android:id="@+id/button"
        android:layout_width="wrap_content"
        android:layout_height="wrap_content"
        android:text="Comenzar" />

</LinearLayout>
```

El siguiente fichero `layout2.xml` se usará en la segunda actividad. Contiene dos EditText para que introduzcamos un nombre de usuario y contraseña.

```xml
<?xml version="1.0" encoding="utf-8"?>
<LinearLayout
xmlns:android="http://schemas.android.com/apk/res/android"
    android:layout_width="fill_parent"
    android:layout_height="fill_parent"
    android:orientation="vertical"
    android:background="#ffffcc">

    <TextView
        android:id="@+id/textView2"
        android:textColor="#000000"
        android:textSize="20sp"
        android:layout_width="fill_parent"
        android:layout_height="wrap_content"
        android:text="Identifíquese para comenzar" />

    <TextView
        android:id="@+id/textView1"
        android:textColor="#000000"
        android:textSize="20sp"
        android:layout_width="fill_parent"
        android:layout_height="wrap_content"
        android:text="Usuario:" />

    <EditText
        android:id="@+id/editText1"
        android:layout_width="fill_parent"
        android:layout_height="wrap_content" >
        <requestFocus />
    </EditText>

    <TextView
        android:id="@+id/textView2"
        android:textColor="#000000"
        android:textSize="20sp"
        android:layout_width="fill_parent"
        android:layout_height="wrap_content"
        android:text="Contraseña:" />

    <EditText
        android:id="@+id/editText2"
        android:layout_width="fill_parent"
        android:layout_height="wrap_content"
        android:inputType="textPassword" >
    </EditText>
```

```
    <Button
        android:id="@+id/button2"
        android:layout_width="wrap_content"
        android:layout_height="wrap_content"
        android:text="Aceptar" />
```

`</LinearLayout>`

El siguiente fichero corresponde a la actividad principal de nuestra aplicación. Al pulsar el botón, creamos un intent que enviamos para iniciar la segunda actividad, ejecutando el método

`startActivityForResult(intent,inputCode);`

Aquí, `inputCode` es un código, un número entero que elegimos para identificar una actividad cuando nos devuelve un resultado. Su utilidad se manifiesta cuando hemos iniciado varias subactividades para un resultado y debemos distinguir entre ellas. En este caso, el código de entrada toma el valor 17. Cuando la segunda actividad finaliza, se envía un segundo intent de vuelta a la actividad principal. Entonces se ejecuta el método

```
onActivityResult(int inputCode, int resultCode,
                                Intent intent2)
```

Este método recibe también de vuelta el código de entrada, además de un código de resultado, que típicamente toma los valores

`RESULT_OK`

si el envío del resultado se ha realizado con éxito, o

`RESULT_CANCELED`

si el envío del resultado ha fallado (por ejemplo, porque el usuario ha cancelado la operación pulsando la tecla *Back*). El resultado propiamente dicho consistirá en datos que vendrán dentro de un intent, por ejemplo como datos extra. En este caso, los datos son el username y password.

```
package es.ugr.amaro.activiyforresult;

import android.app.Activity;
import android.content.Intent;
import android.os.Bundle;
import android.view.View;
import android.view.View.OnClickListener;
import android.widget.Button;
import android.widget.TextView;
```

```java
public class ActivityForResultActivity extends Activity
                            implements OnClickListener{

    TextView tv;

    @Override
        public void onCreate(Bundle savedInstanceState) {
            super.onCreate(savedInstanceState);
            setContentView(R.layout.main);
            tv=(TextView) findViewById(R.id.textView);
            Button boton=(Button) findViewById(R.id.button);
            boton.setOnClickListener(this);
      }

    @Override
    public void onClick(View v) {

       Intent intent=new Intent(this,Actividad2.class);
       int inputCode=17;
       startActivityForResult(intent,inputCode);
    }

    @Override
    public void onActivityResult(int inputCode,
                         int resultCode, Intent intent2){

       tv.setText("onActivityResult\ninputCode= "+inputCode);
       tv.append("\nresultCode= "+resultCode);
       if(resultCode==RESULT_OK){
           String username= intent2.getStringExtra("username");
           String password=intent2.getStringExtra("password");
           tv.append("\nBienvenido "+username
                  +"\nSu password es "+password);
       }
    }

}
```

A continuación se detalla la segunda actividad. Contiene dos campos de texto editables donde el usuario escribe el input. Al pulsar el botón, se crea el intent `intent2`, donde se introducen los datos extra username y password. Para que este intent se envíe a la actividad principal, debe ejecutarse el método

`setResult(RESULT_OK,intent2);`

La actividad finaliza al llamar al método `finish()`. En la figura 11.2. se muestra el resultado de ejecutar esta aplicación.

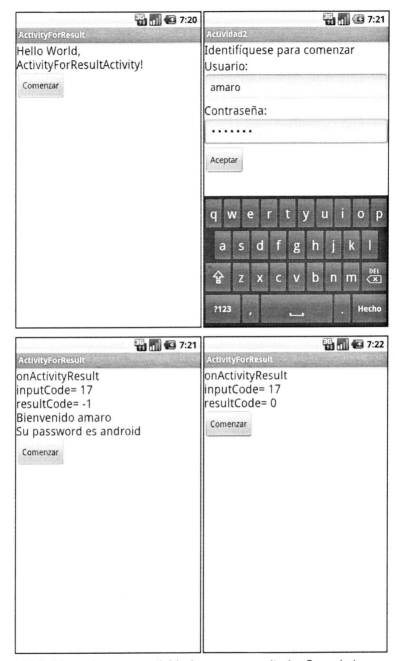

Figura 11.2. Llamada a una actividad para un resultado. Cuando la segunda actividad envía el username y password a la primera, el código del resultado es -1 (abajo izquierda). Si se cancela la segunda actividad, no se envía nada y el código del resultado es cero (abajo derecha).

```java
package es.ugr.amaro.activiyforresult;

import android.app.Activity;
import android.content.Intent;
import android.os.Bundle;
import android.view.View;
import android.view.View.OnClickListener;
import android.widget.Button;
import android.widget.EditText;

public class Actividad2 extends Activity
                        implements OnClickListener{

    EditText editText1,editText2;
    @Override
    public void onCreate(Bundle savedInstanceState) {
        super.onCreate(savedInstanceState);
        setContentView(R.layout.layout2);
        Button boton1=(Button) findViewById(R.id.button2);
        boton1.setOnClickListener(this);
        editText1=(EditText) findViewById(R.id.editText1);
        editText2=(EditText) findViewById(R.id.editText2);

    }

    @Override
    public void onClick(View v) {
        // TODO Auto-generated method stub
        String username=editText1.getText().toString();
        String password=editText2.getText().toString();

        Intent intent2=new Intent();
        intent2.putExtra("username",username);
        intent2.putExtra("password",password);
        setResult(RESULT_OK,intent2);
        finish();
    }
}
```

No olvidemos declarar la segunda actividad en el fichero AndroidManifest.xml, **añadiendo las líneas**:

```xml
<activity
    android:name=".Actividad2"
    android:label="Actividad2">
</activity>
```

11.3. Resultado de cancelar una subactividad

En el ejemplo anterior hemos visto que al cancelar una subactividad se envía el código `actividad cancelada`, que vale cero. También podemos comprobar que en ese caso no se envía ningún intent. Esto lo hacemos sustituyendo el método `onActivityResult` de la anterior aplicación por el que se detalla a continuación, que analiza el contenido del intent que se ha enviado. Si el intent no es `null`, contiene un objeto de tipo `Bundle`, que podemos extraer. Si su longitud no es cero, este Bundle contiene datos en parejas (etiqueta, dato). Las etiquetas son cadenas que almacenaremos en un array y mostraremos en pantalla.

```java
@Override
public void onActivityResult(int inputCode,
                    int resultCode, Intent intent2){

   tv.setText("onActivityResult\ninputCode= "+inputCode);
   tv.append("\nresultCode= "+resultCode);

   boolean analizarIntent=true;
   if(analizarIntent){
   if(intent2!=null){
      Bundle bundle=intent2.getExtras();
      int n=bundle.size();
      tv.append("\nbundle="+n);
      if(n>0){
        Set<String> set = intent2.getExtras().keySet();
        Object[] elementos= set.toArray();
        for(int i=0;i<n;i++)
           tv.append("\n"+elementos[i].toString());
      }
   }
   else{
       tv.append("\nintent is null");
   }}

   if(resultCode==RESULT_OK){
      String username= intent2.getStringExtra("username");
      String password=intent2.getStringExtra("password");
      tv.append("\nBienvenido "+username
               +"\nSu password es "+password);
   }
}
```

En la figura 11.3. se muestra el resultado de ejecutar la nueva aplicación. A la izquierda vemos el resultado después de cancelar la subactividad. El intent es null.

A la derecha, el resultado después de cerrar la subactividad con éxito, con la información tras analizar el intent.

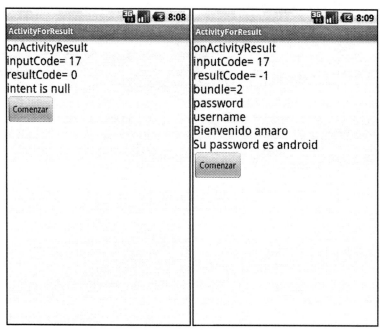

Figura 11.3. *Análisis del objeto intent recibido tras llamar a una actividad para un resultado. En caso de que se cancele la operación (izquierda), el intent recibido es null. Cuando la operación se ha realizado con éxito (derecha), el intent contiene un Bundle que es analizado.*

11.4. Grupo de actividades

Un grupo de actividades es una ventana que contiene y ejecuta al mismo tiempo varias actividades incrustadas o embebidas. La actividad principal del grupo debe extender la clase `ActivityGroup`, que es una subclase de Activity. Al implementar esta clase, se crea automáticamente un manager, un objeto de la clase auxiliar `LocalActivityManager`, que permite manejar las actividades incrustadas que se están ejecutando dentro de la misma actividad madre. El manager de un grupo de actividades se invoca mediante

```
LocalActivityManager manager;
manager=getLocalActivityManager();
```

El manager posee un método `startActivity` para iniciar una actividad incrustada en una ventana, que es un objeto de tipo `Window`. Esta ventana puede transformarse en un objeto View que se puede añadir a un layout. Se haría del siguiente modo:

```
Window window = manager.startActivity(idString, intent);
 View view=window.getDecorView();
```

Aquí, `idString` es un identificador que usamos para la actividad que se va a abrir, y el intent contiene toda la información y datos necesarios para abrir la actividad.

En el siguiente ejemplo utilizamos un `ActivityGroup` con un botón para añadir al layout una copia de una actividad incrustada. Podemos añadir tantas como queramos. La actividad incrustada posee a su vez un botón para finalizar con `finish`. Al llamar al método `finish` de una actividad incrustada, en la actividad principal se ejecuta el método

```
public void finishFromChild(Activity child)
```

En este método incluimos las instrucciones a ejecutar cuando una actividad hija solicita ser eliminada. En este caso, lo que hacemos es eliminarla del layout.

En la figura 11.4. se observa el resultado de ejecutar esta aplicación. Se muestran varias capturas de pantalla después de jugar un poco con ella, añadiendo algunas actividades, borrando otras y pulsando algunos botones.

El fichero `main.xml` de la actividad principal es el siguiente:

```xml
<?xml version="1.0" encoding="utf-8"?>

<ScrollView
xmlns:android="http://schemas.android.com/apk/res/android"
    android:layout_width="fill_parent"
    android:layout_height="fill_parent"
    android:orientation="vertical" >

<LinearLayout
    android:id="@+id/layout"
    android:background="#ffffff"
    android:layout_width="fill_parent"
    android:layout_height="fill_parent"
    android:orientation="vertical" >

    <TextView
        android:id="@+id/textView"
        android:textColor="#000000"
        android:textSize="20sp"
        android:layout_width="fill_parent"
        android:layout_height="wrap_content"
```

```xml
            android:text="@string/hello" />

    <Button
        android:id="@+id/button"
        android:layout_width="wrap_content"
        android:layout_height="wrap_content"
        android:text="Iniciar nueva actividad" />

</LinearLayout>
</ScrollView>
```

Utilizaremos el siguiente fichero `ui1.xml` para la actividad hija:

```xml
<?xml version="1.0" encoding="utf-8"?>
<LinearLayout
xmlns:android="http://schemas.android.com/apk/res/android"
    android:id="@+id/layout"
    android:layout_width="fill_parent"
    android:layout_height="fill_parent"
    android:background="#ddffee"
    android:orientation="vertical" >

    <TextView
        android:id="@+id/textView1"
        android:textSize="24sp"
        android:textColor="#000033"
        android:layout_width="fill_parent"
        android:layout_height="wrap_content"
        android:text="Esta es la actividad 1" />

    <Button
        android:id="@+id/button1"
        style="?android:attr/buttonStyleSmall"
        android:layout_width="wrap_content"
        android:layout_height="wrap_content"
        android:text="Button1" />

    <Button
        android:id="@+id/button11"
        style="?android:attr/buttonStyleSmall"
        android:layout_width="wrap_content"
        android:layout_height="wrap_content"
        android:text="Eliminar" />

</LinearLayout>
```

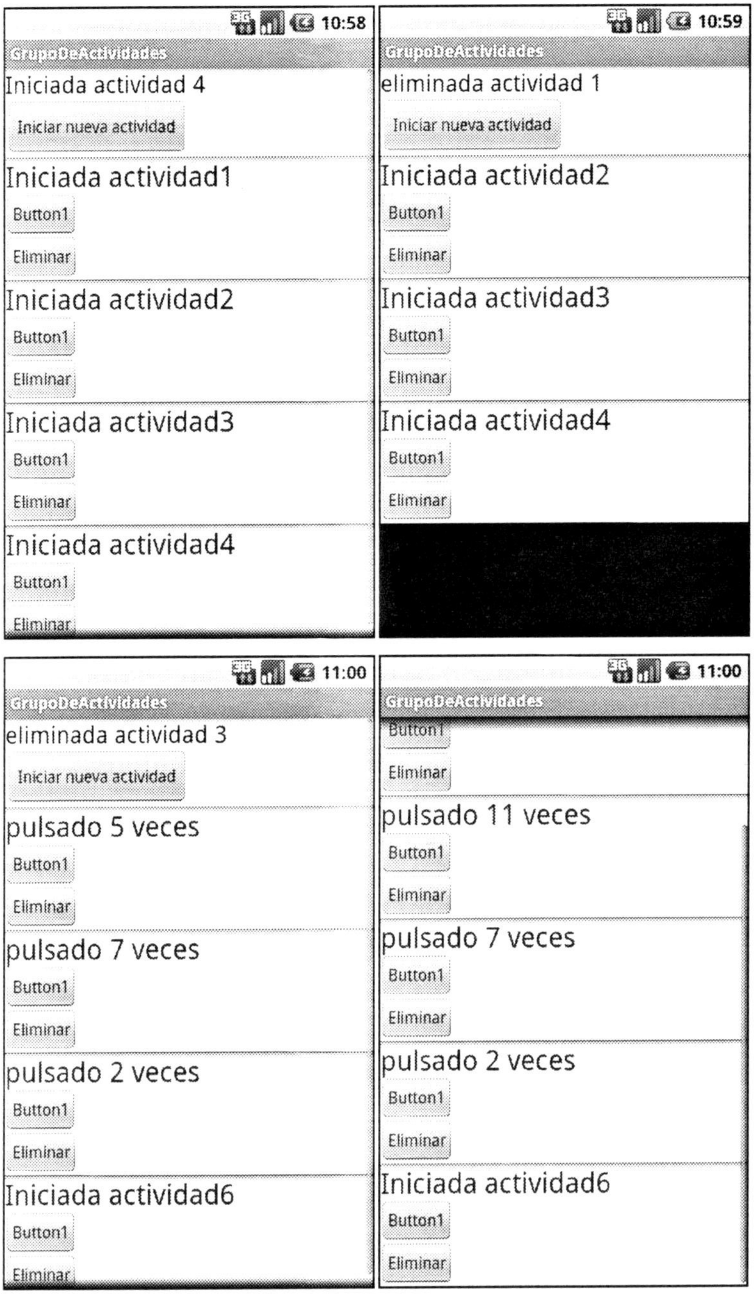

Figura 11.4. Un grupo de actividades idénticas embebidas dentro de la ventana de la actividad madre, una debajo de la otra en un ScrollView. Al pulsar el botón de la actividad madre, se inicia una nueva actividad hija. Cada actividad hija funciona independientemente del resto, con un botón que permite mostrar en pantalla el número de pulsaciones y un segundo botón que la elimina permanentemente del layout.

La actividad principal `GrupoDeActividadesActivity.java` es la siguiente:

```java
package es.ugr.amaro.grupodeactividades;

import android.app.Activity;
import android.app.ActivityGroup;
import android.app.LocalActivityManager;
import android.content.Intent;
import android.os.Bundle;
import android.view.View;
import android.view.View.OnClickListener;
import android.view.Window;
import android.widget.Button;
import android.widget.LinearLayout;
import android.widget.TextView;

public class GrupoDeActividadesActivity extends ActivityGroup
                            implements OnClickListener{

    Window window;
    LocalActivityManager manager;
    Intent intent;
    int id=0;
    TextView tv;
    LinearLayout ll;
     /** Called when the activity is first created. */
    @Override
    public void onCreate(Bundle savedInstanceState) {
        super.onCreate(savedInstanceState);
        setContentView(R.layout.main);
        ll=(LinearLayout) findViewById(R.id.layout);

        tv=(TextView) findViewById(R.id.textView);
        Button boton=(Button) findViewById(R.id.button);
        boton.setOnClickListener(this);
        manager=getLocalActivityManager();
    }

    @Override
    public void onClick(View v) {
       id++;
       String idString=""+id;
       tv.setText("Iniciada actividad "+id);
       intent=new Intent(this,Actividad1.class);
       intent.putExtra("idString", idString);
       window = manager.startActivity(idString, intent);
```

```
      View view=window.getDecorView();
      ll.addView(view);
   }

   @Override
   public void finishFromChild(Activity child){

      String  idString
         =child.getIntent().getStringExtra("idString");
      tv.setText("eliminada actividad "+idString);
      Window ventana=child.getWindow();
      View vista=ventana.getDecorView();
      ll.removeView(vista);
   }
}
```

Por último, el fichero de la actividad hija `Actividad1.java` es:

```
package es.ugr.amaro.grupodeactividades;

import android.app.Activity;
import android.content.Intent;
import android.os.Bundle;
import android.view.View;
import android.view.View.OnClickListener;
import android.widget.Button;
import android.widget.TextView;

public class Actividad1 extends Activity implements
OnClickListener{

   TextView tv;
   int n=0;
   String id;

   @Override
   public void onCreate(Bundle b){

      super.onCreate(b);
      setContentView(R.layout.ui1);
      tv=(TextView) findViewById(R.id.textView1);
      Button boton=(Button) findViewById(R.id.button1);
      boton.setOnClickListener(this);
      Button boton11=(Button) findViewById(R.id.button11);
      boton11.setOnClickListener(this);

      Intent intent=this.getIntent();
      id=intent.getStringExtra("idString");
```

```
            tv.setText("Iniciada actividad"+id);
    }

    @Override
    public void onClick(View v) {
        int id=v.getId();
        if(id==R.id.button1){
            n++;
            tv.setText("pulsado "+n+" veces");
        }
        else if(id==R.id.button11){
            this.finish();
        }
    }
}
```

11.5. Abrir aplicaciones externas explícitamente

Hasta ahora hemos visto cómo abrir una actividad perteneciente a la misma aplicación, para lo que bastaba con especificar el nombre del fichero `.class` de la actividad que queremos ejecutar. Android permite abrir actividades pertenecientes a otras aplicaciones usando intents. Esto se puede hacer explícitamente o implícitamente. Para abrir una aplicación externa explícitamente, debemos especificar el nombre completo del paquete. Para abrirla implícitamente, se especifica una acción que debe realizarse, mediante un intent implícito. Los intents implícitos se verán más adelante.

Para abrir una aplicación usando un intent explícito debemos conocer el nombre del paquete que aparece en el manifiesto de la aplicación que queremos abrir. Para definir el intent usamos la clase auxiliar `PackageManager`, que posee el método `getLaunchIntentForPackage`, que devuelve un intent válido para abrir una aplicación externa.

```
PackageManager manager=getPackageManager();
Intent intent=manager.getLaunchIntentForPackage(paquete);
startActivity(intent);
```

Ilustramos esto con un ejemplo. Crearemos dos aplicaciones distintas, ActividadExterna1 y ActividadExterna2. La primera aplicación tiene un botón para abrir y ejecutar la segunda aplicación.

La primera aplicación, ActividadExterna1, tiene el siguiente fichero `main.xml`:

```
<?xml version="1.0" encoding="utf-8"?>
<LinearLayout
xmlns:android="http://schemas.android.com/apk/res/android"
```

```xml
        android:layout_width="fill_parent"
        android:layout_height="fill_parent"
        android:orientation="vertical"
        android:background="#ffffbb" >

    <TextView
        android:id="@+id/textView"
        android:textColor="#000000"
        android:textSize="24sp"
        android:layout_width="fill_parent"
        android:layout_height="wrap_content"
        android:text="@string/hello" />

    <Button
        android:id="@+id/button1"
        android:layout_width="wrap_content"
        android:layout_height="wrap_content"
        android:text="Abrir actividad externa" />

</LinearLayout>
```

La actividad `ActividadExternal.java` de la primera aplicación es la siguiente:

```java
package es.ugr.amaro.actividadexternal;

import android.app.Activity;
import android.content.Intent;
import android.content.pm.PackageManager;
import android.os.Bundle;
import android.view.View;
import android.view.View.OnClickListener;
import android.widget.Button;
import android.widget.TextView;

public class ActividadExternal extends Activity
                               implements OnClickListener{

    TextView tv;

    @Override
    public void onCreate(Bundle savedInstanceState) {
        super.onCreate(savedInstanceState);
        setContentView(R.layout.main);
        tv=(TextView) findViewById(R.id.textView);
        Button boton=(Button) findViewById(R.id.button1);
        boton.setOnClickListener(this);
```

```
    }

    @Override
    public void onClick(View v) {

        PackageManager manager=getPackageManager();
        String name="es.ugr.amaro.actividadexterna2";
        Intent intent=manager.getLaunchIntentForPackage(name);
        startActivity(intent);

    }
}
```

A continuación, creamos la segunda aplicación ActividadExterna2 con el siguiente nombre de paquete:

`es.ugr.amaro.actividadexterna2`

La actividad `ActividadExterna2.java` es la creada por defecto. Modificamos su layout al siguiente fichero `main.xml`:

```
<?xml version="1.0" encoding="utf-8"?>
<LinearLayout
xmlns:android="http://schemas.android.com/apk/res/android"
    android:layout_width="fill_parent"
    android:layout_height="fill_parent"
    android:orientation="vertical"
    android:background="#ddffdd" >

    <TextView
        android:textColor="#000000"
        android:textSize="24sp"
        android:layout_width="fill_parent"
        android:layout_height="wrap_content"
        android:text="Actividad externa 2 abierta desde otra
aplicación" />

</LinearLayout>
```

En la figura 11.5. se muestra el resultado.

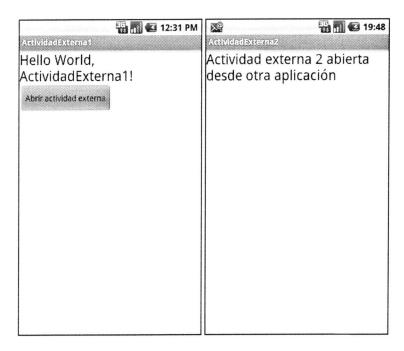

Figura 11.5. Una aplicación con un botón para abrir una actividad externa perteneciente a otra aplicación distinta.

11.6. Abrir aplicaciones externas implícitamente

La segunda forma de abrir una actividad externa es mediante un intent implícito. En el intent implícito se especifica una acción a realizar por la actividad que se quiere abrir. Para que una actividad pueda ser abierta con un intent implícito, debe declararse previamente la acción que esta realiza. Esto se hace en el `AndroidManifest` de la aplicación usando un `intent-filter` o filtro de intenciones. El intent-filter contiene al menos una acción y una categoría. Por ejemplo, el filtro por defecto de las aplicaciones que hemos utilizado hasta ahora contiene la acción `MAIN` y la categoría `LAUNCHER`.

```
<intent-filter>
 <action android:name="android.intent.action.MAIN" />
 <category android:name="android.intent.category.LAUNCHER" />
</intent-filter>
```

Para ilustrar el uso del intent-filter, modificaremos las dos aplicaciones del ejemplo anterior. En el manifiesto de la aplicación `AplicacionExterna2`, sustituimos el intent-filter por el siguiente:

```xml
<intent-filter>
  <action android:name="ACTIVIDAD2" />
  <category android:name="android.intent.category.DEFAULT" />
</intent-filter>
```

En este caso, la acción se llama `ACTIVIDAD2` y la categoría `DEFAULT` es necesaria para poder abrir la actividad externamente con `StartActivity` (compruébese que si esta categoría se omite, la aplicación no se puede abrir desde fuera). El fichero `AndroidManifest` de la aplicación quedaría como sigue:

```xml
<?xml version="1.0" encoding="utf-8"?>
<manifest
xmlns:android="http://schemas.android.com/apk/res/android"
    package="es.ugr.amaro.actividadexterna2"
    android:versionCode="1"
    android:versionName="1.0" >

    <uses-sdk android:minSdkVersion="7" />

    <application
        android:icon="@drawable/ic_launcher"
        android:label="@string/app_name" >
        <activity
            android:name=".ActividadExterna2"
            android:label="@string/app_name" >
            <intent-filter>
              <action android:name="ACTIVIDAD2" />
              <category
                 android:name="android.intent.category.DEFAULT"
              />
            </intent-filter>
        </activity>
    </application>
</manifest>
```

A continuación modificamos la aplicación `ActividadExterna1` de la sección anterior, sustituyendo el método onClick por el siguiente:

```java
  @Override
  public void onClick(View v) {

     String action="ACTIVIDAD2";
     Intent intent2=new Intent(action);
     startActivity(intent2);

  }
```

Después de instalar estas dos aplicaciones en el emulador, veremos que la primera aplicación funciona igual que la de la sección anterior. Al pulsar el botón, se abre la segunda aplicación, ya que recibe el intent implícito.

11.7. Uso del PackageManager

La clase `PackageManager` permite acceder a la información de todas las aplicaciones instaladas en el dispositivo. Esta información se almacena en un objeto de tipo `ApplicationInfo`. Para obtener la lista de todas las aplicaciones, usamos el método `getInstalledApplications`, que toma un parámetro entero `flag` para imponer alguna condición sobre las aplicaciones. En el siguiente ejemplo llamamos a este método con `flag=0`.

```
manager=getPackageManager();
List<ApplicationInfo> lista
            =manager.getInstalledApplications(0);
```

A continuación ilustramos el uso de PackageManager para construir una aplicación que muestra en pantalla todas las aplicaciones instaladas. Usamos un ListView e implementamos un BaseAdapter para que, en cada ítem de la lista, se muestre el icono de la aplicación, su nombre, el nombre del paquete y el directorio en que se encuentra. Al pulsar sobre un ítem, enviamos un intent para abrir la aplicación correspondiente, si esto es posible.

Usamos el siguiente layout en el fichero `main.xml`:

```xml
<?xml version="1.0" encoding="utf-8"?>
<LinearLayout
xmlns:android="http://schemas.android.com/apk/res/android"
    android:layout_width="fill_parent"
    android:layout_height="fill_parent"
    android:orientation="vertical"
    android:background="#ddffdd" >

    <TextView
        android:textColor="#000000"
        android:textSize="20sp"
        android:id="@+id/textView"
        android:layout_width="fill_parent"
        android:layout_height="wrap_content"
        android:text="Lista de aplicaciones instaladas" />

    <ListView
        android:id="@+id/listView1"
```

```xml
        android:layout_width="fill_parent"
        android:layout_height="wrap_content" >
    </ListView>

</LinearLayout>
```

Creamos también el siguiente fichero `fila.xml` **para el BaseAdapter:**

```xml
<?xml version="1.0" encoding="utf-8"?>
<LinearLayout
xmlns:android="http://schemas.android.com/apk/res/android"
    android:layout_width="fill_parent"
    android:layout_height="fill_parent"
    android:orientation="vertical"
    android:background="#ffffff" >

    <ImageView
        android:id="@+id/imageView1"
        android:layout_width="wrap_content"
        android:layout_height="wrap_content"
        android:src="@drawable/ic_launcher" />

    <TextView
        android:textColor="#000000"
        android:textSize="20sp"
        android:id="@+id/textView1"
        android:layout_width="fill_parent"
        android:layout_height="wrap_content"
        android:text="Lista de aplicaciones instaladas" />

    <TextView
        android:textColor="#000000"
        android:textSize="18sp"
        android:id="@+id/textView2"
        android:layout_width="fill_parent"
        android:layout_height="wrap_content"
        android:text="Lista de aplicaciones instaladas" />

    <TextView
        android:textColor="#000000"
        android:textSize="16sp"
        android:id="@+id/textView3"
        android:layout_width="fill_parent"
        android:layout_height="wrap_content"
        android:text="Lista de aplicaciones instaladas" />

</LinearLayout>
```

Finalmente, la actividad `AplicacionesInstaladas.java` es la que se detalla a continuación. En la figura 11.7. se muestran algunas capturas de pantalla del emulador.

Figura 11.7. Una aplicación con un ListView que muestra todas las aplicaciones instaladas, usando el PackageManager. Las aplicaciones pueden abrirse al pulsar cada ítem.

```
package es.ugr.amaro.aplicacionesinstaladas;

import java.util.ArrayList;
import java.util.List;
import android.app.Activity;
import android.content.Intent;
import android.content.pm.ApplicationInfo;
import android.content.pm.PackageManager;
import android.graphics.drawable.Drawable;
import android.os.Bundle;
import android.view.LayoutInflater;
import android.view.View;
import android.view.ViewGroup;
import android.widget.AdapterView;
import android.widget.AdapterView.OnItemClickListener;
import android.widget.BaseAdapter;
import android.widget.ImageView;
```

```java
import android.widget.ListView;
import android.widget.TextView;

public class AplicacionesInstaladas extends Activity
                             implements OnItemClickListener{

    TextView tv;
    ArrayList<Aplicacion> arrayList
                        =new ArrayList<Aplicacion>();
    PackageManager manager;

    class Aplicacion{
      String label,packageName,sourceDir;
      Drawable icon;
    }

    @Override
    public void onCreate(Bundle savedInstanceState) {
        super.onCreate(savedInstanceState);
        setContentView(R.layout.main);
        tv=(TextView) findViewById(R.id.textView);

        manager=getPackageManager();
        List<ApplicationInfo> lista
              =manager.getInstalledApplications(0);
        int size=lista.size();
        ApplicationInfo info;
        Aplicacion aplicacion;

        for(int i=0;i<size;i++){
           info=lista.get(i);
           aplicacion=new Aplicacion();
           aplicacion.packageName=info.packageName;
           aplicacion.sourceDir=info.sourceDir;
           aplicacion.label
                 =(String) info.loadLabel(manager);
           aplicacion.icon
                 = info.loadIcon(manager);
           arrayList.add(aplicacion);
        }

        tv.append(" total: "+size);
        ListView listView
              =(ListView) findViewById(R.id.listView1);
        Adaptador adapter=new Adaptador();
        listView.setAdapter(adapter);
        listView.setOnItemClickListener(this);
```

```java
    }   //---end onCreate

  class Adaptador extends BaseAdapter{

    LayoutInflater inflater;
    View view;
    TextView tv1,tv2,tv3;
    ImageView icon;

    Adaptador(){
       inflater= getLayoutInflater();
    }

    @Override
    public int getCount() {
       return arrayList.size();
    }

    @Override
    public Object getItem(int position) {
       return arrayList.get(position);
    }

    @Override
    public long getItemId(int position) {
       return position;
    }

    @Override
    public View getView(int item, View oldView,
                            ViewGroup parent) {

       view=inflater.inflate(R.layout.fila, null);
       tv1=(TextView) view.findViewById(R.id.textView1);
       tv2=(TextView) view.findViewById(R.id.textView2);
       tv3=(TextView) view.findViewById(R.id.textView3);
       icon=(ImageView) view.findViewById(R.id.imageView1);
       tv1.setText(item + " " +arrayList.get(item).label);
       tv2.setText(arrayList.get(item).packageName);
       tv3.setText(arrayList.get(item).sourceDir);
       icon.setImageDrawable(arrayList.get(item).icon);

       return view;
    }
}

@Override
public void onItemClick(AdapterView<?> av, View v,
```

```
                                  int position, long id) {
    try{
        String paquete=arrayList.get(position).packageName;
        Intent intent
            =manager.getLaunchIntentForPackage(paquete);
        startActivity(intent);
    } catch (Exception e){;}
    }
}
```

11.8. Filtro de datos en un intent

Llegados a este punto del capítulo, debe quedar claro que los intents son los objetos que utilizan las actividades para comunicarse entre sí, y son parte esencial del sistema Android. Un intent es muy similar a un email que una actividad envía a un destinatario (otra actividad). En el caso de intent implícito, el sistema debe determinar qué actividad, de las instaladas en el dispositivo, debe ejecutarse. Este proceso se denomina *resolución del intent*. Para resolver un intent, en primer lugar se examina la acción a realizar, especificada en el intent-filter del manifiesto. En segundo lugar, se comparan los datos que contiene el intent con los especificados en la sección `data` del intent-filter. Estos datos se introducen en formato URI, que bien puede referirse a datos de un proveedor de contenidos, o bien a una página web, una dirección de correo electrónico, etc.

Por ejemplo, el siguiente código abre un navegador y muestra una página web:

```
Uri uri=Uri.parse(``http://www.google.com'');
Intent intent=new Intent(Intent.ACTION_VIEW, uri);
startActivity(intent);
```

En este caso, invocamos el constructor del intent con dos parámetros. El primero es la acción `ACTION_VIEW`. El segundo es el URI que indica el dato sobre el que se realiza la acción; aquí, la dirección de una página web.

En el siguiente ejemplo construimos una actividad que abre una página web, tras introducir la dirección URL en un EditText. Usamos el siguiente layout:

```
<?xml version="1.0" encoding="utf-8"?>
<LinearLayout
xmlns:android="http://schemas.android.com/apk/res/android"
    android:layout_width="fill_parent"
    android:layout_height="fill_parent"
    android:orientation="vertical"
    android:background="#aaffdd" >

    <TextView
        android:textColor="#000000"
```

```xml
        android:textSize="20sp"
        android:layout_width="fill_parent"
        android:layout_height="wrap_content"
        android:text="Introduzca una dirección de internet válida" />

    <EditText
        android:id="@+id/editText1"
        android:layout_width="fill_parent"
        android:layout_height="wrap_content"
        android:text="http://" >

        <requestFocus />
    </EditText>

    <Button
        android:id="@+id/button1"
        android:layout_width="wrap_content"
        android:layout_height="wrap_content"
        android:text="Ir a la página web" />

    <Button
        android:id="@+id/button2"
        android:layout_width="wrap_content"
        android:layout_height="wrap_content"
        android:text="Borrar" />

</LinearLayout>
```

La actividad `NavegadorActivity.java` **es la siguiente**:

```java
package es.ugr.amaro.navegador;

import android.app.Activity;
import android.content.Intent;
import android.net.Uri;
import android.os.Bundle;
import android.view.View;
import android.view.View.OnClickListener;
import android.widget.Button;
import android.widget.EditText;

public class NavegadorActivity extends Activity
                            implements OnClickListener{
    EditText editText;

    @Override
    public void onCreate(Bundle savedInstanceState) {
```

```java
            super.onCreate(savedInstanceState);
            setContentView(R.layout.main);
            editText=(EditText) findViewById(R.id.editText1);
            Button boton1=(Button) findViewById(R.id.button1);
            boton1.setOnClickListener(this);
            Button boton2=(Button) findViewById(R.id.button2);
            boton2.setOnClickListener(this);
    }

    @Override
    public void onClick(View view) {

        int id=view.getId();
        if(id==R.id.button1){

            String uriString=editText.getText().toString();
            Uri uri=Uri.parse(uriString);
            Intent intent=new Intent(Intent.ACTION_VIEW, uri);
            startActivity(intent);

        } else if(id==R.id.button2){
            editText.setText("http://");
        }
    }
}
```

En la figura 11.8.1. se muestra el resultado de ejecutar esta aplicación en un teléfono donde hay instalados tres navegadores y, por lo tanto, el intent no puede resolverse completamente. En este caso, el sistema nos muestra una ventana con las tres opciones posibles. Al elegir una, se abre el navegador correspondiente y podemos proceder con normalidad.

Cualquier aplicación puede responder al intent que hemos utilizado para abrir el navegador. Para ello, basta con que incluyamos en el manifiesto los filtros de acción, categoría y datos siguientes:

```xml
<intent-filter>
  <action android:name="android.intent.action.VIEW" />
  <category android:name="android.intent.category.DEFAULT" />
  <data android:scheme="http" />
</intent-filter>
```

La categoría DEFAULT es necesaria para que la aplicación pueda abrirse desde otra aplicación con startActivity. El filtro de datos especifica que la aplicación puede recibir datos consistentes en un URI con el esquema http. Estos datos se extraen del intent del siguiente modo:

```java
            Intent intent=getIntent();
            Uri uri=intent.getData();
```

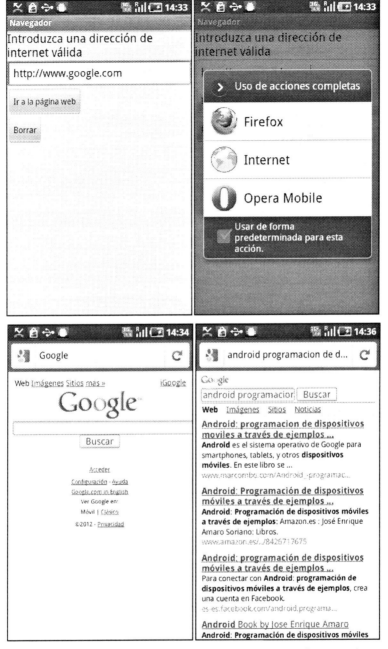

Figura 11.8.1. Una aplicación que abre el navegador usando un intent implícito con el dato de una dirección de Internet.

Este URI podemos examinarlo con `uri.toString` o procesarlo. Si el esquema del URI es `content`, corresponderá a un elemento o tabla de un proveedor de contenidos al que podemos acceder con las técnicas del capítulo anterior.

Ilustraremos esto construyendo una aplicación `FalsoNavegador` que se abra al invocar un navegador y que escriba en pantalla el URI enviado.

El fichero `AndroidManifest.xml` de nuestra aplicación sería:

```xml
<?xml version="1.0" encoding="utf-8"?>
<manifest
xmlns:android="http://schemas.android.com/apk/res/android"
    package="es.ugr.amaro.falsonavegador"
    android:versionCode="1"
    android:versionName="1.0" >

    <uses-sdk android:minSdkVersion="7" />

    <application
       android:icon="@drawable/ic_launcher"
       android:label="@string/app_name" >
       <activity
          android:name=".FalsoNavegadorActivity"
          android:label="@string/app_name" >
          <intent-filter>
            <action
                android:name="android.intent.action.MAIN" />
            <action
                android:name="android.intent.action.VIEW" />
            <category
            android:name="android.intent.category.DEFAULT" />
            <category
             android:name="android.intent.category.LAUNCHER" />
             <data android:scheme="http" />
          </intent-filter>
       </activity>
    </application>
</manifest>
```

El fichero de layout `main.xml` es el siguiente:

```xml
<?xml version="1.0" encoding="utf-8"?>
<LinearLayout
xmlns:android="http://schemas.android.com/apk/res/android"
    android:layout_width="fill_parent"
    android:layout_height="fill_parent"
    android:orientation="vertical"
```

```
        android:background="#ffffbb" >

    <TextView
        android:textSize="20sp"
        android:textColor="#000000"
        android:id="@+id/textView"
        android:layout_width="fill_parent"
        android:layout_height="wrap_content"
        android:text="@string/hello" />

</LinearLayout>
```

La actividad `FalsoNavegador.java` se detalla a continuación. Una vez instalada, comprobamos que funciona; es decir, que responde el mismo intent que un navegador, ejecutando la aplicación `Navegador` del ejemplo anterior. Los filtros de intención quedan registrados en el sistema al instalar la aplicación. Así, al invocar un navegador con un intent implícito, Android la pone en la lista de aplicaciones que pueden responder. Esto se observa en las capturas de pantalla del emulador en la figura 11.8.2.

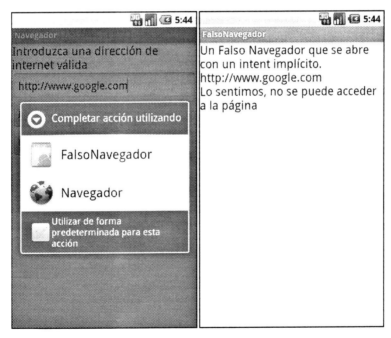

Figura 11.8.2. Una aplicación que responde al mismo intent que el navegador se muestra en la lista de opciones, al ejecutar la aplicación del ejemplo anterior en el emulador.

```java
package es.ugr.amaro.falsonavegador;

import android.app.Activity;
import android.content.Intent;
import android.net.Uri;
import android.os.Bundle;
import android.widget.TextView;

public class FalsoNavegadorActivity extends Activity {
    @Override
    public void onCreate(Bundle savedInstanceState) {
        super.onCreate(savedInstanceState);
        setContentView(R.layout.main);
        TextView tv=(TextView) findViewById(R.id.textView);
        tv.setText("Un Falso Navegador que se abre con un
         intent implícito.");

        try{
           Intent intent=getIntent();
           Uri uri=intent.getData();
           tv.append("\n"+uri.toString());
        }catch(Exception e){;}

        tv.append(
           "\nLo sentimos, no se puede acceder a la página");
    }
}
```

11.9. Agregar funcionalidad de otras apps

Android permite, con el uso de intents, agregar la funcionalidad de otras apps en nuestra aplicación. De esta forma se facilita el desarrollo, ya que podemos reutilizar otras aplicaciones para realizar una tarea que, de otro modo, tendríamos que programar nosotros desde cero. Por ejemplo, si en una aplicación necesitamos que el usuario seleccione un fichero en su teléfono, podemos utilizar un intent que ejecute una aplicación que realice tal acción. Hay muchas acciones que se pueden llevar a cabo por apps del sistema, como enviar un SMS o un email, marcar un número de teléfono, realizar una llamada telefónica, sacar una fotografía, etc. Otras acciones pueden ser realizadas por aplicaciones de terceros que también estén instaladas, como un editor de imágenes, un lector de códigos de barras, etc. Si hay varias aplicaciones que pueden realizar la misma acción, se presentará al usuario una ventana de diálogo para que elija la más conveniente. Además, esto permite que podamos escribir aplicaciones para que realicen una acción concreta y que puedan, a su vez, ser integradas en otras apps. Android se convierte así en una verdadera plataforma de aplicaciones colaborativas, que permite una programación flexible y eficaz.

En el siguiente ejemplo mostramos cómo podemos reutilizar las distintas apps del sistema para programar una aplicación que muestre en pantalla una imagen de la galería y que reproduzca un fichero musical que el usuario ha seleccionado. Para seleccionar un fichero, nuestra aplicación envía un intent implícito con la acción `ACTION_GET_CONTENT`, con un tipo de datos genérico y con la categoría `CATEGORY_OPENABLE`. Este intent abrirá una ventana de diálogo que muestre las aplicaciones que pueden abrir aplicaciones multimedia.

La ventana de diálogo se puede personalizar introduciendo este intent dentro de otro intent `intent2` que contiene la acción `ACTION_CHOOSER`. Este segundo intent se construye con el método auxiliar `Intent.createChooser`, que admite un segundo parámetro con el título de la ventana. Todo esto se implementa con el código

```
    Intent intent = new Intent(Intent.ACTION_GET_CONTENT);
    intent.setType("*/*");
    intent.addCategory(Intent.CATEGORY_OPENABLE);
// intent para personalizar el diálogo usando ACTION_CHOOSER
    Intent intent2=Intent.createChooser(
                  intent,"Usando ACTION_CHOOSER");
    startActivityForResult(intent2,1);
```

El tipo MIME se especifica con una cadena, donde el asterisco es el comodín. El tipo MIME para un fichero de imagen se especificaría mediante `image/*` y con `audio/*` para un fichero de audio.

Para nuestra aplicación utilizaremos el siguiente layout `main.xml`, con un botón y un ImageView para mostrar posteriormente la fotografía seleccionada.

```xml
<?xml version="1.0" encoding="utf-8"?>
<LinearLayout
xmlns:android="http://schemas.android.com/apk/res/android"
    android:layout_width="fill_parent"
    android:layout_height="fill_parent"
    android:orientation="vertical"
    android:background="#ffffdd">

    <TextView
        android:id="@+id/textView"
        android:textColor="#000000"
        android:textSize="20sp"
        android:layout_width="fill_parent"
        android:layout_height="wrap_content"
        android:text="Muestra imágenes y reproduce música" />
```

```xml
<Button
    android:id="@+id/button1"
    android:layout_width="wrap_content"
    android:layout_height="wrap_content"
    android:text="Abrir fichero" />

<ImageView
    android:id="@+id/imageView1"
    android:layout_width="wrap_content"
    android:layout_height="wrap_content"
    android:src="@drawable/ic_launcher" />
```

```
</LinearLayout>
```

La actividad `ActionGetContent.java` se especifica a continuación. En las figuras 11.9.1. y 11.9.2. se muestra el resultado de ejecutar esta aplicación en un Samsung Galaxy S.

```java
package es.ugr.amaro.actiongetcontent;

import android.app.Activity;
import android.content.Intent;
import android.database.Cursor;
import android.media.MediaPlayer;
import android.net.Uri;
import android.os.Bundle;
import android.provider.MediaStore;
import android.view.View;
import android.view.View.OnClickListener;
import android.widget.Button;
import android.widget.ImageView;
import android.widget.TextView;

public class ActionGetContent extends Activity
                              implements OnClickListener {

    MediaPlayer mediaPlayer;
    TextView    tv;
    ImageView imageView;

    @Override
    public void onCreate(Bundle savedInstanceState) {
        super.onCreate(savedInstanceState);
        setContentView(R.layout.main);
        tv=(TextView) findViewById(R.id.textView);
        Button boton=(Button) findViewById(R.id.button1);
        boton.setOnClickListener(this);
        imageView=(ImageView) findViewById(R.id.imageView1);
```

}

Figura 11.9.1. Una aplicación que reutiliza el selector de música para reproducir una canción.

```java
@Override
public void onClick(View v) {

    Intent intent = new Intent(Intent.ACTION_GET_CONTENT);
    intent.setType("*/*");
    intent.addCategory(Intent.CATEGORY_OPENABLE);
    // intent para personalizar el diálogo
    //usando  ACTION_CHOOSER
    Intent intent2=Intent.createChooser(
                intent,"Usando ACTION_CHOOSER");
    startActivityForResult(intent2,1);
}

@Override
public void onActivityResult(int requestCode,
                        int resultCode, Intent intent){

    try{
        Uri uri=intent.getData();
        tv.setText("\nURI="+uri.toString());
        String mime=getContentResolver().getType(uri);
        tv.append("\nMIME="+mime);

        if(mime.matches("image.*")){
            tv.append("\nmostrando imagen");
            imageView.setImageURI(uri);
        }
        else if(mime.matches("audio.*")){

          if(mediaPlayer!=null)mediaPlayer.release();
          mediaPlayer=MediaPlayer.create(this, uri);
          mediaPlayer.start();

          String[] columnas
                ={MediaStore.Audio.Media.DISPLAY_NAME};
          Cursor cursor=getContentResolver().query(
                        uri, columnas, null,null,null);
          cursor.moveToFirst();
          String name=cursor.getString(0);
          tv.append("\nreproduciendo fichero de audio");
          tv.append("\n"+name);
        }

    }catch(Exception e){
        tv.setText("\nNingún fichero seleccionado");
    }
```

```
    }

    @Override
    public void onPause(){
       super.onPause();
       if(mediaPlayer!=null)mediaPlayer.release();
    }
}
```

En la figura 11.9.1. vemos que, tras pulsar el botón, se abre la ventana diálogo mostrando las acciones a realizar, junto con el mensaje que hemos introducido en el segundo intent. Al pulsar el reproductor de música, se muestra una lista de los ficheros de audio. Tras elegir uno de ellos, se vuelve a nuestra actividad y se ejecuta el método `onActivityResult`, donde se reproduce el fichero de audio, mostrándose en pantalla también el URI del fichero, el tipo MIME `audio/mpeg` (que corresponde a un fichero mp3) y el nombre del fichero. Este último lo conseguimos realizando una búsqueda en el proveedor de contenidos de ficheros de audio, en la columna `DISPLAY_NAME`. Nótese que hemos iniciado el mediaPlayer proporcionando simplemente el URI del fichero.

En la figura 11.9.2. vemos las capturas de pantalla tras pulsar sobre la galería en la ventana de diálogo. Al seleccionar una imagen, se vuelve de nuevo a nuestra actividad y se muestra la imagen en pantalla y la información sobre el fichero: URI y MIME. La imagen se visualiza ejecutando el método `setImageUri` de ImageView.

Finalmente, tenemos la precaución de liberar el mediaPlayer al pausar la aplicación.

Figura 11.9.2. Una aplicación que reutiliza el selector de imágenes para mostrar una fotografía.

12. INTERNET Y RSS FEEDS

12.1. Advertencia importante antes de conectar a Internet

Muy importante: para conectar a Internet, debe utilizarse el permiso

```
<uses-permission android:name="android.permission.INTERNET"/>
```

Olvidar esta advertencia puede dar lugar a posteriores frustraciones y pérdidas de tiempo inútiles. Por lo tanto, no está de más que se recuerde repetidas veces a lo largo del capítulo.

12.2. Mostrar páginas web con WebView

Puesto que Android integra las interfaces de usuario con XML, no es de extrañar que sea posible crear un objeto View a partir del código HTML de una página web. Esto es lo que hace la clase `WebView`, perteneciente al paquete web de Android, llamado `android.webkit` o, simplemente, `webKit`. Usando la clase WebView es posible crear nuestro propio navegador web o, sencillamente, incluir en nuestra actividad algún contenido HTML que esté disponible online o localizado en nuestro sistema o en nuestra aplicación. Los objetos WebView pueden incluirse en un layout como cualquier otro objeto View. Por lo tanto, es posible incrustar una página web en la interfaz de usuario. WebView también incluye desplazamiento horizontal y vertical (scrolling), métodos para navegar adelante y atrás, herramientas de zoom, buscador de texto, etcétera.

En el siguiente ejemplo hacemos una demostración del uso de WebView y algunos de sus métodos y clases asociadas del webKit de Android.

Para tener acceso a Internet, se debe declarar el correspondiente permiso en el manifiesto de la aplicación `AndroidManifest.xml`.

```
<uses-permission android:name="android.permission.INTERNET"/>
```

Nuestra aplicación consiste en un sencillo navegador con dos botones para navegar atrás y adelante y otro botón para ir a Home, que es la página de Google. También contiene un TextView para mostrar el URL de la página actual, y por último, un WebView con el contenido de la página web. Es posible navegar pulsando los links de la página y los botones del layout, que es el siguiente fichero main.xml:

```xml
<?xml version="1.0" encoding="utf-8"?>
<LinearLayout
xmlns:android="http://schemas.android.com/apk/res/android"
    android:layout_width="fill_parent"
    android:layout_height="fill_parent"
    android:orientation="vertical"
    android:background="#ffbbaa" >

<LinearLayout
    android:layout_width="fill_parent"
    android:layout_height="wrap_content"
    android:orientation="horizontal"
    >

    <Button
        android:id="@+id/button1"
        android:layout_width="wrap_content"
        android:layout_height="wrap_content"
        android:text="Atrás" />

    <Button
        android:id="@+id/button2"
        android:layout_width="wrap_content"
        android:layout_height="wrap_content"
        android:text="Home" />

    <Button
        android:id="@+id/button3"
        android:layout_width="wrap_content"
        android:layout_height="wrap_content"
        android:text="Adelante" />

    <TextView
        android:textColor="#000000"
        android:textSize="18sp"
        android:layout_width="wrap_content"
        android:layout_height="wrap_content"
        android:text="Navegador WebView" />

</LinearLayout>
```

```
        <TextView
            android:id="@+id/textView1"
            android:textColor="#000000"
            android:layout_width="wrap_content"
            android:layout_height="wrap_content"
            android:text="url" />

        <WebView
            android:id="@+id/webView"
            android:layout_width="fill_parent"
            android:layout_height="wrap_content"
            android:focusable="true"
        />
</LinearLayout>
```

A continuación se detalla la actividad `WebVistaActivity.java` que implementa un navegador. En la figura 12.2. se muestra el resultado de ejecutar la aplicación en un tablet Samsung Galaxy Tab.

Figura 12.2. Un sencillo navegador que usa WebView para incrustar una página web en un layout. Las capturas de pantalla son de un tablet Samsung Galaxy Tab, de la página principal de Google y después de realizar una búsqueda. Obsérvense los controles de zoom que aparecen en la parte inferior de la pantalla.

```java
package es.ugr.amaro.webvista;

import android.app.Activity;
import android.os.Bundle;
import android.view.View;
import android.view.View.OnClickListener;
import android.webkit.WebSettings;
import android.webkit.WebView;
import android.webkit.WebViewClient;
import android.widget.Button;
import android.widget.TextView;

public class WebVistaActivity extends Activity
                              implements OnClickListener{

    WebView webView;
    String home="http://www.google.com";
    TextView tv;
    @Override
    public void onCreate(Bundle savedInstanceState) {
        super.onCreate(savedInstanceState);

        setContentView(R.layout.main);
        Button boton1=(Button) findViewById(R.id.button1);
        boton1.setOnClickListener(this);
        Button boton2=(Button) findViewById(R.id.button2);
        boton2.setOnClickListener(this);
        Button boton3=(Button) findViewById(R.id.button3);
        boton3.setOnClickListener(this);
        tv=(TextView) findViewById(R.id.textView1);

        webView = (WebView) findViewById(R.id.webView);
        webView.setWebViewClient(new Client());
        WebSettings webSettings=webView.getSettings();
        webSettings.setBuiltInZoomControls(true);
        webSettings.setJavaScriptEnabled(true);
        webSettings.setPluginsEnabled(true);
        webView.loadUrl(home);
    }

    class Client extends WebViewClient{

      @Override
      public boolean shouldOverrideUrlLoading(
                    WebView view, String url){
          return(false);
      }
```

```
        @Override
        public void onPageFinished(WebView view, String url){
            tv.setText(url);
        }
    }

    @Override
    public void onClick(View v) {
        int id=v.getId();
        if(id==R.id.button1)
            webView.goBack();
        else if (id==R.id.button2)
            webView.loadUrl(home);
        else if (id==R.id.button3)
            webView.goForward();
    }
}
```

En esta aplicación utilizamos dos clases auxiliares del webKit:

- `WebViewClient`

- `WebSettings`

El objeto `WebView` se asocia a un `WebViewClient` mediante el método `setWebViewClient`. En cierto modo, el WebViewClient es a un WebView lo que la interfaz OnclickListener es a un botón. Es una clase abstracta con métodos que implementaremos para que se realice alguna acción en nuestra actividad, cuando el cliente nos informe de algún evento o cambio en el objeto WebView. Por ejemplo, al finalizar la descarga de una página web, se ejecuta el método `onPageFinished` de WebViewClient. Sobrescribiendo este método, podríamos realizar la acción de avisar al usuario de que se ha descargado con un Toast o, en el caso de nuestro navegador, actualizar un TextView con la dirección actual.

Otro método importante en WebViewClient es `shouldOverrideUrlLoading`, que se ejecuta si el WebView intenta abrir un link. Aquí indicaremos si debería anularse la carga de un URL dentro de nuestro WebView. Si este método devuelve `false`, la carga se hará en el WebView. Si es `true`, el WebView no cargará el link y este será devuelto a la aplicación, que intentará abrir otra actividad con el navegador por defecto. En nuestra implementación devolvemos siempre `false`.

Ciertas características del WebView suelen estar desactivadas por defecto, como los controles de zoom, soporte de JavaScript y de Plugins. Para activarlas, se usan los métodos de la clase `WebSettings`. Para crear un objeto `webSettings` asociado a nuestro WebView, ejecutamos su método `getSettings`.

12.3. Mostrar imágenes con WebView

Podemos usar WebView para mostrar directamente una imagen en pantalla, lo que nos permite utilizar los controles de zoom. Lo más sencillo es copiar el fichero de imagen, por ejemplo `gato1.jpg`, en el directorio `assets` de la aplicación y luego cargar la imagen en el WebView mediante

```
webView.loadUrl("file:///android_asset/gato1.jpg");
```

Android no ajusta el tamaño de la imagen automáticamente para adaptarla a la pantalla. Si el número de píxeles de la imagen es mayor que el de la pantalla, veremos solo una fracción de la imagen. No obstante, podremos alejarla o acercarla usando los controles de zoom. Si la imagen es muy grande, será necesario llamar al siguiente método para que se pueda alejar al máximo con el fin de ajustarla a la pantalla:

```
webSettings.setUseWideViewPort(true);
```

El zoom de la vista inicial se puede definir con una escala en porcentaje.

```
webView.setInitialScale(escala);
```

Por defecto, la escala inicial de WebView es 100%.

Por ejemplo, en la siguiente aplicación mostramos una imagen grande, 1275x1753 píxeles, en un WebView, escalada inicialmente al 25%. En las capturas de pantalla de la figura 12.3. vemos la imagen escalada inicialmente y después de ampliarla con los controles de zoom. En este ejemplo no usamos ningún fichero de layout, pues definimos el WebView desde Java.

```java
package es.ugr.amaro.webviewimage;

import android.app.Activity;
import android.os.Bundle;
import android.webkit.WebSettings;
import android.webkit.WebView;

public class WebViewImageActivity extends Activity {

    @Override
    public void onCreate(Bundle savedInstanceState) {
        super.onCreate(savedInstanceState);
        setContentView(R.layout.main);
        WebView webView=new WebView(this);
        WebSettings webSettings=webView.getSettings();
        webSettings.setBuiltInZoomControls(true);
```

```
            // -true para ajustar imágenes grandes a la pantalla
            webSettings.setUseWideViewPort(true);
            webView.loadUrl("file:///android_asset/gato1.jpg");
            // ---escala inicial en porcentaje
            int scaleInPercent=25;
            webView.setInitialScale(scaleInPercent);

            setContentView(webView);
      }
}
```

Figura 12.3. Una imagen cargada en un WebView, reducida al 25% y después de ampliarla con los controles de zoom.

12.4. Mostrar HTML con WebView

WebView permite incluir directamente código HTML en Java. Para ello, se usa el siguiente método, donde `html` es una cadena con código HTML:

`webView.loadData(html, "text/html", "utf-8");`

También se puede usar código HTML para cargar imágenes locales. Por ejemplo, en la siguiente aplicación, al pulsar un botón, cargamos una imagen de la galería y usamos HTML para mostrarla en un WebView, habilitando los controles de zoom. En un segundo WebView mostramos el URI y tipo MIME de la imagen.

En la figura 12.4. se muestran las capturas de pantalla de un tablet Samsung Galaxy Tab.

Figura 12.4. *Aplicación para cargar una imagen local de la galería en un WebView usando HTML. Captura de pantalla de un Samsung Galaxy Tab.*

Usaremos el siguiente layout:

```xml
<?xml version="1.0" encoding="utf-8"?>
<LinearLayout
xmlns:android="http://schemas.android.com/apk/res/android"
    android:layout_width="fill_parent"
    android:layout_height="fill_parent"
    android:orientation="vertical"
    android:background="#ddffdd" >

    <Button
        android:id="@+id/button1"
        android:layout_width="wrap_content"
        android:layout_height="wrap_content"
        android:text="Cargar imagen" />

    <WebView
        android:id="@+id/webView1"
        android:layout_width="fill_parent"
        android:layout_height="fill_parent"
        android:layout_weight="1" >
    </WebView>

    <WebView
        android:id="@+id/webView2"
        android:layout_width="fill_parent"
        android:layout_height="fill_parent"
        android:layout_weight="1" >
    </WebView>

</LinearLayout>
```

El código Java de la actividad se detalla a continuación. Nótese que la ruta de la imagen a cargar se especifica mediante su código URI, devuelto por el proveedor de contenidos de imágenes.

```java
package es.ugr.amaro.htmlview;

import android.app.Activity;
import android.content.Intent;
import android.net.Uri;
import android.os.Bundle;
import android.view.View;
import android.view.View.OnClickListener;
import android.webkit.WebSettings;
import android.webkit.WebView;
```

```java
import android.widget.Button;

public class HtmlViewActivity extends Activity
                        implements OnClickListener{

    WebView webView1,webView2;
    String html1,html2;
    /** Called when the activity is first created. */
     @Override
     public void onCreate(Bundle savedInstanceState) {
         super.onCreate(savedInstanceState);
         setContentView(R.layout.main);

         Button boton=(Button) findViewById(R.id.button1);
         boton.setOnClickListener(this);

         webView1=(WebView) findViewById(R.id.webView1);
         webView2=(WebView) findViewById(R.id.webView2);

         WebSettings webSettings1= webView1.getSettings();
         webSettings1.setBuiltInZoomControls(true);
         WebSettings webSettings2= webView2.getSettings();
         webSettings2.setBuiltInZoomControls(true);
         webSettings2.setUseWideViewPort(true);
         // necesario para escribir acentos y otros caracteres
         webSettings1.setDefaultTextEncodingName("utf-8");

         html1="<h1>Mostrando imágenes locales</h1>"
             +"<b>Ejemplo de uso de HTML en Android"
              +"</b><br><hr>"
             +"<center>"
             +"<font size=4 color=\"#880000\">"
             +"Pulsar el botón "
             +"para cargar una imagen de la galería"
             +"</font></center>";
         webView1.loadData(html1, "text/html", "utf-8");
     }

    @Override
    public void onClick(View v) {
       Intent intent=new Intent(Intent.ACTION_GET_CONTENT);
       intent.setType("image/*");
       startActivityForResult(intent,1);
    }

    @Override
    public void onActivityResult(int request,
                                int result,Intent intent){
```

```
        try{
          Uri uri=intent.getData();
          String mime=getContentResolver().getType(uri);
          //---cargar la imagen en html2---
          String html2="<img src="+uri.toString()+">";
          webView2.setInitialScale(25);
          webView2.loadData(html2,"text/html","utf-8");

          html1=html1
             +"Se ha cargado la imagen <br> <b>uri:</b>"
             +"<br>"+uri.toString()
             +"<br><b>mime:</b><br>"+mime;
        }
        catch(Exception e){
           html1=html1+"<font size=6 color=\"#000088\"><b>"+
           "No se ha podido cargar la imagen</b></font>";
        }

        webView1.loadData(html1, "text/html", "utf-8");

    }
}
```

12.5. Conexión HTTP

El paquete `java.net` incluye las clases y métodos necesarios para conectar a una dirección URL usando el protocolo HTTP, utilizado normalmente para recibir y enviar datos por Internet. Para establecer la conexión a un URL ejecutamos el método `openConnection` de la clase URL y, a continuación, transformamos esta conexión en un objeto de tipo `HttpURLConnection`.

```
//---establece la conexión http
URL url= new URL(``http://www.google.com'');
URLConnection urlConexion=url.openConnection();
HttpURLConnection httpConexion
                =(HttpURLConnection) urlConexion;
```

Una vez establecida la conexión, podemos asociarle un `inputStream` para comenzar a leer datos.

```
InputStream in= httpConexion.getInputStream();
```

A partir de aquí, ya se puede leer el contenido de una página web en forma de código HTML.

Muy importante: para poder establecer la conexión, debe declararse el correspondiente permiso en el manifiesto de la aplicación.

```xml
<uses-permission android:name="android.permission.INTERNET"/>
```

En el siguiente ejemplo ilustramos la técnica para conectar a una página web y leer el código HTML devuelto, que se mostrará en pantalla. Usaremos el siguiente layout, con un EditText para introducir la dirección URL. Un ScrollView nos permitirá examinar el código HTML completo, que puede superar fácilmente varios cientos de líneas.

```xml
<?xml version="1.0" encoding="utf-8"?>

<LinearLayout
xmlns:android="http://schemas.android.com/apk/res/android"
    android:layout_width="fill_parent"
    android:layout_height="fill_parent"
    android:orientation="vertical"
    android:background="#ddffcc" >

    <EditText
        android:id="@+id/editText1"
        android:layout_width="fill_parent"
        android:layout_height="wrap_content"
        android:text="http://" />

    <Button
        android:id="@+id/button1"
        android:layout_width="wrap_content"
        android:layout_height="wrap_content"
        android:text="Cargar página web" />

    <ScrollView
        android:id="@+id/scrollView1"
        android:layout_width="fill_parent"
        android:layout_height="wrap_content" >

    <TextView
        android:id="@+id/textView"
        android:textColor="#000000"
        android:textSize="16sp"
        android:layout_width="fill_parent"
        android:layout_height="wrap_content"
        android:text="Introducir una dirección web válida" />

    </ScrollView>
</LinearLayout>
```

Sensitive Corp

Dra. Ma. de Jesús Carreón Ortega
Homeopatía y Psicoterapia

Ced. Prof. 2122643

+ Aconitum — 200 c solución
5 gts. Tomar c/12 h durante 10 días.
1 frasco

+ Apis mellifica 200c solución
Tomar 5 gts de
c/ que - c/
c/ 5 h .. 3 días   x por 20 días.
c/ 8 h   3 d s.
c/ 12 h. -

cinco —
10 Du —
6.15 —

EDIFICIO AVE FENIX
Francisco I. Madero #815 Primer piso Col. Barrio de la Estación Aguascalientes, Ags.
Tel. (449) 915.45.78 Cel. 449.107.67.56

Tomita — the Tower in 16 weeks — lyric.

El fichero de la actividad se detalla a continuación. Al pulsar el botón se ejecuta el método `Conectar`, donde se establece la conexión y se lee la página web línea por línea. Al final mostramos el número de líneas que se han leído. En la figura 12.5. aparecen dos capturas de pantalla de un Samsung Galaxy Tab.

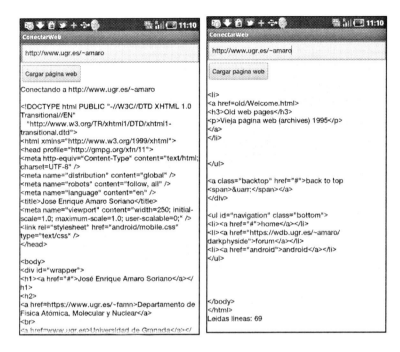

Figura 12.5. *Aplicación para conectar a una página web y leer su código HTML. Capturas de pantalla de un Samsung Galaxy Tab.*

```
package es.ugr.amaro.conectarweb;

import java.io.BufferedReader;
import java.io.InputStream;
import java.io.InputStreamReader;
import java.net.HttpURLConnection;
import java.net.URL;
import java.net.URLConnection;
import android.app.Activity;
import android.os.Bundle;
import android.view.View;
import android.view.View.OnClickListener;
import android.view.inputmethod.InputMethodManager;
import android.widget.Button;
import android.widget.EditText;
import android.widget.TextView;
```

```java
public class ConectarWebActivity extends Activity
                            implements OnClickListener{

    TextView tv;
    EditText editText;

    @Override
    public void onCreate(Bundle savedInstanceState) {
        super.onCreate(savedInstanceState);
        setContentView(R.layout.main);
        tv=(TextView) findViewById(R.id.textView);
        editText=(EditText) findViewById(R.id.editText1);
        Button boton=(Button) findViewById(R.id.button1);
        boton.setOnClickListener(this);
    }

    @Override
    public void onClick(View v) {
       // TODO Auto-generated method stub
       String direccion=editText.getText().toString();
       tv.setText("Conectando a "+direccion);
       conectar(direccion);

       //---esconde el teclado
       InputMethodManager manager
           =(InputMethodManager) this.getSystemService(
                                      INPUT_METHOD_SERVICE);
       manager.hideSoftInputFromWindow(v.getWindowToken(),0);
    }

    void conectar(String direccion){

        try{

            //---establece la conexión http
            URL url= new URL(direccion);
            URLConnection urlConexion=url.openConnection();
            HttpURLConnection httpConexion= (HttpURLConnection)
            urlConexion;

            //---obtener un buffer para el input
            InputStream in= httpConexion.getInputStream();
            InputStreamReader reader=new InputStreamReader(in);
            BufferedReader buffer=new BufferedReader(reader);

            //---lee todas las líneas del buffer
            String linea="";
```

```
            int nLineas=-1;
            while(linea!=null){
              nLineas++;
              tv.append("\n"+linea);
              linea= buffer.readLine();
            }

            tv.append("\nLeídas lineas: "+nLineas+"\n");

        }catch(Exception e){
            tv.append("\nNo se ha podido  conectar");
        }
    }
}
```

12.6. Introducción a XML y RSS

Los RSS feeds permiten acceder a contenidos de una página web programáticamente. RSS está basado en XML. En las siguientes secciones veremos algunas técnicas básicas para analizar documentos RSS online y extraer sus contenidos con Android. No es posible aquí describir en profundidad el lenguaje XML, por lo tanto, solo introduciremos brevemente ciertos aspectos esenciales de su estructura, que son necesarios para establecer algunas definiciones que usaremos más adelante.

El XML (Extensible Markup Language) o lenguaje de marcas extensible se basa en un conjunto de reglas para representar información estructurada en formato de texto. Un documento XML suele almacenarse en ficheros con extensión xml. Los componentes básicos de un documento XML se denominan *elementos*. Un elemento se define como un fragmento de documento del tipo

```
<item>...</item>
```

El elemento está formado por todo el texto comprendido entre la marca inicial

```
<item>
```

y la final

```
</item>
```

Estas dos marcas inicial y final forman parte del elemento. Entre las dos puede haber texto u otros elementos (elementos anidados). Por ejemplo, en el siguiente fragmento XML hay un texto dentro de un elemento, que está dentro de otro elemento.

```
<item>
   <subitem>
      texto
   </subitem>
</item>
```

Diremos que el texto `texto` es un nodo hijo del elemento `subitem`, que a su vez es un nodo hijo del elemento `item`. Un documento XML se compone básicamente de texto, elementos (anidados o no) y otros tipos de marcas, que deben seguir unas reglas estrictas para que el documento sea válido. No entraremos aquí a discutir la estructura general de un documento XML, que puede ser bastante compleja. Baste con citar una regla fundamental: cada elemento debe poseer marca de inicio y marca de cierre y todos los elementos hijos deben estar anidados, es decir, no pueden cerrarse fuera del padre. Si un elemento no tiene hijos, puede representarse mediante una sola marca. Por ejemplo:

```
<item/>
```

Los nombres de los elementos son libres, razón por la que el lenguaje se llama *extensible*. Sin embargo, no es posible incluir los caracteres que delimitan las marcas < ó >. Un marcador CDATA permite saltarse esta restricción.

```
<![CDATA[ Dentro de un marcador CDATA podemos escribir
cualquier caracter <> excepto los que forman la marca CDATA
CDATA!]]>
```

En XML, un comentario se escribe de la siguiente forma:

```
<!-- Esto es un comentario en XML -->
```

Un documento XML puede comenzar por una declaración XML como la siguiente, aunque no es obligatorio:

```
<?xml version='1.0' encoding='UTF-8'>
```

RSS feed es un método de distribución de resúmenes de contenidos de una página web para ser utilizados por terceros. RSS (Rich Site Summary o Really Simple Syndication) es un formato XML prefijado, que permite a las aplicaciones web acceder a la información fácilmente. La estructura básica de un documento RSS es la siguiente:

```
<?xml version="1.0" encoding="UTF-8"?>
<rss version="2.0">
<channel>
<title>RSS (Rich Site Summary)</title>
<link>http://www.ugr.es/~amaro</link>
<description>Un ejemplo de fichero XML en el formato de
RSS Feed.
```

```
</description>
<item>
    <title>Este es el título del item 0</title>
    <link> http://www.ugr.es/~amaro/link0.html</link>
    <description>Descripción 0. Se trata de una corta descripción
    </description>
</item>
<item>
    <title>Este es el título del item 1</title>
    <link> http://www.ugr.es/~amaro/link1.html</link>
    <description>Descripción 1. Se puede incluir cualquier número de elementos item con su correspondiente descripción
    </description>
</item>
</channel>
</rss>
```

12.7. Análisis de documentos XML con DOM

DOM (Document Object Model) es un conjunto de interfaces para acceder al contenido de los documentos XML y HTML. Nosotros usaremos la implementación para Java del paquete `org.w3c.dom`, disponible en Android. Este paquete proporciona la clase `Document`, que representa un documento XML, una vez validado y convertido en un objeto Java, así como otras clases, que representan los distintos tipos de nodos y diversos métodos para extraer y manipular los contenidos.

Para convertir (*parse*) un fichero xml en un documento DOM, debemos seguir tres pasos. Primero, necesitamos un objeto `DocumentBuilderFactory` para, a continuación, fabricar un objeto `DocumentBuilder`. Estas dos clases pertenecen al paquete `javax.xml.parsers`. Por último, usamos el método `parse` de este objeto para convertir el xml.

```
DocumentBuilderFactory factory
            =DocumentBuilderFactory.newInstance();
DocumentBuilder builder=factory.newDocumentBuilder();
Document doc=builder.parse(input);
```

Aquí, `input` es un `InputStream` que representa al fichero xml.

La siguiente aplicación `ParseXML` convierte un fichero xml en un documento DOM y muestra en pantalla todos los elementos que contiene.

Usaremos el siguiente fichero `rss2.xml`. Se trata de un RSS con un ítem. Lo copiaremos en el directorio `res/raw` de nuestra aplicación.

```xml
<?xml version="1.0" encoding="UTF-8"?>
<rss version="2.0">
<channel>
<title>RSS (Rich Site Summary)</title>
<link>http://www.ugr.es/~amaro</link>
<description>Un ejemplo de fichero XML en el formato de
RSS Feed.
</description>
<item>
    <title>Este es el titulo del item 0</title>
    <link> http://www.ugr.es/~amaro/link0.html</link>
    <description>Descripción 0. Se trata de una corta
descripción
    </description>
</item>
</channel>
</rss>
```

Un fichero xml contiene un único elemento raíz, o nodo principal, que en nuestro ejemplo RSS es `channel`. Este elemento lo extraemos del documento DOM mediante

```
Node nodoPrincipal=doc.getDocumentElement();
String nombreNodo=nodoPrincipal.getNodeName();
```

La lista de todos los elementos con cierto nombre se extrae en un objeto `NodeList`, **mediante el método** `getElementsByTagName("nombre")`. **Puesto que queremos obtener todos los elementos, usaremos un asterisco.**

```
NodeList nodeList=doc.getElementsByTagName("*");
```

Finalmente, el método `item` nos permite extraer los nodos contenidos en un NodeList.

El layout de nuestra aplicación será el siguiente fichero `main.xml`:

```xml
<?xml version="1.0" encoding="utf-8"?>
<LinearLayout
xmlns:android="http://schemas.android.com/apk/res/android"
    android:layout_width="fill_parent"
    android:layout_height="fill_parent"
    android:orientation="vertical"
    android:background="#ddffee">

    <TextView
        android:id="@+id/textView"
        android:textColor="#000000"
```

```
            android:textSize="18sp"
            android:layout_width="fill_parent"
            android:layout_height="wrap_content"
            android:text="Convierte (parse) un fichero XML" />

</LinearLayout>
```

La actividad `ParseXMLActivity.java` se detalla a continuación. En la figura 12.7. se muestra la captura de pantalla, donde se observa que hay nueve elementos y una lista con sus nombres.

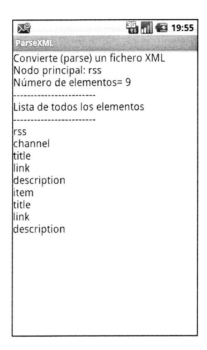

Figura 12.7. Aplicación para convertir un fichero xml en un documento que se analiza con la interfaz DOM.

```
package es.ugr.amaro.parsexml;

import java.io.InputStream;
import javax.xml.parsers.*;
import org.w3c.dom.*;
import android.app.Activity;
import android.os.Bundle;
import android.widget.TextView;

public class ParseXMLActivity extends Activity {
```

```java
/** Called when the activity is first created. */
@Override
public void onCreate(Bundle savedInstanceState) {
    super.onCreate(savedInstanceState);
    setContentView(R.layout.main);
    TextView tv=(TextView) findViewById(R.id.textView);

    //---lee fichero xml
    InputStream input
        = getResources().openRawResource(R.raw.rss1);
    //---nueva factoría de constructores de documentos
    DocumentBuilderFactory factory
            =DocumentBuilderFactory.newInstance();
    try {
       //---nuevo constructor de documentos
       DocumentBuilder builder
            =factory.newDocumentBuilder();
       //---convierte el XML en un documento
       Document doc=builder.parse(input);
       doc.normalize();

       //---Nodo principal del documento
       Node nodoPrincipal=doc.getDocumentElement();
       String nombreNodo=nodoPrincipal.getNodeName();
       tv.append("\nNodo principal: "+nombreNodo);

       //---lista de todos los nodos
       NodeList nodeList=doc.getElementsByTagName("*");
       int nNodes=nodeList.getLength();
       tv.append("\nNumero de elementos= "+nNodes);
       Node nodo;
       tv.append("\n-----------------------"
             +"\nLista de todos los elementos"
             +"\n-----------------------");

       for(int i=0;i<nNodes;i++){
          //---toma el nodo i
          nodo=nodeList.item(i);
          nombreNodo=nodo.getNodeName();
          tv.append("\n"+nombreNodo);
       }

    } catch (Exception e){
       tv.append("\nError de XML");
    }
  }
}
```

12.8. Extraer los valores de los elementos XML

La estructura de un documento DOM puede representarse como un árbol compuesto por ramas que llamaremos *nodos*. Cabe resaltar algunas características de los nodos:

- Cada nodo puede contener otros nodos hijos, o no tenerlos.

- El tronco del árbol es el nodo principal, de donde parten las ramas o primer nivel de nodos hijos.

- Cada nodo tiene un tipo, que puede ser `Element`, `Text`, etc.

- Hay que tener muy presente que tanto los espacios en blanco como los caracteres de nueva línea se consideran nodos de texto.

- Cada nodo tiene un nombre. Los nodos de tipo texto poseen el nombre genérico `#text`.

- Cada nodo tiene un valor. El valor de un nodo de texto es el texto que contiene. El valor de un elemento es null.

Como ejemplo, consideremos el siguiente fichero `rss1.xml`:

```
<?xml version="1.0" encoding="UTF-8"?>
<rss version="2.0">
<channel>
<title>RSS (Rich Site Summary)</title>
<link>http://www.ugr.es/~amaro</link>
<description>Un ejemplo de fichero XML en el formato de RSS Feed.
</description>
<item> Texto después de item.
    <title>Este es el titulo del item 0</title> Texto tras title.
    <link> http://www.ugr.es/~amaro/link0.html</link>Texto tras link.
    <description>Descripcion 0. Se trata de una corta descripción
    </description> Texto tras description.
</item>
</channel>
</rss>
```

En representación DOM, el nodo principal de este documento, `rss`, tiene tres nodos hijos. La representación en árbol del primer nivel de nodos, o nodos adyacentes, sería la siguiente:

```
#document
   -rss
      -#text
      -channel
      -#text
```

Es decir, `rss` contiene el nodo `channel` y dos nodos de texto, representando los espacios en blanco. Todos los demás nodos del documento son hijos del nodo `channel`. Consideremos el nodo `item`. Este tiene siete nodos hijos. Para que quede más clara la situación de los nodos de texto, nótese que en el fichero xml hemos escrito texto donde normalmente habría espacios en blanco. El documento XML sigue siendo válido. La estructura en árbol del nodo `item` es la siguiente:

```
-item
   -#text
   -title
      -#text
   -#text
   -link
      -#text
   -#text
   -description
      -#text
   -#text
```

El nodo `item` tiene siete nodos hijos: tres elementos y cuatro textos. Estos cuatro nodos de texto son adyacentes, es decir, son hijos del mismo padre y se encuentran al mismo nivel de profundidad en el árbol del documento. Cada uno de los tres elementos tiene un único nodo hijo, de tipo texto.

En la siguiente aplicación analizamos la estructura de este documento, mostrando en pantalla los nodos hijos del nodo `item` y los valores de los nodos de texto que contiene. Para este análisis usaremos algunos de los métodos de la clase `Node`. En DOM, la lista de nodos hijos de un nodo se obtiene mediante

```
NodeList nodeList= node.getChildNodes();
```

El valor de un nodo se extrae con

```
String value = node.getNodeValue();
```

y el primer nodo hijo de un nodo con

```
Node nodoHijo = node.getFirstChild();
```

Partiremos del siguiente layout:

```xml
<?xml version="1.0" encoding="utf-8"?>
<ScrollView
xmlns:android="http://schemas.android.com/apk/res/android"
    android:layout_width="fill_parent"
    android:layout_height="fill_parent" >

<LinearLayout
    android:layout_width="fill_parent"
    android:layout_height="fill_parent"
    android:orientation="vertical"
    android:background="#aaffaa" >

    <TextView
        android:id="@+id/textView"
        android:textSize="18sp"
        android:textColor="#000000"
        android:layout_width="fill_parent"
        android:layout_height="wrap_content"
        android:text="Valores XML" />

</LinearLayout>
</ScrollView>
```

A continuación se detalla el fichero Java. El fichero `rss1.xml` se copiará en el directorio `res/raw` de nuestro proyecto. Las capturas de pantalla se muestran en la figura 12.8.1. Los nodos hijos de `item` se han numerado del 0 al 6. Vemos que los valores de los nodos de texto adyacentes contienen los caracteres de nueva línea.

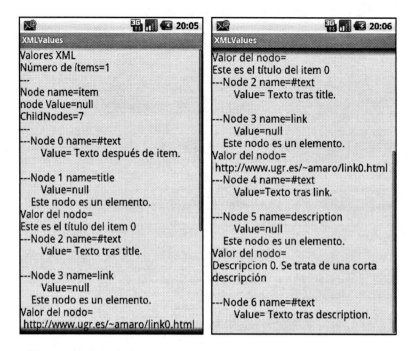

Figura 12.8.1. *Aplicación para extraer los valores almacenados en un fichero xml con la interfaz DOM.*

```
package es.ugr.amaro.xmlvalues;

import java.io.InputStream;
import javax.xml.parsers.*;
import org.w3c.dom.*;
import android.app.Activity;
import android.os.Bundle;
import android.widget.TextView;

public class XMLValuesActivity extends Activity {
    /** Called when the activity is first created. */
    @Override
    public void onCreate(Bundle savedInstanceState) {
        super.onCreate(savedInstanceState);
        setContentView(R.layout.main);
        TextView tv = (TextView) findViewById(R.id.textView);

        InputStream input
            =getResources().openRawResource(R.raw.rss1);
        DocumentBuilderFactory factory
            =DocumentBuilderFactory.newInstance();
```

```java
            try{
            DocumentBuilder builder=factory.newDocumentBuilder();
            Document doc=builder.parse(input);
    //      doc.normalize();
            NodeList nodeList=doc.getElementsByTagName("item");
            int nItems=nodeList.getLength();
            tv.append("\nNúmero de items="+nItems+"\n---");
            for(int i=0;i<nItems;i++){

                Node node = nodeList.item(i);
                tv.append("\nNode name="+node.getNodeName());
                tv.append("\nnode Value="+node.getNodeValue());

                NodeList nodeList2= node.getChildNodes();
                int nNodes=nodeList2.getLength();
                tv.append("\nChildNodes="+nNodes+"\n---");

                for(int j=0;j<nNodes;j++){

                    Node node2= nodeList2.item(j);
                    tv.append("\n---Node "+j+" name="
                            +node2.getNodeName());
                    tv.append("\n       Value="
                            +node2.getNodeValue());

                    if(node2.getNodeType()==Node.ELEMENT_NODE){
                       String valor
                           =node2.getFirstChild().getNodeValue();
                       tv.append("\n   Este nodo es un elemento. "
                            +"\nValor del nodo=\n"+valor);
                    }
                }
            }
            } catch(Exception e){
              tv.append("Parsing error");
            }
        }
    }
}
```

Los nodos de texto adyacentes se pueden agrupar normalizando el documento. Esto se hace descomentando la línea

```
doc.normalize();
```

El resultado de normalizar el anterior documento se muestra en la figura 12.8.2. El nodo `item` tiene ahora cuatro nodos hijos, en lugar de siete. Todas las ramas de texto hijas del nodo `item` se han agrupado en el subnodo número cero.

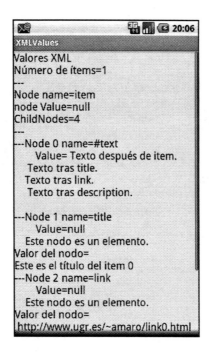

Figura 12.8.2. Nodos hijos del nodo item después de normalizar el documento XML.

Por último, nótese que todos los nodos de tipo Element tienen el valor null. Si queremos extraer el texto contenido dentro de un elemento, debemos proceder en dos pasos: primero debemos extraer el primer nodo hijo, con getFirstChild, y luego su valor, con getNodeValue.

```
String valor=node2.getFirstChild().getNodeValue();
```

12.9. Conectar a un RSS feed

Muy importante: en esta sección debe utilizarse el permiso

```
<uses-permission android:name="android.permission.INTERNET"/>
```

Ya podemos utilizar lo aprendido en las secciones anteriores para construir un lector de canales RSS. Particularizaremos el caso del canal RSS del diario *El País*, cuya dirección es

```
String elPais="http://ep01.epimg.net/rss/elpais/portada.xml";
```

El código puede modificarse fácilmente para leer otros canales RSS. A la hora de leer un canal RSS, primero debemos analizar el código XML y seleccionar los elementos que queremos mostrar en la pantalla. En el caso del diario *El País,* esta es la estructura simplificada del fichero xml (se han vaciado los contenidos que no nos interesa mostrar en nuestra aplicación):

```xml
<?xml version="1.0" encoding="utf-8"?>
<rss version="2.0">
<channel>
   <title><![CDATA[Portada de EL PAÍS]]></title>
   <link><![CDATA[http://economia.elpais.com/rss/elpais/portada.xml]]></link>
   <description></description>
   <lastBuildDate>Sat, 12 May 2012 11:42:21 +0200</lastBuildDate>
   <pubDate></pubDate>
   <language></language>
   <copyright></copyright>
   <ttl></ttl>
   <image>
   </image>
   <item>
      <title><![CDATA[Título de la Noticia]]></title>
      <link></link>
      <guid isPermaLink="true"></guid>
      <dc:creator></dc:creator>
      <description><![CDATA[descripción de la noticia]]></description>
      <pubDate><![CDATA[Sat, 12 May 2012 00:02:34 +0200]]></pubDate>
     <category></category>
     <content:encoded><![CDATA[contenido de la noticia en html
                      ]]></content:encoded>
     <enclosure />
     <enclosure />
     <enclosure />
     <comments></comments>
   </item>
</channel>
</rss>
```

Los elementos que vamos a extraer de este fichero, representados en un diagrama de árbol, son:

```
-title
-link
-lastBuilDate
```

```
-item
   -title
   -description
   -pubDate
   -content:encoded
```

Nótese que el contenido de estos elementos es un nodo de tipo CDATA, que a su vez contiene el texto que nos interesa. Por lo tanto, este texto se extrae como el valor del nodo hijo. Por ejemplo, para extraer el título usaremos

```
NodeList nodeList=doc.getElementsByTagName("title");
Node nodo=nodeList.item(0);
String title= nodo.getFirstChild().getNodeValue();
```

Procederemos del mismo modo para el resto de los elementos, cuyo contenido iremos añadiendo a un LinearLayout, insertándolo en un TextView mediante

```
    layout.addView(tv);
```

A continuación se detalla la interfaz de usuario que utilizaremos. Contiene un botón para convertir el RSS con DOM y otro botón para mostrar en pantalla el código XML sin convertir. Ambos contenidos los mostraremos dentro de un ScrollView.

```
<?xml version="1.0" encoding="utf-8"?>
<LinearLayout
xmlns:android="http://schemas.android.com/apk/res/android"
    android:layout_width="fill_parent"
    android:layout_height="fill_parent"
    android:orientation="vertical"
    android:background="#ffffaa"
    android:id="@+id/layout1">

<LinearLayout
    android:layout_width="fill_parent"
    android:layout_height="wrap_content"
    android:orientation="horizontal"
    android:background="#ccffcc">

    <Button
        android:id="@+id/button1"
        android:layout_width="wrap_content"
        android:layout_height="wrap_content"
        android:text="Leer RSS" />
    <Button
        android:id="@+id/button2"
        android:layout_width="wrap_content"
        android:layout_height="wrap_content"
```

```xml
            android:text="Código XML" />
    <TextView
        android:layout_width="wrap_content"
        android:layout_height="wrap_content"
        android:textColor="#000000"
        android:text="Lector de RSS Feeds EL PAIS by J.E. Amaro" />

</LinearLayout>

<ScrollView
    android:layout_width="fill_parent"
    android:layout_height="wrap_content">
<LinearLayout
    android:layout_width="fill_parent"
    android:layout_height="wrap_content"
    android:orientation="vertical"
    android:id="@+id/layout">
</LinearLayout>
</ScrollView>

</LinearLayout>
```

La actividad `RSSFeedsActivity.java` se lista más adelante. Al pulsar el primer botón, se ejecuta el método `rss`, donde se analiza el fichero RSS con DOM. Al pulsar el segundo botón, se ejecuta el método `codigoXML`, que muestra el código XML sin transformar. Utilizamos un método `print`, que permite añadir al layout un texto con un tamaño y color distintos para cada elemento, para facilitar la lectura. Por último, hemos definido un método `printWeb` para mostrar el contenido del elemento `content:encoded`, que corresponde al cuerpo de la noticia escrito en HTML. Este texto se introduce dentro de un WebView, que se añade al layout. Nótese que existe un *bug* (documentado en la página de Android developers), consistente en que cuando en un WebView cargamos datos en HTML, se producirá un error si la cadena html contiene el carácter de porcentaje (%). Evitamos este problema transformando dicho carácter por la cadena `por ciento`.

```
String html=cadena.replace("%", "por ciento");
webView.loadData(html, "text/html", "utf-8");
```

En la figura 12.9. se muestran algunas capturas de pantalla de esta aplicación.

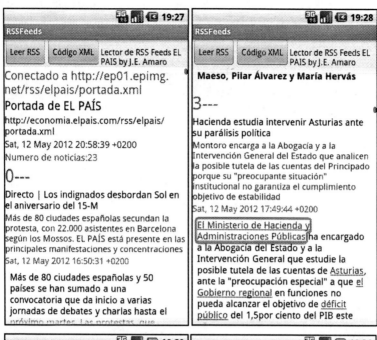
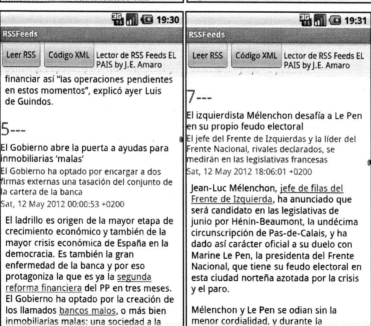

Figura 12.9. Lector del canal RSS del diario El País.

```java
package es.ugr.amaro.rssfeeds;

import java.io.*;
import java.net.*;
import javax.xml.parsers.*;
import org.w3c.dom.*;
import android.app.Activity;
import android.graphics.Color;
import android.os.Bundle;
import android.view.View;
import android.view.View.OnClickListener;
import android.webkit.WebSettings;
import android.webkit.WebView;
import android.widget.Button;
import android.widget.LinearLayout;
import android.widget.TextView;

public class RSSFeedsActivity extends Activity
                            implements OnClickListener{

    LinearLayout layout;

    @Override
    public void onCreate(Bundle savedInstanceState) {
        super.onCreate(savedInstanceState);
        setContentView(R.layout.main);
        layout=(LinearLayout) findViewById(R.id.layout);
        Button boton1=(Button) findViewById(R.id.button1);
        boton1.setOnClickListener(this);
        Button boton2=(Button) findViewById(R.id.button2);
        boton2.setOnClickListener(this);
    }

    @Override
    public void onClick(View v) {

        layout.removeAllViews();
        String elPais
            ="http://ep01.epimg.net/rss/elpais/portada.xml";
        int id=v.getId();
        if(id==R.id.button1){
            rss(elPais);
        }
        else{
            codigoXML(elPais);
        }
    }
```

```
void rss(String direccion){

  try {
   //---establece la conexión http
   URL url= new URL(direccion);
   URLConnection urlConexion=url.openConnection();
   HttpURLConnection httpConexion
              = (HttpURLConnection) urlConexion;

   print("Conectado a "+direccion,20,0,100,0);

   //---obtener un buffer para el input
   InputStream input= httpConexion.getInputStream();
   DocumentBuilderFactory  factory
              =DocumentBuilderFactory.newInstance();
   DocumentBuilder builder=factory.newDocumentBuilder();
   Document doc=builder.parse(input);

   //---Title
   NodeList nodeList=doc.getElementsByTagName("title");
   Node nodo=nodeList.item(0);
   String title= nodo.getFirstChild().getNodeValue();
   print (title,20,0,0,0);


   //---Link
   nodeList=doc.getElementsByTagName("link");
   nodo=nodeList.item(0);
   String link= nodo.getFirstChild().getNodeValue();
   print (link,16,0,0,100);

   //---lastBuildDate
   nodeList=doc.getElementsByTagName("lastBuildDate");
   nodo=nodeList.item(0);
   String date= nodo.getFirstChild().getNodeValue();
   print (date,16,100,0,0);

   //---items

   //---lastBuildDate
   nodeList=doc.getElementsByTagName("item");
   int nItems=nodeList.getLength();
   print("Número de noticias:"+nItems,16,100,100,0);

   Element item;
   NodeList itemList;
   for(int i=0;i<nItems;i++){
   item = (Element) nodeList.item(i);
```

```
    print(i+"---",30,100,100,100);

    //---title
    itemList=item.getElementsByTagName("title");
    nodo=itemList.item(0);
    String itemTitle= nodo.getFirstChild().getNodeValue();
    print (itemTitle,16,0,0,0);

    //---description
    itemList=item.getElementsByTagName("description");
    nodo=itemList.item(0);
    String description= nodo.getFirstChild().getNodeValue();
    print (description,15,100,0,0);

    //---pubDate
    itemList=item.getElementsByTagName("pubDate");
    nodo=itemList.item(0);
    String pubDate= nodo.getFirstChild().getNodeValue();
    print (pubDate,15,100,100,50);

    //---content: encoded HTML
    itemList=item.getElementsByTagName("content:encoded");
    nodo=itemList.item(0);
    String content= nodo.getFirstChild().getNodeValue();
    printWeb (content);
   }

   print("-----\nNo hay más noticias",18,200,0,50);
   print("Copyright J.E. Amaro, Granada Mayo 2012"
         ,18,150,75,20);

  } catch(Exception e){
  }
 }

void codigoXML(String direccion){

  try {
   //---establece la conexión http
   URL url= new URL(direccion);
   URLConnection urlConexion=url.openConnection();
   HttpURLConnection httpConexion
                = (HttpURLConnection) urlConexion;

   print("Conectado a "+direccion,20,0,100,0);

   //---obtener un buffer para el input
```

```
        InputStream input= httpConexion.getInputStream();
        InputStreamReader reader=new InputStreamReader(input);
        BufferedReader buffer=new BufferedReader(reader);

        String linea="";
        int nlineas=-1;
        while(linea!=null){
            nlineas++;
            int r=(nlineas*50)%255;
            print(linea,16,r,0,0);
            linea=buffer.readLine();
        }

    } catch (Exception e) {
      print("\nNo se ha podido conectar",20,255,0,0);
    }
}

void print(String cadena,float size,int r,int g,int b){
    TextView tv=new TextView(this);
    tv.setBackgroundColor(Color.rgb(255, 255, 255));
    tv.setTextColor(Color.rgb(r, g, b));
    tv.setTextSize(size);
    tv.setText(cadena);
    layout.addView(tv);
}

void printWeb(String cadena){
    //---Bug en webView si hay un carácter %
    String html=cadena.replace("%", "por ciento");
    WebView webView=new WebView(this);
    WebSettings webSettings= webView.getSettings();
    webSettings.setDefaultTextEncodingName("utf-8");
    webView.loadData(html, "text/html", "utf-8");
    layout.addView(webView);
}
}
```

12.10. Inspeccionar una página WEB con Jsoup

Muy importante: en esta sección debe utilizarse el permiso

```
<uses-permission android:name="android.permission.INTERNET"/>
```

La interfaz DOM descrita en las secciones anteriores podría utilizarse también para analizar un código HTML. Sin embargo, la transformación de una página web en un documento DOM puede fallar si dicha página no está bien formada, es decir, contiene errores de sintaxis XML. Por ejemplo, elementos de párrafo `<p>` que no se cierran, elementos mal anidados, etc. Los navegadores usuales pueden pasar por alto estos errores, pero DOM es muy estricto y produce excepciones ante el mínimo error.

En esta sección presentamos una introducción al paquete Jsoup. Jsoup permite inspeccionar páginas web y, en general, código HTML y XML, transformándolos en objetos `Document`, similares a los documentos DOM. Es muy flexible porque trata de corregir (y corrige) los errores de HTML, permitiéndonos analizar el documento con métodos similares a los de DOM, además de otros propios bastante eficientes. Jsoup no forma parte de los paquetes de Android, pero se puede descargar gratuitamente de la página web `http://jsoup.org`. Este paquete se descarga en un fichero de tipo jar, un fichero comprimido que contiene las clases de Java. Nosotros vamos a utilizar la versión `jsoup-1.6.2.jar`. El paquete Jsoup se incluye en nuestro proyecto de Eclipse. Los pasos para importarlo son:

1. Crear una carpeta llamada `libs` en nuestro proyecto de Eclipse y copiar ahí el fichero jar.

2. Clicar en nuestro proyecto de Eclipse con el botón derecho del ratón y seleccionar *Properties* (última opción de la lista desplegable).

3. Ir a la sección *Java build path*, pestaña *Libraries* y pulsar el botón *Add JARs*.

4. Navegar hasta el directorio de nuestro proyecto, seleccionar el fichero jar y pulsar *OK*.

Una vez importado, procedemos normalmente importando las clases de Jsoup en nuestra actividad, como si se tratara de otro paquete de Android.

Advertencia: al importar automáticamente en Eclipse las clases `Document`, `Element`, etcétera, verifique que se importan las de Jsoup y no las de DOM. Ambos paquetes tienen clases con nombres idénticos, pero incompatibles entre sí.

El primer paso para inspeccionar una página web con Jsoup es realizar la conexión y transformarla en un objeto de la clase `Document`.

```
Document doc=Jsoup.connect(url).get();
```

Esta clase es la versión Jsoup de la clase `Document` de DOM, y posee métodos similares. Referimos al lector a la página web de Jsoup para una documentación completa. En esta sección solo ilustraremos un pequeño conjunto de sus potentes métodos, extrayendo algunos datos de la página web de la Agencia Estatal de Meteorología (AEMET).

La página web de la AEMET proporciona, entre otras, la previsión del tiempo por provincias. En la figura 12.10.1. (izquierda) se muestra la página principal de las provincias:

```
http://www.aemet.es/es/eltiempo/prediccion/provincias
```

Al pulsar sobre una provincia en el mapa, veremos la predicción de temperatura para las principales ciudades para hoy y mañana. Por ejemplo, la predicción para Barcelona se muestra en la segunda captura de la figura 12.10.1., en la página

```
www.aemet.es/es/eltiempo/prediccion/provincias?p=08&w=1
```

Vemos que cada provincia tiene un código numérico, que en el caso de Barcelona es p=08. El link anterior proporciona la predicción para cada provincia cambiando el valor numérico de este código, que desconocemos. Sin embargo, los códigos de todas las provincias, incluidos los links a la página de predicciones, están escritos en el código HTML de la página principal. Estos links, junto con los nombres de las provincias, son lo primero que vamos a extraer con nuestra aplicación Android.

Para extraer esta información de la página, usaremos los siguientes métodos de Jsoup.

Para extraer el título del documento:

```
String title=doc.title();
```

Para seleccionar todos los elementos del tipo

```
<ul class=''oculta_enlaces''>
```

usaremos el método select

```
Elements elements=doc.select("ul.oculta_enlaces");
```

La clase `Elements` contiene una lista de elementos. Por lo tanto, el objeto `elements` contiene todos los elementos del tipo anterior. En nuestro caso, solo hay un elemento. Al inspeccionar la página web, comprobamos que este elemento, a su vez, contiene en sus nodos hijos los links a las predicciones provinciales. A continuación se muestran los tres primeros links incluidos en dicho elemento.

```
<ul class="oculta_enlaces" >

<li><a href="/es/eltiempo/prediccion/provincias?p=15&amp;w=">
A Coruña</a>
```

```
</li>

<li><a href="/es/eltiempo/prediccion/provincias?p=03&amp;w="> 
Alacant/Alicante</a>
</li>

<li><a href="/es/eltiempo/prediccion/provincias?p=02&amp;w=">
Albacete</a>
</li>

...

</ul>
```

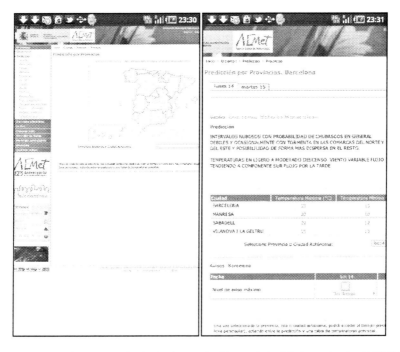

Figura 12.10.1. Página web de la Agencia Estatal de Meteorología (AEMET), con la previsión del tiempo por provincias que queremos extraer.

Para extraer estos links, lo mejor es seleccionar todos los elementos hijos del tipo link.

```
<a href>
```

Para ello ejecutamos de nuevo el método `select`

321

```
Element element=elements.get(0);
elements=element.select("a[href]");
int links=elements.size();
```

Ahora tenemos en `elementos` una lista con todos los elementos del tipo `<a href>` y, por lo tanto, todos los links. Podemos extraer todos estos links en un *loop*. El valor de cada link se extrae con el método `attr`. El texto dentro del elemento se extrae con el método `text`.

```
for(int i=0;i<links;i++){
  Element eleProvincia=elements.get(i);
  String dirProvincia=eleProvincia.attr("href");
  String provincia=eleProvincia.text();
}
```

Todo esto se ilustra con el ejemplo de la siguiente aplicación. El fichero `main.xml` que usaremos es:

```
<?xml version="1.0" encoding="utf-8"?>
<ScrollView
xmlns:android="http://schemas.android.com/apk/res/android"
    android:layout_width="fill_parent"
    android:layout_height="fill_parent"
    android:orientation="vertical"
    android:background="#aaffaa">

    <TextView
        android:id="@+id/textView"
        android:textSize="18sp"
        android:textColor="#000000"
        android:layout_width="fill_parent"
        android:layout_height="wrap_content"
        android:text="@string/hello" />

</ScrollView>
```

La actividad del proyecto `ParseHTML` aparece listada a continuación y en la figura 12.10.2. se muestran dos capturas de pantalla. Nótese que hemos preparado un método llamado `extraeDatos`, que por ahora está vacío. Más tarde lo implementaremos para extraer la predicción de cada provincia, usando los links que hemos determinado. Todas las operaciones de conexión e inspección se realizan en background implementando un AsynkTask. Esto resulta conveniente cuando en nuestra aplicación se realizan muchas conexiones, que pueden tardar en total varios minutos o más, dependiendo de la velocidad de nuestra conexión.

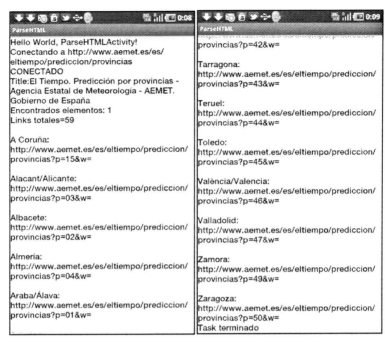

Figura 12.10.2. Una aplicación que usa Jsoup para inspeccionar la página web de la AEMET.

```
package es.ugr.amaro.parsehtml;

import java.io.IOException;


import org.jsoup.Jsoup;
import org.jsoup.nodes.Document;
import org.jsoup.nodes.Element;
import org.jsoup.select.Elements;
import android.app.Activity;
import android.os.AsyncTask;
import android.os.Bundle;
import android.widget.TextView;

public class ParseHTMLActivity extends Activity {

    TextView tv;
    @Override
    public void onCreate(Bundle savedInstanceState) {
        super.onCreate(savedInstanceState);
```

```java
        setContentView(R.layout.main);
        tv= (TextView) findViewById(R.id.textView);
        new MiAsyncTask().execute();
    }

    class MiAsyncTask extends AsyncTask<Void,String,Void>{

       @Override
       protected Void doInBackground(Void...arg0){

       String baseUrl="http://www.aemet.es";
       String url=baseUrl
               +"/es/eltiempo/prediccion/provincias";
        String dirProvincia="",provincia="",urlData="";
        try {
             publishProgress("Conectando a "+url);
             Document doc=Jsoup.connect(url).get();
             publishProgress("CONECTADO");
             String title=doc.title();
             publishProgress("Title:"+title);

             Elements elements;
             elements=doc.select("ul.oculta_enlaces");
             int n=elements.size();
             publishProgress("Encontrados elementos: "+n);

             Element element=elements.get(0);
             elements=element.select("a[href]");
             int links=elements.size();
             publishProgress("Links totales="+links);
             for(int i=0;i<links;i++){
                Element eleProvincia=elements.get(i);
                dirProvincia=eleProvincia.attr("href");
                provincia=eleProvincia.text();
                urlData=baseUrl+dirProvincia;
                publishProgress("\n"+provincia+":\n"+urlData);
             // extraeDatos(urlData);
             }

        } catch (IOException e) {
            publishProgress("Error "+e);
        }
         return null;
     } //---end doInBackground

     void extraeDatos(String urlDato){

     }
```

324

```
    @Override
    protected void onProgressUpdate(String... progress){

        String texto=progress[0];
        tv.append("\n"+texto);
    }

    @Override
    protected void onPostExecute(Void result){
        tv.append("\nTask terminado");

    }
   }   //---end AsyncTask
}
```

A continuación implementamos el método `extraeDatos` para extraer los datos de cada provincia. En primer lugar, debemos conectar con la dirección que le proporcionamos al método. Seguidamente, comenzamos a seleccionar elementos usando el método `select`. Previamente, inspeccionamos el código fuente de una de las provincias para determinar la posición de los datos que buscamos. Vemos que estos datos están contenidos en el elemento `div` siguiente:

```
<div class="contenedor_central">
<div class="notas_tabla">
<br/>
<span class="font_bold">
Validez:</span> martes, 15 mayo 2012 de 0 a 
24 horas (oficial)<br/>
</div>
<h3 class="texto_entradilla">
Predicción</h3>
<div class="texto_normal">
<p>
EN EL NORTE Y EL ESTE INTERVALOS NUBOSOS CON NUBES DE
EVOLUCION<br/>
DIURNA Y CHUBASCOS DISPERSOS Y OCASIONALES, DEBILES O
MODERADOS,<br/>
SOBRE TODO POR LA TARDE. EN EL RESTO CIELO POCO NUBOSO O<br/>
DESPEJADO. TEMPERATURAS MINIMAS EN LIGERO DESCENSO Y LAS
MAXIMAS<br/>
SIN CAMBIOS. VIENTO VARIABLE FLOJO CON BRISAS EN LA COSTA.
</p>
<p>
<br/>
```

```
</p>
</div>
<div class="disclaimer_separador_inf"></div>
<table class="tabla_datos width500px_tabla_prov"
cellspacing="2">
<thead>
<tr class="cabecera_niv1">
<th abbr="Ciu." ><div
class="cabecera_celda">Ciudad</div></th>
<th abbr="Max.">Temperatura Máxima (&#176;C)</th>
<th abbr="Min.">Temperatura Mínima (&#176;C)</th>
</tr>
</thead>
<tbody>
<tr>
<th abbr="BAR." class="borde_rlb_th">BARCELONA</th>
<td class="borde_rb"><span class="texto_rojo">22</span></td>
<td class="borde_rb"><span class="texto_azul">16</span></td>
</tr>
<tr>
<th abbr="MAN." class="borde_rlb_th">MANRESA</th>
<td class="borde_rb"><span class="texto_rojo">24</span></td>
<td class="borde_rb"><span class="texto_azul">11</span></td>
</tr>
<tr>
<th abbr="SAB." class="borde_rlb_th">SABADELL</th>
<td class="borde_rb"><span class="texto_rojo">24</span></td>
<td class="borde_rb"><span class="texto_azul">13</span></td>
</tr>
<tr>
<th abbr="VIL." class="borde_rlb_th">VILANOVA I LA
GELTRU</th>
<td class="borde_rb"><span class="texto_rojo">22</span></td>
<td class="borde_rb"><span class="texto_azul">13</span></td>
</tr>
</tbody>
</table>
</div>
```

Para extraer los datos que buscamos, procedemos a extraer los siguientes elementos con select.

Para extraer las notas de la tabla:

```
Elements elements= doc.select("div.contenedor_central");
Element contenedor=elements.get(0);
elements=contenedor.select("div.notas_tabla");
```

La búsqueda anterior se puede realizar en un solo paso, pues las cadenas de búsqueda se pueden combinar. Por ejemplo, la expresión

```
elemento.select("padre hijo")
```

busca todos los elementos hijo que descienden del elemento padre. Así, para extraer el texto de la predicción pondríamos

```
select("div.contenedor_central div.texto_normal");
```

Finalmente, para extraer las filas de la tabla de temperaturas usamos `select("table")` para seleccionar la tabla y, a continuación, `select("tr")` para seleccionar las filas. No obstante, podría haberse usado únicamente la última instrucción, ya que al haber solo una tabla en el elemento que nos ocupa, no es necesario seleccionarla previamente. El método `extraeDatos` ya implementado se lista a continuación. En la figura 12.10.3. se muestra el resultado de ejecutar la aplicación completa.

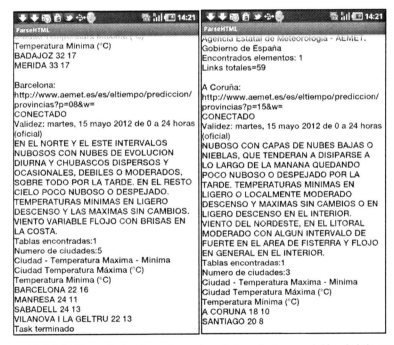

Figura 12.10.3. Resultado de extraer los datos de la previsión del tiempo para todas las provincias de la página web de la AEMET. Capturas de pantalla de un teléfono Samsung Galaxy Tab.

```java
void extraeDatos(String urlDato){

    Document doc;
    try {
        doc = Jsoup.connect(urlDato).get();
        publishProgress("CONECTADO");
        // extrae texto <div class="notas_tabla>
        Elements elements= doc.select(
                    "div.contenedor_central");
        Element contenedor=elements.get(0);

        // selecciona <div class="notas_tabla> y extrae texto
        elements=contenedor.select("div.notas_tabla");
        Element notas=elements.get(0);
        publishProgress(notas.text());

        // extrae texto  <div class="contenedor_central">
        elements= doc.select(
                "div.contenedor_central div.texto_normal");
        Element texto =elements.get(0);
        publishProgress(texto.text());

        // selecciona tabla
        elements=contenedor.select("table");
        publishProgress("Tablas encontradas:"+elements.size());
        Element tabla=elements.get(0);

        // selecciona filas de la tabla de ciudades
        Elements filas=tabla.select("tr");
        int nfilas=filas.size();
        publishProgress("Numero de ciudades:"+nfilas);
        for(int i=0;i<nfilas;i++){

            Element fila=filas.get(i);
            publishProgress(fila.text());
        }
    } catch(Exception e){}
}
```

12.11. Descargar y comprimir una imagen de Internet

En la siguiente aplicación descargamos una imagen de Internet, la mostramos en pantalla en un ImageView y la salvamos en un fichero jpg comprimida con calidad media.

Usamos la siguiente interfaz de usuario:

```xml
<?xml version="1.0" encoding="utf-8"?>

<LinearLayout
xmlns:android="http://schemas.android.com/apk/res/android"
    android:layout_width="fill_parent"
    android:layout_height="fill_parent"
    android:orientation="vertical"
    android:background="#ddffcc" >

    <TextView
        android:textColor="#000000"
        android:textSize="16sp"
        android:layout_width="fill_parent"
        android:layout_height="wrap_content"
        android:text="Descargar una imagen de Internet" />

    <Button
        android:id="@+id/button1"
        android:layout_width="wrap_content"
        android:layout_height="wrap_content"
        android:text="Comenzar" />

    <ImageView
        android:id="@+id/imageView1"
        android:layout_width="wrap_content"
        android:layout_height="wrap_content"
        android:src="@drawable/ic_launcher" />

    <ScrollView
        android:id="@+id/scrollView1"
        android:layout_width="fill_parent"
        android:layout_height="wrap_content" >

    <TextView
        android:id="@+id/textView"
        android:textColor="#000000"
        android:textSize="16sp"
        android:layout_width="fill_parent"
        android:layout_height="wrap_content"
        android:text="Información fichero" />

    </ScrollView>

</LinearLayout>
```

A continuación se detalla la actividad de la aplicación `DescargarImagen`. En el método `onClick` descargamos una imagen jpg en un `InputStream` y la transformamos en un `Bitmap` mediante

`Bitmap bitmap = BitmapFactory.decodeStream(input);`

Seguidamente, este Bitmap se muestra en pantalla. Por último, llamamos al método `guardarImagen`, que la guarda en un fichero en el directorio `descargas` de la tarjeta SD externa, a la vez que la comprime en jpg con calida media mediante

`FileOutputStream stream= new FileOutputStream(fileFile);`
`bitmap.compress(Bitmap.CompressFormat.JPEG, 50, stream);`

Usamos aquí el método `compress` de la clase Bitmap, que toma tres parámetros: el formato de compresión, la calidad de compresión (de 0 a 100) y el OutputStream donde se guardará el resultado. El nombre del fichero final es el mismo que el inicial y lo extraemos a partir del último segmento del URI de la dirección URL. En la figura 12.11. se muestran las capturas de pantalla de esta aplicación.

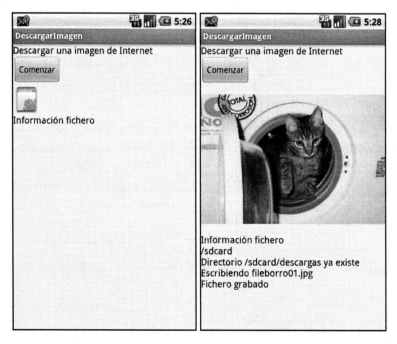

Figura 12.11. Aplicación que descarga una imagen de Internet, la muestra en pantalla y la guarda en un fichero jpg comprimiéndola con calidad media.

```java
package es.ugr.amaro.descargarimagen;

import java.io.File;
import java.io.FileOutputStream;
import java.io.InputStream;
import java.net.HttpURLConnection;
import java.net.URL;
import android.app.Activity;
import android.graphics.Bitmap;
import android.graphics.BitmapFactory;
import android.net.Uri;
import android.os.Bundle;
import android.os.Environment;
import android.view.View;
import android.view.View.OnClickListener;
import android.widget.Button;
import android.widget.ImageView;
import android.widget.TextView;

public class DescargarImagenActivity extends Activity
                                    implements OnClickListener{
    TextView tv;
    String direccion=
      "http://www.ugr.es/~amaro/gatos/bigcats/borro01.jpg";

    @Override
    public void onCreate(Bundle savedInstanceState) {
        super.onCreate(savedInstanceState);
        setContentView(R.layout.main);
        tv=(TextView) findViewById(R.id.textView);
        Button boton=(Button) findViewById(R.id.button1);
        boton.setOnClickListener(this);
     }

    @Override
    public void onClick(View v) {
        Bitmap bitmap=null;
        InputStream input=null;
        try {
           URL url=new URL(direccion);
           HttpURLConnection conexion
                = (HttpURLConnection) url.openConnection();
           input= conexion.getInputStream();
           bitmap = BitmapFactory.decodeStream(input);
           input.close();
           ImageView imageView
             = (ImageView) findViewById(R.id.imageView1);
           if(bitmap !=null) imageView.setImageBitmap(bitmap);
```

```java
            guardar(bitmap);

        } catch (Exception e) {
           tv.setText("uses_permission INTERNET");
        }
    }

    void guardar(Bitmap bitmap)   {

        File rootFile
            =  Environment.getExternalStorageDirectory();
        String root=rootFile.getAbsolutePath();
        tv.append("\n"+root);
        String dir=root+"/descargas";
        File dirFile= new File(dir);
        boolean existe=dirFile.mkdir();

        if(existe) tv.append("\nDirectorio "+dir+" creado");
        else tv.append("\nDirectorio "+dir+" ya existe");
        String file=Uri.parse(direccion).getLastPathSegment();
        tv.append("\nEscribiendo file"+file);
        File fileFile=new File(dirFile,file);

        if(fileFile.exists()){
           tv.append("\nFichero "+file+" ya existe");
        } else{
          try {
            FileOutputStream stream
                = new FileOutputStream(fileFile);
            bitmap.compress(
                Bitmap.CompressFormat.JPEG, 50, stream);
            stream.flush();
            stream.close();
            tv.append("\nFichero grabado");

          } catch (Exception e) {
             e.printStackTrace();
             tv.append("\nError "+e);
          }
        }
    }
}
```

13. CORREO ELECTRÓNICO

13.1. Enviar un email con un intent

Para enviar un email desde nuestra aplicación, lo más fácil es pasarle los datos del mensaje a alguna de las aplicaciones de email instaladas en el teléfono. Basta con crear un intent especificando la acción y tipo siguientes:

```
Intent intent=new Intent(Intent.ACTION_SEND);
intent.setType("message/rfc822");
```

El tipo MIME especificado es `message/rfc822`. El formato RFC (Request For Comments) es una especificación estándar para mensajes de correo electrónico. Consiste en una serie de encabezamientos seguidos del cuerpo (*body*) del mensaje. Un ejemplo de mensaje en este formato sería el siguiente:

```
From: pepe@micasa.es
To: maria@sucasa.com
Subject: Una pregunta

Este es el cuerpo del mensaje (opcional).
¿Me puedes contestar?
Saludos
Pepe
```

Los campos del encabezamiento y cuerpo del mensaje pueden especificarse como datos extra al intent. Hecho esto, usamos el intent para iniciar una nueva actividad implícitamente.

```
intent.putExtra(Intent.EXTRA_EMAIL,to);
intent.putExtra(Intent.EXTRA_SUBJECT, subject);
intent.putExtra(Intent.EXTRA_TEXT, body);
startActivity(intent);
```

Esta fórmula abrirá la aplicación de correo electrónico que tengamos instalada en el dispositivo, conteniendo ya los datos del mensaje. Basta con pulsar *Enviar* para finalizar el proceso.

En la siguiente ejemplo creamos una aplicación casera para enviar un correo electrónico. La interfaz de usuario listada a continuación acepta como campos de texto editables el destinatario, el asunto y el cuerpo del mensaje.

```xml
<?xml version="1.0" encoding="utf-8"?>
<LinearLayout
xmlns:android="http://schemas.android.com/apk/res/android"
    android:layout_width="fill_parent"
    android:layout_height="fill_parent"
    android:orientation="vertical"
    android:background="#ffffcc" >

    <TextView
        android:textColor="#000000"
        android:textSize="20sp"
        android:layout_width="fill_parent"
        android:layout_height="wrap_content"
        android:text="Enviar email" />

    <EditText
        android:id="@+id/editText1"
        android:layout_width="fill_parent"
        android:layout_height="wrap_content"
        android:inputType="textEmailAddress"
        android:text="to:" />

    <EditText
        android:id="@+id/editText2"
        android:layout_width="fill_parent"
        android:layout_height="wrap_content"
        android:text="Subject" />

    <EditText
        android:id="@+id/editText3"
        android:layout_width="fill_parent"
        android:layout_height="wrap_content"
        android:text="Esto es un mensaje de prueba" />

    <Button
        android:id="@+id/button1"
        android:layout_width="wrap_content"
        android:layout_height="wrap_content"
        android:text="Send" />
</LinearLayout>
```

A continuación se detalla la actividad `EmailActivity.java`. El campo de destinatarios pasado al intent debe ser un array de cadenas que contenga todos los destinatarios. En la figura 13.1.1. se muestran algunas capturas de pantalla del programa usado para enviar un email a dos direcciones.

Figura 13.1.1. Aplicación para enviar un email usando un intent.

```
package es.ugr.amaro.email;

import java.util.StringTokenizer;
import android.app.Activity;
import android.content.Intent;
import android.os.Bundle;
import android.view.View;
import android.view.View.OnClickListener;
import android.widget.Button;
import android.widget.EditText;

public class EmailActivity extends Activity
                    implements OnClickListener {

    EditText et1,et2,et3;

    @Override
    public void onCreate(Bundle savedInstanceState) {
```

```
        super.onCreate(savedInstanceState);
        setContentView(R.layout.main);
        Button boton= (Button) findViewById(R.id.button1);
        boton.setOnClickListener(this);
        et1=(EditText) findViewById(R.id.editText1);
        et2=(EditText) findViewById(R.id.editText2);
        et3=(EditText) findViewById(R.id.editText3);
    }

    @Override
    public void onClick(View arg0) {

        // extrae direcciones en un array
        String direcciones=et1.getText().toString();
        StringTokenizer token=new StringTokenizer(direcciones);
        int n= token.countTokens();
        String[] to= new String[n];
        for(int i=0;i<n;i++) to[i]=token.nextToken();

        String subject=et2.getText().toString();
        String body=et3.getText().toString();

        Intent intent=new Intent(Intent.ACTION_SEND);
        intent.putExtra(Intent.EXTRA_EMAIL,to);
        intent.putExtra(Intent.EXTRA_SUBJECT, subject);
        intent.putExtra(Intent.EXTRA_TEXT, body);
        intent.setType("message/rfc822");
        startActivity(intent);

    }
}
```

El tipo MIME `message/rfc822` es necesario para que el intent implícito sea recogido por la aplicación de correo electrónico por defecto. Si utilizamos en su lugar el tipo MIME `text/plain`, se abre una ventana de diálogo mostrando la lista de aplicaciones que pueden recogerlo, no solo de correo electrónico. En la figura 13.1.2. se puede observar un ejemplo. En la imagen de la izquierda hemos ejecutado la aplicación anterior usando

`intent.setType("text/plain");`

Vemos que, en este caso, hay una ingente lista de apps preparadas para recoger el intent, desde Facebook hasta WhatsApp. En la imagen de la derecha hemos usado el tipo MIME `plain/text`.

`intent.setType("plain/text");`

En este caso, el diálogo solo muestra las aplicaciones de Email y Gmail.

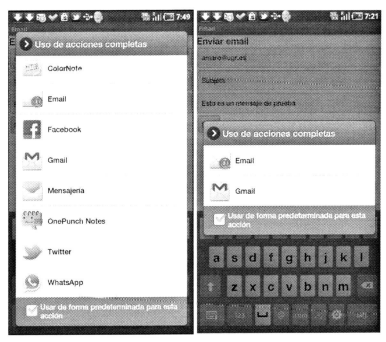

Figura 13.1.2. Cuadro de diálogo al abrir una actividad implícitamente con el tipo MIME text/plain (izquierda) y plain/text (derecha).

13.2. Enviar un fichero adjunto por email

Para enviar un fichero adjunto por correo electrónico procedemos como en la sección anterior, añadiendo al intent el siguiente dato extra, que incluye el URI del archivo que vamos a enviar, localizado en la tarjeta SD.

```
intent.putExtra(Intent.EXTRA_STREAM,uri);
```

La siguiente aplicación es un ejemplo práctico para enviar un archivo adjunto. Primero creamos un fichero de texto en la carpeta `tmp` de la tarjeta SD (si esta carpeta no existe, la creamos). A continuación, enviamos un email con este fichero adjunto. Para escribir el fichero en la tarjeta SD debemos añadir el siguiente permiso al manifiesto de nuestra aplicación:

```
<uses-permission
   android:name="android.permission.WRITE_EXTERNAL_STORAGE"/>
```

Usamos un layout que es una extensión del ejemplo anterior, añadiendo un TextView para escribir en la parte inferior.

```xml
<?xml version="1.0" encoding="utf-8"?>
<LinearLayout
xmlns:android="http://schemas.android.com/apk/res/android"
    android:layout_width="fill_parent"
    android:layout_height="fill_parent"
    android:orientation="vertical"
    android:background="#ffffcc" >

    <TextView
        android:textColor="#000000"
        android:textSize="20sp"
        android:layout_width="fill_parent"
        android:layout_height="wrap_content"
        android:text="Enviar email" />

    <EditText
        android:id="@+id/editText1"
        android:layout_width="fill_parent"
        android:layout_height="wrap_content"
        android:inputType="textEmailAddress"
        android:text="to:" />

    <EditText
        android:id="@+id/editText2"
        android:layout_width="fill_parent"
        android:layout_height="wrap_content"
        android:text="Subject" />

    <EditText
        android:id="@+id/editText3"
        android:layout_width="fill_parent"
        android:layout_height="wrap_content"
        android:text="Esto es un mensaje de prueba" />

    <Button
        android:id="@+id/button1"
        android:layout_width="wrap_content"
        android:layout_height="wrap_content"
        android:text="Send" />

    <TextView
        android:id="@+id/textView"
        android:textColor="#000000"
        android:textSize="20sp"
        android:layout_width="fill_parent"
        android:layout_height="wrap_content"
        android:text="Fichero adjunto:" />
```

```
</LinearLayout>
```

A continuación se detalla el fichero Java de nuestra actividad. Hemos creado un método `writefile` para escribir un archivo, llamado `fichero.txt`, en la tarjeta SD. Al pulsar el botón, se envía un intent implícito, que contiene la dirección URI del fichero adjunto. En este caso es:

```
file:///sdcard/tmp/fichero.txt
```

El intent es recogido por una aplicación de correo electrónico, que se encarga de enviarlo a la dirección indicada. En la figura 13.2. se muestran las capturas de pantalla.

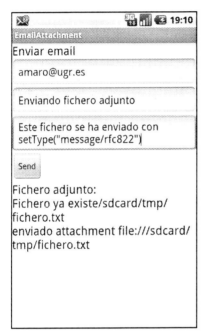 

Figura 13.2. *Aplicación para enviar un fichero adjunto por email.*

```
package es.ugr.amaro.emailattachment;

import java.io.File;
import java.io.FileOutputStream;
import java.io.PrintWriter;
import java.util.StringTokenizer;
import android.app.Activity;
import android.content.Intent;
import android.net.Uri;
import android.os.Bundle;
```

```java
import android.os.Environment;
import android.view.View;
import android.view.View.OnClickListener;
import android.widget.Button;
import android.widget.EditText;
import android.widget.TextView;

public class EmailAttachmentActivity extends Activity
                                implements OnClickListener{

    EditText et1,et2,et3;
    TextView tv;
    String filePath="";

    @Override
    public void onCreate(Bundle savedInstanceState) {
        super.onCreate(savedInstanceState);
        setContentView(R.layout.main);

        Button boton= (Button) findViewById(R.id.button1);
        boton.setOnClickListener(this);
        et1=(EditText) findViewById(R.id.editText1);
        et2=(EditText) findViewById(R.id.editText2);
        et3=(EditText) findViewById(R.id.editText3);
        tv=(TextView) findViewById(R.id.textView);

        writefile();

    }

    @Override
    public void onClick(View arg0) {

        // extrae direcciones en un array
        String direcciones=et1.getText().toString();
        StringTokenizer token
                = new StringTokenizer(direcciones);
        int n= token.countTokens();
        String[] to= new String[n];
        for(int i=0;i<n;i++) to[i]=token.nextToken();
        String subject=et2.getText().toString();
        String body=et3.getText().toString();

        Intent intent=new Intent(Intent.ACTION_SEND);
        intent.putExtra(Intent.EXTRA_EMAIL,to);
        intent.putExtra(Intent.EXTRA_SUBJECT, subject);
        intent.putExtra(Intent.EXTRA_TEXT, body);
```

```
      Uri uri=Uri.parse("file://"+filePath);
      tv.append("\nenviado attachment "+uri.toString());
      intent.putExtra(Intent.EXTRA_STREAM,uri);
      intent.setType("message/rfc822");
//    intent.setType("text/plain");
//    intent.setType("text/txt");
      startActivity(Intent.createChooser(intent, "Email"));
//    startActivity(intent);
   }

   void writefile(){

    try{
      File root=Environment.getExternalStorageDirectory();
      String rootString= root.getAbsolutePath();
      String tmpString=rootString+"/tmp";
      File tmp=new File(tmpString);
      tmp.mkdir();

      String fileString="fichero.txt";
      filePath=tmpString+"/"+fileString;
      File file=new File(tmp,fileString);

      if(file.exists()){
         tv.append("\nFichero ya existe"+filePath);
      }else{
         FileOutputStream out=new FileOutputStream(file);
         PrintWriter writer= new PrintWriter(out);
         writer.println("Este es el fichero adjunto");
         writer.println("que se va a enviar por email.");
         writer.flush();
         writer.close();
         tv.append("\nFchero grabado"+filePath);
      }

    } catch (Exception e) {
       e.printStackTrace();
       tv.append("\nError:"+e);
    }
   }
 }
}
```

Nótese que hemos establecido en el intent el tipo MIME `message/rfc822`. Igualmente, se podría enviar el mensaje con cualquiera de los tipos MIME siguientes:

```
intent.setType("text/plain");
intent.setType("text/txt");
```

13.3. Enviar ficheros comprimidos con zip

En el caso de que queramos enviar varios ficheros adjuntos, puede resultar conveniente empaquetarlos antes en un fichero zip comprimido, que se envía por email usando el método anterior. El tipo MIME del intent debe ser sustituido por

```
intent.setType("application/zip");
```

La siguiente aplicación es un ejemplo basado en el de la sección anterior. Hemos modificado la clase `writeFile` para escribir tres ficheros en la tarjeta SD en lugar de uno. Cada uno de estos ficheros tiene un tamaño considerable: 4000 líneas y 112 KB. Seguidamente, en el método `writeZip`, se comprimen los tres en un único fichero zip usando el paquete `java.util.zip`. Para ello, debemos crear un objeto de la clase `ZipOutputStream`.

```
ZipOutputStream zip=new ZipOutputStream(buffer);
```

Para añadir un fichero al objeto `zip` hay que seguir dos pasos:

Primero se añade una entrada ZipEntry con el nombre del fichero.

```
ZipEntry ze=new ZipEntry(files[i]);
zip.putNextEntry(ze);
```

Después, se escriben los datos del fichero mediante un array de bytes.

```
int nbytes;
// lee nbytes de datos del input y los adjunta al zip
while((nbytes=bufferInput.read(datos,0,size)) !=-1){
   zip.write(datos,0,nbytes);
}
```

También se puede elegir el método de compresión, que por defecto es DEFLATED, y el nivel de compresión, que es un valor entero entre 0 y 9. Por ejemplo, para comprimir DEFLATED con nivel 9:

```
zip.setMethod(Deflater.DEFLATED);
zip.setLevel(Deflater.BEST_COMPRESSION);
```

El fichero zip comprimido con estos parámetros y enviado por correo electrónico ocupa 1.6 KB.

A continuación se detalla el fichero Java de la actividad. En la figura 13.3. se muestran las capturas de pantalla. Usamos el mismo layout de la sección anterior.

Figura 13.3. *Aplicación para comprimir varios ficheros en un fichero zip y enviarlo por correo electrónico.*

```
package es.ugr.amaro.zipattach;

import java.io.BufferedInputStream;
import java.io.BufferedOutputStream;
import java.io.File;
import java.io.FileInputStream;
import java.io.FileOutputStream;
import java.io.PrintWriter;
import java.util.StringTokenizer;
import java.util.zip.Deflater;
import java.util.zip.ZipEntry;
import java.util.zip.ZipOutputStream;
import android.app.Activity;
import android.content.Intent;
import android.net.Uri;
import android.os.Bundle;
import android.os.Environment;
import android.view.View;
import android.view.View.OnClickListener;
import android.widget.Button;
import android.widget.EditText;
```

```java
import android.widget.TextView;

public class ZipAttachActivity extends Activity
                               implements OnClickListener{

    EditText et1,et2,et3;
    TextView tv;
    String filePath="";
    String tmpString;
    String zipString="";

    @Override
    public void onCreate(Bundle savedInstanceState) {
        super.onCreate(savedInstanceState);
        setContentView(R.layout.main);

        Button boton= (Button) findViewById(R.id.button1);
        boton.setOnClickListener(this);
        et1=(EditText) findViewById(R.id.editText1);
        et2=(EditText) findViewById(R.id.editText2);
        et3=(EditText) findViewById(R.id.editText3);
        tv=(TextView) findViewById(R.id.textView);

        String[] ficheros={"fichero1.txt",
                           "fichero2.txt","fichero3.txt"};

        for(int i=0;i<ficheros.length;i++){
            writefile(ficheros[i]);
        }

        // nombre del fichero zip, conteniendo ruta
        zipString=tmpString+"/deflated.zip";
        writeZip(ficheros,zipString);
    }

    @Override
    public void onClick(View arg0) {

        // extrae direcciones en un array
        String direcciones=et1.getText().toString();
        StringTokenizer token
                =new StringTokenizer(direcciones);
        int n= token.countTokens();
        String[] to= new String[n];
        for(int i=0;i<n;i++) to[i]=token.nextToken();

        String subject=et2.getText().toString();
        String body=et3.getText().toString();
```

```
    Intent intent=new Intent(Intent.ACTION_SEND);
    intent.putExtra(Intent.EXTRA_EMAIL,to);
    intent.putExtra(Intent.EXTRA_SUBJECT, subject);
    intent.putExtra(Intent.EXTRA_TEXT, body);

    Uri uri=Uri.parse("file://"+zipString);
    tv.append("\nenviado attachment "+uri.toString());
    intent.putExtra(Intent.EXTRA_STREAM,uri);
    intent.setType("application/zip");
    startActivity(Intent.createChooser(intent, "Email"));
}

void writefile(String fileString){

   try{
      File root=Environment.getExternalStorageDirectory();
      String rootString= root.getAbsolutePath();
      tmpString=rootString+"/tmp";
      File tmp=new File(tmpString);
      tmp.mkdir();

      filePath=tmpString+"/"+fileString;
      File file=new File(tmp,fileString);
      if(file.exists()){

         tv.append("\nFichero ya existe"+filePath);
         FileOutputStream out=new FileOutputStream(file);
         PrintWriter writer= new PrintWriter(out);
         for(int i=0;i<2000;i++){
            writer.println("Este es el fichero adjunto");
            writer.println("que se va a enviar por email.");
         }
         writer.flush();
         writer.close();
         tv.append("\nFchero grabado"+filePath);
      }

   } catch (Exception e) {
       e.printStackTrace();
       tv.append("\nError:"+e);
   }
}

void writeZip(String[] files, String zipFile){

try{
   FileOutputStream out=new FileOutputStream(zipFile);
```

```
            BufferedOutputStream buffer
                           =new BufferedOutputStream(out);
            ZipOutputStream zip=new ZipOutputStream(buffer);

            zip.setMethod(Deflater.DEFLATED);
            zip.setLevel(Deflater.BEST_COMPRESSION);
//          zip.setLevel(4);
//          zip.setLevel(Deflater.BEST_SPEED);

            // tamaño del buffer para leer Kbytes
            int size=1024;
            byte datos[]= new byte[size];
            int nfiles=files.length;
            for(int i=0;i<nfiles;i++){

                tv.append("\nZip "+files[i]);
                FileInputStream input =new FileInputStream(
                                 tmpString+"/"+files[i]);
                BufferedInputStream bufferInput
                        =new BufferedInputStream(input);
                ZipEntry ze=new ZipEntry(files[i]);
                zip.putNextEntry(ze);
                int nbytes;
                // lee nbytes del input y los adjunta al zip
                while((nbytes=bufferInput.read(datos,0,size)) !=-1){
                    zip.write(datos,0,nbytes);
                }
                bufferInput.close();
            }

            zip.close();
            }catch(Exception e){
                tv.append("\nError en zip "+e);
            }
        }
    }
}
```

14. LOCALIZACIÓN Y MAPAS

14.1. Coordenadas en Google Maps

Para poder utilizar las aplicaciones de mapas de Google en el emulador, necesitamos un dispositivo virtual con los Google APIs, ya que Google Maps no forma parte del Android SDK. Los paquetes Google APIs se descargan con el Android SDK manager.

La forma más simple de mostrar un lugar en un mapa es invocando la aplicación Google Maps mediante un intent implícito.

```
String coordenadas="geo:"+latitud+","+longitud;
Intent intent
       = new Intent(android.content.Intent.ACTION_VIEW);
intent.setData(Uri.parse(coordenadas));
```

El intent contiene un URI geográfico, que especifica una localización con un par de coordenadas, correspondientes a la latitud y la longitud en grados. La latitud indica el ángulo medido desde el Ecuador hacia el Norte y la longitud, el ángulo medido desde el meridiano cero hacia el Este. Por ejemplo:

```
geo:39.453421,5.169800
```

Estos ángulos admiten hasta seis decimales, lo que permite especificar localizaciones en el mapa con una precisión de unos metros.

El siguiente ejemplo es una sencilla aplicación que admite dos coordenadas y luego abre Google Maps para mostrar el punto en el mapa. Usaremos el siguiente layout:

```
<?xml version="1.0" encoding="utf-8"?>
<LinearLayout
xmlns:android="http://schemas.android.com/apk/res/android"
    android:layout_width="fill_parent"
    android:layout_height="fill_parent"
```

```xml
        android:orientation="vertical"
        android:background="#ffffff" >

    <TextView
        android:id="@+id/textView"
        android:textColor="#000000"
        android:textSize="20sp"
        android:layout_width="fill_parent"
        android:layout_height="wrap_content"
        android:text="Introduzca latitud y longitud" />

    <EditText
        android:id="@+id/editText1"
        android:layout_width="fill_parent"
        android:layout_height="wrap_content" >

        <requestFocus />
    </EditText>
    <EditText
        android:id="@+id/editText2"
        android:layout_width="fill_parent"
        android:layout_height="wrap_content" >
    </EditText>

    <Button
        android:id="@+id/button1"
        android:layout_width="wrap_content"
        android:layout_height="wrap_content"
        android:text="Ver mapa" />

</LinearLayout>
```

A continuación se detalla la actividad `MapasActivity.java`. En la figura 14.1. se muestran las capturas de pantalla. Nótese que la escala con que se muestra el mapa depende del número de decimales que especifiquemos en las coordenadas.

```java
package es.ugr.amaro.mapa;

import android.app.Activity;
import android.content.Intent;
import android.net.Uri;
import android.os.Bundle;
import android.view.View;
import android.view.View.OnClickListener;
import android.widget.Button;
import android.widget.EditText;
import android.widget.Toast;
```

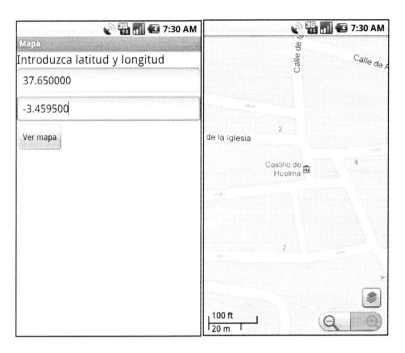

Figura 14.1. Aplicación para mostrar unas coordenadas en el mapa de Google.

```java
public class MapaActivity extends Activity
                        implements OnClickListener{

  EditText et1,et2;
  @Override
  public void onCreate(Bundle savedInstanceState) {
      super.onCreate(savedInstanceState);
      setContentView(R.layout.main);
      et1=(EditText) findViewById(R.id.editText1);
      et2=(EditText) findViewById(R.id.editText2);
      Button boton=(Button) findViewById(R.id.button1);
      boton.setOnClickListener(this);
  }

  @Override
  public void onClick(View v) {

    String latitud=et1.getText().toString();
    String longitud=et2.getText().toString();
    String coordenadas="geo:"+latitud+","+longitud;
    Intent intent
        = new Intent(android.content.Intent.ACTION_VIEW);
```

```
        intent.setData(Uri.parse(coordenadas));
        startActivity(intent);
        Toast.makeText(this, coordenadas, 1).show();
    }
}
```

14.2. El API de Google Maps

El paquete de Google Maps `com.google.android.maps` permite incluir mapas dentro de nuestra aplicación. Para utilizar este paquete, es necesario suscribirse a una clave del API de Google Maps. Dicha clave debe incluirse dentro de cada objeto `MapView`, como veremos en la próxima sección. Para solicitarla, debemos registrarnos y proporcionar la huella dactilar del certificado con el que firmamos nuestra aplicación.

La huella dactilar (MD5 fingerprint) se obtiene con el programa `keytool.exe` (`keytool` en Linux), que se encuentra en el directorio `bin` del Java JDK. En Windows es

`C:\Program Files\Java\<JDK_version_number>\bin`

Este directorio conviene añadirlo a la variable de entorno `PATH`, ya que, en caso contrario, habrá que escribir la dirección completa al ejecutar `keytool`.

El certificado con el que firmamos nuestra aplicación en la fase de depurado es el fichero `debug.keystore`. Este fichero se encuentra en el directorio `android` de nuestro usuario, que puede variar dependiendo del sistema operativo utilizado.

Generalmente, en Windows XP dicho directorio es

`C:\Documens and Settings\<user>\Local Settings\Application Data\Android`

En Windows 7

`C:\Users\<user>\.android`

En Linux

`/home/user/.android`

Para obtener la huella dactilar, abrimos un terminal (en Windows, ejecutando *cmd*) y cambiamos al directorio donde se encuentre el fichero `debug.keystore`. Por ejemplo, en Windows 7 escribiríamos lo siguiente:

`cd C:\Documens and Settings\<user>\Local Settings\Application Data\Android`

Una vez allí, ejecutamos el siguiente comando (se debe escribir todo seguido en la misma línea, antes de pulsar *Enter*).

```
keytool.exe -v -list -alias androiddebugkey
        -keystore debug.keystore
        -storepass android
        -keypass android
```

En Linux sustituiríamos `keytool.exe` por `keytool`. Al pulsar *Enter*, aparece un mensaje como el siguiente:

```
Nombre de alias: androiddebugkey
Fecha de creación: 10-jun-2011
Tipo de entrada: PrivateKeyEntry
Longitud de la cadena de certificado: 1
Certificado[1]:
Propietario: CN=Android Debug, O=Android, C=US
Emisor: CN=Android Debug, O=Android, C=US
Número de serie: 4df29000
Válido desde: Fri Jun 10 23:43:28 CEST 2011
       hasta: Sun Jun 02 23:43:28 CEST 2041
Huellas digitales del certificado:
    MD5:  D7:FD:E9:4E:F3:C7:5E:11:72:A4:7B:01:10:EE:D3:5D
    SHA1: 08:66:7B:31:7B:0D:A1:20:85:ED:9F:9F:73:50:58:61:06:27:D2:60
    Nombre del algoritmo de firma: SHA1withRSA
    Versión: 3
```

Por lo tanto, la huella dactilar MD5 es

`D7:FD:E9:4E:F3:C7:5E:11:72:A4:7B:01:10:EE:D3:5D`

Una vez copiada la clave, iremos a la página web de Google

`http://code.google.com/android/maps-api-signup.html`

y solicitaremos nuestra clave, que será una cadena parecida a esta:

`0ORQ3xM7ZsANVh237FriU72CuwWqHU58ScNLNzR`

Si exportamos con Eclipse nuestro proyecto como una aplicación de Android para ser distribuida, se nos pedirá el nombre de un fichero `keystore` para firmarla. Este fichero no puede ser el anterior `debug.keystore` utilizado para depurar. Eclipse nos permite generar un fichero `keystore` nuevo o utilizar uno ya existente. Cuando lo tengamos, tendremos que repetir los pasos anteriores para extraer su huella dactilar y, con ella, una nueva clave del API de Google Maps.

14.3. MapView

La clase `MapView` permite mostrar un mapa como un objeto View en un layout. Un `MapView` solo puede usarse en una actividad del tipo `MapActivity`. Ambas clases pertenecen al paquete de Google Maps `com.google.android.maps`. Para utilizar este paquete en nuestra aplicación, debemos solicitar previamente una clave del API de Google Maps, como se ha descrito en la sección anterior. Una vez la tengamos, debemos incluirla en nuestro objeto `MapView` asignando la propiedad `apiKey`. Por ejemplo, en el fichero `main.xml` mostrado más abajo, esto se hace en la línea

```
android:apiKey="0ORQ3xM7ZsANVh237FriU72CuwWqHU58ScNLNzR"/>
```

La siguiente aplicación es un ejemplo básico que muestra un mapa en un MapView. Para usar el paquete de Google Maps, debemos declararlo en el manifiesto de nuestra aplicación incluyendo el siguiente elemento XML:

```
<uses-library android:name="com.google.android.maps"/>
```

Además, debemos añadir el permiso `INTERNET`.

```
<uses-permission android:name="android.permission.INTERNET"/>
```

El fichero `AndroidManifest.xml` sería el siguiente:

```xml
<?xml version="1.0" encoding="utf-8"?>
<manifest xmlns:android="http://schemas.android.com/apk/res/android"
    package="es.ugr.amaro.mapview"
    android:versionCode="1"
    android:versionName="1.0" >

    <uses-sdk android:minSdkVersion="7" />
    <uses-permission android:name="android.permission.INTERNET"/>

    <application
        android:icon="@drawable/ic_launcher"
        android:label="@string/app_name" >

        <uses-library android:name="com.google.android.maps"/>
        <activity
            android:name=".MapViewActivity"
            android:label="@string/app_name" >
            <intent-filter>
                <action android:name="android.intent.action.MAIN" />
                <category android:name="android.intent.category.LAUNCHER" />
            </intent-filter>
        </activity>
    </application>
</manifest>
```

Usaremos el siguiente fichero `main.xml`, que contiene un `LinearLayout` con un TextView y un `MapView`. Obsérvese que el elemento `MapView` incluye la propiedad `apiKey`, con la clave a la que nos hemos suscrito en Google Maps. Es importante añadir la propiedad

```
android:clickable="true"
```

para que el mapa responda a los clics; por ejemplo, para usar el zoom.

```xml
<?xml version="1.0" encoding="utf-8"?>
<LinearLayout
xmlns:android="http://schemas.android.com/apk/res/android"
    android:layout_width="fill_parent"
    android:layout_height="fill_parent"
    android:orientation="vertical"
    android:background="#ffffff" >

  <TextView
      android:textSize="20sp"
      android:textColor="#000000"
      android:layout_width="fill_parent"
      android:layout_height="wrap_content"
      android:text="Ejemplo de MapView" />

  <com.google.android.maps.MapView
      android:id="@+id/mapView"
      android:layout_width="fill_parent"
      android:layout_height="fill_parent"
      android:clickable="true"
android:apiKey="0ORQ3xM7ZsANVh237FriU72CuwWqHU58ScNLNzR"/>

</LinearLayout>
```

A continuación se detalla el fichero Java de nuestra actividad. Extendemos la clase `MapActivity`, que a su vez extiende a `Activity`. El mapa permite el uso de los controles de zoom. Para activarlos, invocamos el método de `MapView`

```
setBuiltInZoomControls(true);
```

También es obligatorio incluir el método `isRouteDisplayed`, pues el servidor de Google Maps necesita conocer si estamos mostrando alguna información de ruta en el mapa. En este caso, simplemente devolvemos `false`. En la figura 14.3. se muestran algunas capturas de pantalla de esta aplicación.

Figura 14.3. Aplicación que muestra un mapa de Google en un MapView.

```
package es.ugr.amaro.mapview;

import com.google.android.maps.MapActivity;
import com.google.android.maps.MapView;
import android.os.Bundle;

public class MapViewActivity extends MapActivity {

    @Override
    public void onCreate(Bundle savedInstanceState) {
        super.onCreate(savedInstanceState);
        setContentView(R.layout.main);
        MapView mapView
                = (MapView) findViewById(R.id.mapView);
        mapView.setBuiltInZoomControls(true);
    }

    @Override
    protected boolean isRouteDisplayed() {
        // TODO Auto-generated method stub
        return false;
    }
}
```

14.4. Control de mapas

La clase `MapController` permite controlar ciertas características de un MapView. Por ejemplo, permite usar el control de zoom.

Para acercar una región:

```
MapController controller=mapView.getController();
controller.zoomIn();
```

Para alejar una región:

```
controller.zoomOut();
```

Para ajustar el zoom a un valor concreto:

```
controller.setZoom(13);
```

Además, podemos animar el mapa para que se traslade a un punto determinado por un par de coordenadas.

```
GeoPoint geoPoint=new GeoPoint(latitud,longitud);
controller.animateTo(geoPoint);
```

Las coordenadas se especifican mediante un `GeoPoint`, que contiene la latitud y longitud expresadas en unidades de una millonésima de grado.

Por otra parte, un MapView puede visualizarse como una foto de satélite, en vez de un mapa, mediante

```
mapView.setSatellite(true);
```

El nivel de zoom varía de cero a 19 en vista de mapa, o a 22 en vista de satélite. El actual puede obtenerse mediante

```
mapView.getZoomLevel();
```

A continuación, se muestra el uso del control de mapas en una aplicación que permite trasladarnos a un GeoPoint, con botones para controlar el zoom y la vista del mapa. El nivel de zoom actual también se indica en la pantalla. Usamos el siguiente layout:

```
<?xml version="1.0" encoding="utf-8"?>
<LinearLayout
xmlns:android="http://schemas.android.com/apk/res/android"
    android:layout_width="fill_parent"
```

```xml
        android:layout_height="fill_parent"
        android:orientation="vertical"
        android:background="#ffffaa" >

<TableLayout
    android:stretchColumns="*"
    android:layout_width="fill_parent"
    android:layout_height="wrap_content"
    android:orientation="horizontal" >

    <TableRow >

    <TextView
        android:textColor="#000000"
        android:layout_span="2"
        android:layout_width="fill_parent"
        android:layout_height="wrap_content"
        android:text="Latitud" />

    <TextView
        android:textColor="#000000"
        android:layout_span="2"
        android:layout_width="fill_parent"
        android:layout_height="wrap_content"
        android:text="Longitud" />
    </TableRow>

    <TableRow>
     <EditText
        android:id="@+id/editText1"
        android:layout_span="2"
        android:layout_width="fill_parent"
        android:layout_height="wrap_content" >
     </EditText>

     <EditText
        android:id="@+id/editText2"
        android:layout_span="2"
        android:layout_width="fill_parent"
        android:layout_height="wrap_content" >
     </EditText>
    </TableRow>

    <TableRow>
     <Button
        android:id="@+id/buttonIr"
        android:layout_width="wrap_content"
        android:layout_height="wrap_content"
```

```xml
            android:text="Ir al sitio" />

    <Button
        android:id="@+id/buttonIn"
        android:layout_width="wrap_content"
        android:layout_height="wrap_content"
        android:text="Zoom in" />

    <Button
        android:id="@+id/buttonOut"
        android:layout_width="wrap_content"
        android:layout_height="wrap_content"
        android:text="Zoom out" />

    <Button
        android:id="@+id/buttonSatelite"
        android:layout_width="wrap_content"
        android:layout_height="wrap_content"
        android:text="Satelite" />
    </TableRow>

    <TextView
        android:id="@+id/textView"
        android:textColor="#000000"
        android:textSize="18sp"
        android:layout_width="fill_parent"
        android:layout_height="wrap_content"
        android:text="Zoom:" />

    </TableLayout>

    <com.google.android.maps.MapView
xmlns:android="http://schemas.android.com/apk/res/android"
        android:id="@+id/mapView"
        android:layout_width="fill_parent"
        android:layout_height="fill_parent"
        android:clickable="true"
        android:apiKey=
            "0ORQ3xM7ZsANVh237FriU72CuwWqHU58ScNLNzQ"/>

</LinearLayout>
```

Seguidamente se detalla la actividad `MapControlActivity.java`. No olvidemos incluir el paquete de Google Maps y el permiso `INTERNET` en el manifiesto de la aplicación. En la figura 14.4. se muestran las capturas de pantalla.

Figura 14.4. Controles para manipular los mapas de Google en un MapView.

```
package es.ugr.amaro.mapcontrol;

import com.google.android.maps.GeoPoint;
import com.google.android.maps.MapActivity;
import com.google.android.maps.MapController;
import com.google.android.maps.MapView;
import android.os.Bundle;
import android.view.View;
import android.view.View.OnClickListener;
import android.widget.Button;
import android.widget.EditText;
import android.widget.TextView;
import android.widget.Toast;

public class MapControlActivity extends MapActivity
                                 implements OnClickListener{
    MapView mapView;
    MapController controller;
    boolean satellite=false;
    boolean streetView=false;
    boolean traffic=false;
    EditText editText1,editText2;
    TextView tv;
```

```java
@Override
public void onCreate(Bundle savedInstanceState) {
    super.onCreate(savedInstanceState);
    setContentView(R.layout.main);
    mapView=(MapView) findViewById(R.id.mapView);
    controller=mapView.getController();

    Button boton1=(Button) findViewById(R.id.buttonIn);
    Button boton2=(Button) findViewById(R.id.buttonOut);
    Button boton3=(Button) findViewById(R.id.buttonIr);
    Button boton4
            =(Button) findViewById(R.id.buttonSatelite);
    boton1.setOnClickListener(this);
    boton2.setOnClickListener(this);
    boton3.setOnClickListener(this);
    boton4.setOnClickListener(this);
    editText1=(EditText) findViewById(R.id.editText1);
    editText2=(EditText) findViewById(R.id.editText2);
    tv=(TextView) findViewById(R.id.textView);
}

@Override
protected boolean isRouteDisplayed() {
    return false;
}

@Override
public void onClick(View v) {

    int id=v.getId();
    if(id==R.id.buttonIn){
        controller.zoomIn();
    }
    else if(id==R.id.buttonOut){
        controller.zoomOut();
    }
    else if(id==R.id.buttonSatelite){
        satellite=!satellite;
        mapView.setSatellite(satellite);
    }
    else if(id==R.id.buttonIr){

        String latitud=editText1.getText().toString();
        String longitud=editText2.getText().toString();
        try{
           int lat=(int)(Double.parseDouble(latitud)*1E6);
           int lon=(int)(Double.parseDouble(longitud)*1E6);
```

```
            GeoPoint geoPoint=new GeoPoint(lat,lon);
            controller.animateTo(geoPoint);
            controller.setZoom(13);
            mapView.invalidate();
        }catch(Exception e){
            Toast.makeText(this,
                "Coordenadas inválidas",1).show();
        }

    }
    int zoom=mapView.getZoomLevel();
    tv.setText("Zoom: "+zoom);
  }
}
```

14.5. Geocodificación

La geocodificación es la transformación de una dirección en un par de coordenadas (latitud y longitud). La clase `Geocoder` del paquete `android.location` se encarga de conectarse a un servidor para buscar las posibles direcciones que se ajustan a una cadena de búsqueda. Para utilizar esta clase se requiere el permiso `INTERNET`. Una vez creado un objeto Geocoder, podemos ejecutar el método `getFromLocationName` para realizar la búsqueda de una dirección hasta un número máximo de resultados. El formato de búsqueda es bastante libre. Puede introducirse desde el nombre de una ciudad o un país, hasta una dirección completa, calle, número o código postal. El conjunto de direcciones que encajan se devuelve como una lista de resultados de la clase `Address`. Para iniciar un Geocoder y buscar una lista de direcciones, bastan estas dos líneas:

```
Geocoder geocoder=new Geocoder(this);
List<Address> list
        = geocoder.getFromLocationName(busqueda,nmax);
```

La clase `Address` representa una dirección, es decir, un conjunto de cadenas que describen una localización. Entre otros, la clase Address presenta los siguientes métodos para extraer: la latitud, la longitud, el nombre del país y las dos primeras líneas de texto de la dirección, respectivamente.

```
getLatitude()
getLongitude()
getCountryName()
getAddressLine(0)
getAddressLine(1)
```

En la siguiente aplicación se ilustra con un ejemplo el uso del geolocalizador y de la clase de direcciones, en conjunción con los mapas de Google. El layout contiene un campo de texto para introducir la dirección a buscar. Un botón dispara la búsqueda de direcciones, que se muestran en un *spinner*. Al pulsar una de las direcciones, se mostrará su localización en un MapView. El fichero `main.xml` es el siguiente:

```xml
<?xml version="1.0" encoding="utf-8"?>
<LinearLayout
xmlns:android="http://schemas.android.com/apk/res/android"
    android:layout_width="fill_parent"
    android:layout_height="fill_parent"
    android:orientation="vertical"
    android:background="#ffffaa" >

    <TextView
        android:id="@+id/textView"
        android:textColor="#000000"
        android:textSize="20sp"
        android:layout_width="fill_parent"
        android:layout_height="wrap_content"
        android:text="Dirección" />

    <LinearLayout
        android:id="@+id/linearLayout1"
        android:layout_width="fill_parent"
        android:layout_height="wrap_content"
        android:orientation="horizontal">

        <EditText
            android:id="@+id/editText1"
            android:hint="(direccion)"
            android:layout_width="fill_parent"
            android:layout_height="wrap_content"
            android:layout_weight="1" />

    <Button
        android:id="@+id/button1"
        android:layout_width="wrap_content"
        android:layout_height="wrap_content"
        android:text="Buscar" />
    </LinearLayout>

    <Spinner
        android:id="@+id/spinner1"
        android:layout_width="fill_parent"
        android:layout_height="wrap_content" />
```

```xml
<com.google.android.maps.MapView
    android:id="@+id/mapView"
    android:layout_width="fill_parent"
    android:layout_height="fill_parent"
    android:clickable="true"
    android:apiKey=
        "0ORQ3xM7ZsANVh237FriU72CuwWqHU58ScNLNzQ"/>
</LinearLayout>
```

A continuación se detalla la actividad `GeocoderActivity.java`. La geocodificación se realiza en el método `onClick`. El mapa de la dirección seleccionada en el *spinner* se define en el método `onItemSelected`. Este mapa lo inicializamos con unas coordenadas correspondientes a la isla de Elephanta, en Bombay.

```java
package es.ugr.amaro.geocoder;

import java.util.Iterator;
import java.util.List;
import com.google.android.maps.GeoPoint;
import com.google.android.maps.MapActivity;
import com.google.android.maps.MapController;
import com.google.android.maps.MapView;
import android.location.Address;
import android.location.Geocoder;
import android.os.Bundle;
import android.view.View;
import android.view.View.OnClickListener;
import android.widget.AdapterView;
import android.widget.AdapterView.OnItemSelectedListener;
import android.widget.ArrayAdapter;
import android.widget.Button;
import android.widget.EditText;
import android.widget.Spinner;
import android.widget.TextView;
import android.widget.Toast;

public class GeocoderActivity extends MapActivity
                        implements OnClickListener,
                                OnItemSelectedListener{

    EditText editText;
    Spinner spinner;
    int nmax=20;
    int resource=android.R.layout.simple_spinner_item;
    ArrayAdapter<String> adapter;
```

```java
    String[] spinnerArray;
    String[] result=new String[nmax];
    double[] latitud=new double[nmax];
    double[] longitud=new double[nmax];
    MapView mapView;
    MapController mapController;
    TextView tv;

     /** Called when the activity is first created. */
     @Override
     public void onCreate(Bundle savedInstanceState) {
         super.onCreate(savedInstanceState);
         setContentView(R.layout.main);
         tv=(TextView) findViewById(R.id.textView);
         editText=(EditText) findViewById(R.id.editText1);
         Button boton=(Button) findViewById(R.id.button1);
         boton.setOnClickListener(this);

          // inicializa el spinner
          spinner=(Spinner) findViewById(R.id.spinner1);
          spinner.setPrompt("Mostrar mapa");
          spinnerArray=new String[1];
          spinnerArray[0]="Isla Elephanta Bombay, India";
          adapter=new
           ArrayAdapter<String>(this,resource,spinnerArray);
          spinner.setAdapter(adapter);
          spinner.setOnItemSelectedListener(this);

         // inicializa el mapa
         latitud[0]=18.963223;
         longitud[0]=72.9314073;
         mapView =(MapView) findViewById(R.id.mapView);
         mapView.setBuiltInZoomControls(true);
         mapController=mapView.getController();
         mapController.setZoom(3);
     }

@Override
public void onClick(View v) {

   try{
   String busqueda=editText.getText().toString();
   Geocoder geocoder=new Geocoder(this);
   List<Address>
   list=geocoder.getFromLocationName(busqueda,nmax);
   Iterator <Address> iterator= list.iterator();
   int n=0;
   String country;
```

```
      Address address;
      while(iterator.hasNext()){
         address=iterator.next();
         latitud[n]=address.getLatitude();
         longitud[n]=address.getLongitude();
         country=address.getCountryName();
         result[n]=address.getAddressLine(0)
                   +" "+address.getAddressLine(1)
                   +" "+country;
         n++;
      }
      spinnerArray=new String[n];
      for(int i=0;i<n;i++){
         spinnerArray[i]=result[i];
      }
      Adapter=new  ArrayAdapter<String>(this,
                                    resource,spinnerArray);
      spinner.setAdapter(adapter);

      }catch(Exception e){
         Toast.makeText(this,
                    "Error en la búsqueda", 1).show();
      }
   }

   @Override
   protected boolean isRouteDisplayed() {
      return false;
   }

   @Override
   public void onItemSelected(AdapterView<?> arg0,
                    View arg1, int arg2,long arg3) {

      int lat=(int) (latitud[arg2]*1e6);
      int lon=(int) (longitud[arg2]*1e6);
      mapController.setZoom(16);
      mapController.animateTo(new GeoPoint(lat,lon));
      mapView.setSatellite(true);
      mapView.invalidate();
      tv.setText(spinnerArray[arg2]);
      tv.append("\n"+latitud[arg2]+","+longitud[arg2]);
   }

   @Override
   public void onNothingSelected(AdapterView<?> arg0) {
   }
}
```

En la figura 14.5. se muestran las capturas de pantalla. En las dos primeras imágenes (arriba) aparece la búsqueda de la calle Gran Vía 100, lo que nos proporciona diez resultados correspondientes a distintas ciudades (nota: la lista de resultados depende de nuestra localización actual). En las dos imágenes inferiores se observa el resultado de introducir la cadena de búsqueda *alhambra granada*, obteniendo como resultado tres direcciones.

El gran libro de programación avanzada con Android

Figura 14.5. *Aplicación que usa la clase Geocoder combinada con los mapas de Google. Arriba: búsqueda de* calle gran via 100. *Abajo: búsqueda de* alhambra granada.

14.6. Localización

La clase `LocationManager` del paquete `android.location` proporciona acceso a los servicios de localización del sistema y nos permite obtener nuestra posición geográfica. Para crear un manager de localización usamos

```
LocationManager locationManager = (LocationManager)
            getSystemService(Context.LOCATION_SERVICE);
```

El `LocationManager` nos permite obtener la última localización conocida con

```
Location location
        =locationManager.getLastKnownLocation(provider);
```

donde hay que especificar el nombre del proveedor, que puede ser uno de los siguientes:

```
String provider=LocationManager.GPS_PROVIDER;
String provider=LocationManager.NETWORK_PROVIDER;
```

El primero es el proveedor del GPS y el segundo, el proveedor de la red. El GPS determina la localización usando satélites y requiere el siguiente permiso, que debe declararse en el manifiesto de nuestra aplicación.

`android.permission.ACCESS_FINE_LOCATION`.

El proveedor de red determina la localización basándose en la disponibilidad de las antenas móviles y de los puntos de acceso WiFi. Requiere alguno de los siguientes permisos:

```
android.permission.ACCESS_COARSE_LOCATION
android.permission.ACCESS_FINE_LOCATION
```

Para un óptimo funcionamiento del proveedor de red, estos dos permisos deben registrarse en el manifiesto de nuestra aplicación y nuestro dispositivo debe tener activada la red WiFi.

Es posible seleccionar automáticamente el mejor de estos dos proveedores, basándonos en ciertos criterios. Para obtener el mejor con los criterios por defecto usaríamos

```
Criteria criteria=new Criteria();
provider=locationManager.getBestProvider(criteria, true);
```

Nuestra actividad puede reaccionar automáticamente a los cambios de localización ejecutando el método

```
locationManager.requestLocationUpdates(provider,
                minTime, minDistance,locationListener);
```

Aquí se especifica el nombre del proveedor y el mínimo tiempo y la mínima distancia entre actualizaciones. El objeto `locationListener` implementa la interfaz `LocationListener`, lo cual conlleva implementar los cuatro métodos siguientes, cuyos nombres describen su función:

```
@Override
public void onLocationChanged(Location location) {
// se ejecuta al cambiar la localización
}

@Override
public void onProviderDisabled(String provider) {
// se ejecuta cuando el proveedor se desactiva
}

@Override
public void onProviderEnabled(String provider) {
// se ejecuta cuando el proveedor se activa
}

@Override
public void onStatusChanged(String provider,
                    int status, Bundle extras) {
// se ejecuta al cambiar el estado del proveedor
}
```

El último método se ejecuta cuando el proveedor cambia de estado, en cuyo caso el parámetro entero `status` toma alguno de los siguientes valores, almacenados en constantes:

```
LocationProvider.AVAILABLE
LocationProvider.OUT_OF_SERVICE
LOcationProvider.TEMPORARILY_UNAVAILABLE
```

Cuando un proveedor se desactiva o cuando abandonamos la aplicación, conviene deshabilitar la localización automática, que podría quedar funcionando en background con el consiguiente gasto de batería y recursos. Esto se consigue ejecutando

```
locationManager.removeUpdates(locationListener);
```

La siguiente aplicación es un ejemplo del uso de las anteriores funciones de localización. Mostraremos en un mapa nuestra posición, que se actualizará automáticamente. También escribiremos en la pantalla nuestras coordenadas y el nombre y estado del proveedor. Tres botones permitirán elegir entre el proveedor de GPS, el de network o el mejor de ambos. El manifiesto de la aplicación requiere los siguientes permisos:

```
<uses-permission android:name="android.permission.INTERNET"/>
<uses-permission android:name
            ="android.permission.ACCESS_COARSE_LOCATION"/>
<uses-permission android:name
            ="android.permission.ACCESS_FINE_LOCATION"/>
```

El manifiesto debe incluir también el uso de la librería de Google Maps.

```
<uses-library android:name="com.google.android.maps"/>
```

Utilizamos el siguiente layot. Salvo el pequeño espacio horizontal requerido por los botones, la pantalla se divide en dos: la parte superior para el mapa y la inferior para un ScrollView con el texto de la localización.

```
<?xml version="1.0" encoding="utf-8"?>
<LinearLayout
xmlns:android="http://schemas.android.com/apk/res/android"
    android:layout_width="fill_parent"
    android:layout_height="fill_parent"
    android:orientation="vertical"
    android:background="#ffffdd" >

    <LinearLayout
        android:id="@+id/linearLayout1"
        android:layout_width="fill_parent"
        android:layout_height="wrap_content"
        android:orientation="horizontal" >

    <Button
        android:id="@+id/button1"
        android:layout_width="wrap_content"
        android:layout_height="wrap_content"
        android:text="GPS" />

    <Button
        android:id="@+id/button2"
        android:layout_width="wrap_content"
        android:layout_height="wrap_content"
        android:text="Network" />

    <Button
```

```xml
        android:id="@+id/button3"
        android:layout_width="wrap_content"
        android:layout_height="wrap_content"
        android:text="Best Provider" />

    <TextView
        android:id="@+id/textView1"
        android:textColor="#000000"
        android:textSize="20sp"
        android:layout_width="wrap_content"
        android:layout_height="wrap_content"
        android:text="Network" />

</LinearLayout>

<com.google.android.maps.MapView
    android:id="@+id/mapView"
    android:layout_width="fill_parent"
    android:layout_height="0dp"
    android:layout_weight="1"
    android:clickable="true"
    android:apiKey
        ="0ORQ3xM7ZsANVh237FriU72CuwWqHU58ScNLNzQ"/>

<ScrollView
    android:id="@+id/scrollView1"
    android:layout_width="fill_parent"
    android:layout_height="0dp"
    android:layout_weight="1">

    <TextView
        android:id="@+id/textView"
        android:textColor="#000000"
        android:textSize="20sp"
        android:layout_width="wrap_content"
        android:layout_height="wrap_content"
        android:text="" />

    </ScrollView>
</LinearLayout>
```

A continuación se lista la actividad `LocationActivity.java`. El proveedor se inicializa a `NETWORK`. En `onResume` se registra la localización automática y se muestra nuestra posición en el mapa, llamando al método `localiza`, que también es ejecutado en `onLocationChanged`, cada vez que se registra un cambio de posición. El proveedor puede modificarse en `onClick` al pulsar los botones. En este caso, se vuelve a registrar la localización automática, con el nuevo proveedor, y se muestra de nuevo la posición. Se repite lo mismo en el método onProviderEnabled. Finalmente, en onPause y en onProviderDisabled desactivamos la localización automática. En la figura 14.6. se muestran las capturas de pantalla.

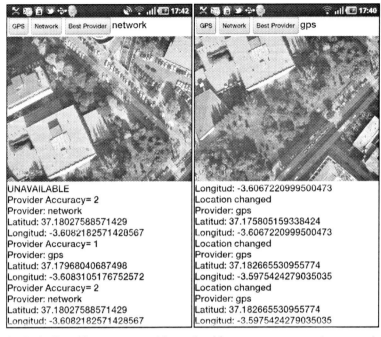

Figura 14.6. Aplicación que usa el LocationManager para mostrar nuestra posición actual en un MapView. Puede utilizar opcionalmente el proveedor GPS o network.

```
package es.ugr.amaro.location;

import com.google.android.maps.GeoPoint;
import com.google.android.maps.MapActivity;
import com.google.android.maps.MapController;
import com.google.android.maps.MapView;
import android.content.Context;
import android.location.Criteria;
import android.location.Location;
import android.location.LocationListener;
import android.location.LocationManager;
import android.location.LocationProvider;
import android.os.Bundle;
import android.view.View;
import android.view.View.OnClickListener;
import android.view.Window;
import android.widget.Button;
import android.widget.TextView;
```

```java
public class LocationActivity extends MapActivity
            implements LocationListener, OnClickListener{

    LocationManager locationManager;
    int minTime=60000;
    int minDistance=1;
    String provider1=LocationManager.GPS_PROVIDER;
    String provider2=LocationManager.NETWORK_PROVIDER;
    String provider;
    MapView mapView;
    MapController mapControl;
    TextView tv,tv1;

    @Override
    public void onCreate(Bundle savedInstanceState) {
        super.onCreate(savedInstanceState);
        requestWindowFeature(Window.FEATURE_NO_TITLE);
        setContentView(R.layout.main);
        tv=(TextView) findViewById(R.id.textView);
        tv1=(TextView) findViewById(R.id.textView1);

        Button boton1=(Button) findViewById(R.id.button1);
        Button boton2=(Button) findViewById(R.id.button2);
        Button boton3=(Button) findViewById(R.id.button3);
        boton1.setOnClickListener(this);
        boton2.setOnClickListener(this);
        boton3.setOnClickListener(this);

         // Invoca el servicio de localización
        locationManager=(LocationManager)getSystemService(
                            Context.LOCATION_SERVICE);
        provider=provider2;

        // el mapa
        mapView = (MapView) findViewById(R.id.mapView);
        mapView.setSatellite(true);
        mapView.setBuiltInZoomControls(true);
        int maxzoom= mapView.getMaxZoomLevel();
        int initZoom=(int) (0.95*maxzoom);
        mapControl=mapView.getController();
        mapControl.setZoom(initZoom);
   }

    void localiza(){
      Location location
           =locationManager.getLastKnownLocation(provider);
      if(location!=null){
```

```java
      tv.append("\nProvider: "+provider);
      double latitud=location.getLatitude();
      double longitud=location.getLongitude();
      tv.append("\nLatitud: "+latitud);
      tv.append("\nLongitud: "+longitud);
      int latE6=(int)(latitud*1e6);
      int lonE6=(int)(longitud*1e6);
      GeoPoint geoPoint=new GeoPoint(latE6,lonE6);
      mapControl.animateTo(geoPoint);
      mapView.invalidate();
   }
}

@Override
public void onResume(){
  super.onResume();
  locationManager.requestLocationUpdates(provider,
                       minTime, minDistance, this);
  localiza();
}

@Override
public void onPause(){
  super.onPause();
  locationManager.removeUpdates(this);
}

@Override
protected boolean isRouteDisplayed() {
  return false;
}

@Override
public void onLocationChanged(Location location) {
  tv.append("\nLocation changed");
  localiza();
}

@Override
public void onProviderDisabled(String provider) {
  locationManager.removeUpdates(this);
}

@Override
public void onProviderEnabled(String provider) {
  locationManager.requestLocationUpdates(provider,
                       minTime, minDistance, this);
  localiza();
```

```java
    }

    @Override
    public void onStatusChanged(String provider,
                                int status, Bundle extras) {

        if(status==LocationProvider.AVAILABLE)
            tv.append("\nStatus changed: AVAILABLE");
        if(status==LocationProvider.OUT_OF_SERVICE)
            tv.append("\nStatus changed: OUT OF SERVICE");
        if(status==LocationProvider.TEMPORARILY_UNAVAILABLE)
            tv.append(
                "\nStatus changed: TEMPORARILY UNAVAILABLE");
    }

    @Override
    public void onClick(View v) {

        int id=v.getId();
        if(id==R.id.button1)
           provider=provider1;
        else if(id==R.id.button2)
           provider=provider2;
        else{
           Criteria criteria=new Criteria();
           provider=locationManager.getBestProvider(
                                        criteria, true);
        }
        LocationProvider locationProvider
                  = locationManager.getProvider(provider);
        tv.append("\nProvider Accuracy= "
                  +locationProvider.getAccuracy());
        tv1.setText(provider);
        locationManager.requestLocationUpdates(provider,
                            minTime, minDistance, this);
        localiza();
    }
}
```

Al ejecutar esta aplicación en un teléfono o tablet, podremos comprobar las diferencias de posicionamiento entre los proveedores GPS y network, que pueden ser de varios metros. Esto depende de cada dispositivo y de las condiciones de la red. En la figura 14.6. hemos ejecutado la aplicación en un tablet Samsung Galaxy Tab. El resultado más preciso lo hemos obtenido con el proveedor de red.

14.7. Dibujar sobre un mapa y geocodificación inversa

La clase `Overlay` representa una capa que recubre un mapa sobre la que se puede dibujar. Para confeccionar una capa, se crea una subclase de `Overlay` sobrescribiendo el método `draw`. Por ejemplo:

```
class MapOverlay extends Overlay{
   public boolean draw(Canvas canvas, MapView mapView,
                  boolean shadow, long when){
      super.draw(canvas, mapView, shadow);
      // dibujar aquí debajo
      return true;
   }
}
```

El método `draw`, con cuatro parámetros, se utiliza para capas animadas, devolviendo `true` si se requiere dibujar de nuevo. Los métodos para dibujar en un overlay son similares a los que se utilizan para dibujar en un canvas de la clase View.

Para añadir una capa al mapa, primero se obtiene la lista de capas que cubren el mapa, se eliminan las que no se necesitan y se añade la nueva capa.

```
MapOverlay mapOverlay = new MapOverlay();
List<Overlay> overlays = mapView.getOverlays();
overlays.clear();
overlays.add(mapOverlay);
```

Una capa puede responder a los eventos en la pantalla táctil, implementando el siguiente método dentro del Overlay:

```
public boolean onTouchEvent(
               MotionEvent event, MapView mapView){
}
```

Esto nos permite realizar acciones dependiendo del evento enviado, que será alguno de los tipos registrados como constantes de acción de la clase `MotionEvent`. Algunos de los más comunes son:

```
MotionEvent.ACTION_DOWN
MotionEvent.ACTION_UP
MotionEvent.ACTION_MOVE
```

Al dibujar en una capa, o al responder a la pantalla táctil, posiblemente será necesario transformar una coordenada (latitud, longitud) en una pareja de píxeles (x, y) o viceversa. Para estas transformaciones se utiliza un proyector, que es un objeto de la clase `Projection`. Para obtener el proyector de un mapa ejecutamos `getProjection`.

```
Projection projection = mapView.getProjection();
```

Para transformar un `GeoPoint` en píxeles sobre la pantalla se procede del siguiente modo:

```
Point point=new Point();
projection.toPixels(geoPoint, point);
x=point.x;
y=point.y;
```

A la inversa, para transformar un par de píxeles (x, y) en un `GeoPoint`:

```
Projection projection=mapView.getProjection();
geoPoint=projection.fromPixels(x, y);
```

La geocodificación inversa consiste en obtener una dirección a partir de unas coordenadas. Para ello se utiliza la clase `Geocoder`, que permite acceder a una lista de objetos de tipo `Address`, que se procesan como vimos en la sección 14.5.

```
Geocoder geocoder=new Geocoder(this);
List<Address> lista= geocoder.getFromLocation(
                                  latitud, longitud, 1);
```

En la siguiente aplicación se muestra un ejemplo de uso de capas para dibujar sobre un mapa, así como de la geocodificación inversa. Al pulsar sobre un punto del mapa, dibujamos un círculo rojo semitransparente y escribimos en pantalla las coordenadas de dicho punto. Al pulsar un botón, se escribe la dirección en un TextView. Usaremos el siguiente layout:

```xml
<?xml version="1.0" encoding="utf-8"?>
<LinearLayout
xmlns:android="http://schemas.android.com/apk/res/android"
    android:layout_width="fill_parent"
    android:layout_height="fill_parent"
    android:orientation="vertical"
    android:background="#bbffbb" >

  <LinearLayout
        android:id="@+id/linearLayout1"
        android:layout_width="fill_parent"
        android:layout_height="wrap_content"
        android:orientation="horizontal">

    <TextView
        android:id="@+id/textView"
        android:textColor="#000000"
        android:textSize="20sp"
```

```xml
            android:layout_width="0dp"
            android:layout_height="wrap_content"
            android:layout_weight="0.8"
            android:text="Toque el mapa para coordenadas" />

    <Button
        android:id="@+id/button1"
        android:layout_width="0dp"
        android:layout_height="wrap_content"
        android:layout_weight="0.2"
        android:text="Dirección" />

</LinearLayout>

<com.google.android.maps.MapView
    android:id="@+id/mapView"
    android:layout_width="fill_parent"
    android:layout_height="0dp"
    android:layout_weight="1"
    android:clickable="true"
    android:apiKey
        ="0ORQ3xM7ZsANVh237FriU72CuwWqHU58ScNLNzQ"/>

</LinearLayout>
```

A continuación se detalla la actividad `MapOverlayActivity.java`. En la figura 14.7. se muestran las capturas de pantalla.

```java
package es.ugr.amaro.mapoverlay;

import java.util.List;
import com.google.android.maps.GeoPoint;
import com.google.android.maps.MapActivity;
import com.google.android.maps.MapController;
import com.google.android.maps.MapView;
import com.google.android.maps.Overlay;
import com.google.android.maps.Projection;
import android.graphics.Canvas;
import android.graphics.Color;
import android.graphics.Paint;
import android.graphics.Paint.Align;
import android.graphics.Point;
import android.location.Address;
import android.location.Geocoder;
```

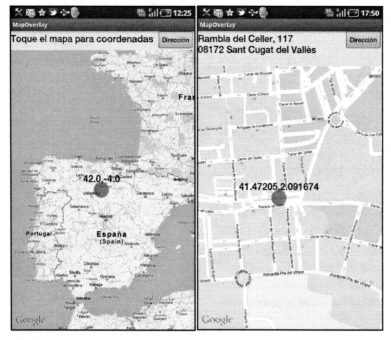

Figura 14.7. *Aplicación para marcar un punto sobre un mapa y sus coordenadas usando un Overlay. Al pulsar el botón, se obtiene la dirección del punto marcado mediante geocodificación inversa.*

```
import android.os.Bundle;
import android.view.MotionEvent;
import android.view.View;
import android.view.View.OnClickListener;
import android.widget.Button;
import android.widget.TextView;

public class MapOverlayActivity extends MapActivity
                                implements OnClickListener{

    MapView mapView;
    MapController mapController;
    GeoPoint geoPoint;
    TextView tv;
    float latitud=42,longitud=-4;

    @Override
    public void onCreate(Bundle savedInstanceState) {
        super.onCreate(savedInstanceState);
        setContentView(R.layout.main);
```

```java
        tv=(TextView) findViewById(R.id.textView);
        Button boton= (Button) findViewById(R.id.button1);
        boton.setOnClickListener(this);

        mapView=(MapView) findViewById(R.id.mapView);
        mapView.setBuiltInZoomControls(true);
        mapController=mapView.getController();
        int latE6=(int)(latitud*1e6);
        int lonE6=(int)(longitud*1e6);
        geoPoint = new GeoPoint(latE6,lonE6);
        mapController.animateTo(geoPoint);
        mapController.setZoom(7);

        MapOverlay mapOverlay = new MapOverlay();
        List<Overlay> overlays = mapView.getOverlays();
        overlays.clear();
        overlays.add(mapOverlay);
        mapView.invalidate();
    }

class MapOverlay extends Overlay{

    String coordenadas;
    int x,y;

    @Override
    public boolean draw(Canvas canvas, MapView mapView,
                    boolean shadow, long when){

        super.draw(canvas, mapView, shadow);

        // transforma geoPoint en píxeles
        Point point=new Point();
        Projection projection = mapView.getProjection();
        projection.toPixels(geoPoint, point);
        x=point.x;
        y=point.y;
        latitud=(float) (geoPoint.getLatitudeE6()*1e-6);
        longitud=(float) (geoPoint.getLongitudeE6()*1e-6);
        coordenadas=""+latitud+","+longitud;

        // dibuja círculo centrado en coordenadas
        Paint paint=new Paint();
        paint.setAntiAlias(true);
        paint.setColor(Color.argb(100,255,0,0));
        canvas.drawCircle(x, y, 25, paint);
        // escribe coordenadas
        paint.setColor(Color.BLACK);
```

```java
            paint.setTextSize(30);
            paint.setTextAlign(Align.CENTER);
            canvas.drawText(coordenadas, x, y-25, paint);
            return true;
        }

        @Override
        public boolean onTouchEvent(
                    MotionEvent event, MapView mapView){

            // Pasa píxeles a coordenadas del nuevo punto
            if(event.getAction()==MotionEvent.ACTION_UP){
               Projection projection=mapView.getProjection();
               x= (int) event.getX();
               y= (int) event.getY();
               geoPoint=projection.fromPixels(x, y);
               //mapController.animateTo(geoPoint);
            }
            return false;
         }
    }

    public void onClick(View v){

        Geocoder geocoder=new Geocoder(this);
        String result="";
        try {
           List<Address> lista= geocoder.getFromLocation(
                                    latitud, longitud, 1);
           if(lista.size()>0){
              Address address= lista.get(0);
              int n=address.getMaxAddressLineIndex();
              for(int i=0;i<n;i++){
                 result=result+address.getAddressLine(i)+"\n";
              }
              tv.setText(result);
           }
        } catch (Exception e){
           tv.setText("Error en la dirección");
        }
    }

    @Override
    protected boolean isRouteDisplayed() {
       // TODO Auto-generated method stub
       return false;
    }
}
```

APÉNDICE A

La interfaz de usuario

A.1. Orientación de una actividad

La orientación de una actividad puede ser vertical (*portrait*) o apaisada (*landscape*) y puede cambiar dependiendo de la orientación del teléfono. Este cambio se puede controlar en nuestra aplicación.

En primer lugar, la orientación de una actividad se puede fijar en el manifiesto de una aplicación añadiendo a la etiqueta `activity` alguno de los siguientes atributos:

```
android:screenOrientation=''landscape''
android:screenOrientation=''portrait''
android:screenOrientation=''reverseLandscape''
android:screenOrientation=''reversePortrait''
```

Alternativamente, es posible modificar la orientación de una actividad desde Java ejecutando el método `setRequestedOrientation` de la clase `Activity`. Por ejemplo:

```
setRequestedOrientation(
            ActivityInfo.SCREEN_ORIENTATION_PORTRAIT);
```

Aquí, `ActivityInfo` es la clase del paquete `android.content.pm` que contiene información general acerca de una actividad. Otros valores posibles de las constantes de orientación son:

```
 ActivityInfo.SCREEN_ORIENTATION_LANDSCAPE
 ActivityInfo.SCREEN_ORIENTATION_SENSOR
 ActivityInfo.SCREEN_ORIENTATION_REVERSE_LANDSCAPE
 ActivityInfo.SCREEN_ORIENTATION_REVERSE_PORTRAIT
```

Las dos últimas orientaciones invertidas se introdujeron a partir de Android 2.3 (API 9 o Gingerbread). Por lo tanto, no funcionarán con las versiones anteriores de Android.

A.2. Dimensiones de la pantalla

Las dimensiones de la pantalla pueden obtenerse en un objeto de la clase `DisplayMetrics`. Para ello, primero se crea un objeto `Resources` ejecutando el método `getResources` de `Activity` y, seguidamente, el método `getDisplayMetrics` de `Resources`.

```
Resources resources=getResources();
DisplayMetrics metrics=resources.getDisplayMetrics();
```

En la siguiente actividad mostramos en pantalla la densidad en puntos por pulgada, la altura y la anchura de la pantalla en píxeles, así como la densidad lógica, que es el factor de escala con respecto a una densidad estándar de 160 puntos por pulgada. Usamos el siguiente layout:

```xml
<?xml version="1.0" encoding="utf-8"?>
<LinearLayout
xmlns:android="http://schemas.android.com/apk/res/android"
    android:layout_width="fill_parent"
    android:layout_height="fill_parent"
    android:orientation="vertical"
    android:background="#ddffdd" >

    <TextView
        android:id="@+id/textView"
        android:textColor="#000000"
        android:textSize="22sp"
        android:layout_width="fill_parent"
        android:layout_height="wrap_content"
        android:text="Dimensiones de la pantalla" />

</LinearLayout>
```

A continuación se detalla el programa Java. La captura de pantalla se muestra en la figura A.2. Vemos que en nuestro emulador, la densidad es de 240 píxeles por pulgada, la anchura es 480 píxeles y la altura, 800 píxeles. La densidad lógica es 1.5.

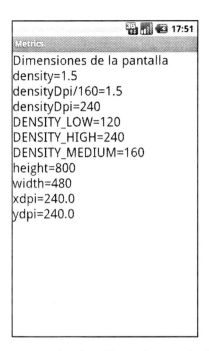

Figura A.2. *Aplicación para mostrar las dimensiones y la densidad de la pantalla.*

```
package es.ugr.amaro.metrics;

import android.app.Activity;
import android.os.Bundle;
import android.util.DisplayMetrics;
import android.widget.TextView;

public class MetricsActivity extends Activity {
    /** Called when the activity is first created. */
    @Override
    public void onCreate(Bundle savedInstanceState) {
        super.onCreate(savedInstanceState);
        setContentView(R.layout.main);
        TextView tv=(TextView) findViewById(R.id.textView);

        // Dimensiones de la pantalla
        DisplayMetrics metrics
                    =getResources().getDisplayMetrics();

        // densidad lógica=densityDpi/160
        float density=metrics.density;
        //
        int densityDpi=metrics.densityDpi;
```

```
            int densityLow=metrics.DENSITY_LOW;
            int densityHigh=metrics.DENSITY_HIGH;
            int densityMedium=metrics.DENSITY_MEDIUM;
            int height=metrics.heightPixels;
            int width=metrics.widthPixels;
            float xdpi=metrics.xdpi;
            float ydpi=metrics.ydpi;

            tv.append("\ndensity="+density
                +"\ndensityDpi/160="+(densityDpi/160.0)
                +"\ndensityDpi="+densityDpi
                +"\nDENSITY_LOW="+densityLow
                +"\nDENSITY_HIGH="+densityHigh
                +"\nDENSITY_MEDIUM="+densityMedium
                +"\nheight="+height
                +"\nwidth="+width
                +"\nxdpi="+xdpi
                +"\nydpi="+ydpi);
    }
}
```

APÉNDICE B

Complementos de Java

En este apéndice se presentan algunos aspectos del lenguaje Java que podrían suponer cierta dificultad para el lector.

Todos los ejemplos de este apéndice consisten en actividades de Android, usando como interfaz de usuario un fichero `main.xml` estándar con un TextView como el siguiente:

```xml
<?xml version="1.0" encoding="utf-8"?>
<LinearLayout
xmlns:android="http://schemas.android.com/apk/res/android"
    android:layout_width="fill_parent"
    android:layout_height="fill_parent"
    android:orientation="vertical"
    android:background="#ffffff">

    <TextView
        android:layout_width="fill_parent"
        android:layout_height="wrap_content"
        android:text="@string/hello"
        android:textColor="#000000"
        android:textSize="18sp"
        android:id="@+id/textView">
    </TextView>
</LinearLayout>
```

B.1. Métodos con número variable de parámetros

A partir de la versión 5 de Java, una función puede tener un número indeterminado de parámetros (argumentos variables, también denominados *varargs*). Los argumentos variables deben ser los últimos argumentos del método. Para especificar en la definición de un método que un argumento es variable, su tipo se escribe seguido de tres puntos suspensivos. Por ejemplo, el siguiente método toma dos argumentos, el segundo variable.

```
void escribe(String cadena, int... numeros){
   // definición
}
```

En realidad, el compilador transforma la lista de parámetros variables en un array. Este es un ejemplo de una actividad Android que usa dicha técnica. Hay un método que escribe una cadena y una lista variable de números enteros. La lista puede sustituirse por un array. En la figura B.1. se muestra la captura de pantalla.

```java
package es.ugr.amaro;

import android.app.Activity;
import android.os.Bundle;
import android.widget.TextView;

public class ParametrosVariables extends Activity {
    /** Called when the activity is first created. */

    TextView tv;

    @Override
    public void onCreate(Bundle savedInstanceState) {
        super.onCreate(savedInstanceState);
        setContentView(R.layout.main);
        tv=(TextView) findViewById(R.id.textView);

        escribe("Método llamado con cero argumentos");
        escribe("Método llamado con un argumento",1);
        escribe("Método llamado con dos argumentos",1,2);
        escribe("Método llamado con tres argumentos",1,2,3);

        int[] array= {1,2,3,4};
        escribe("Método llamado con un array",array);
    }

    void escribe(String cadena, int... numeros){

        tv.append("\n"+cadena);
        for(int i: numeros) tv.append(" "+i);
        int longitud=numeros.length;
        tv.append(
            "\n El argumento se trata como un array de "
            +longitud);
    }
}
```

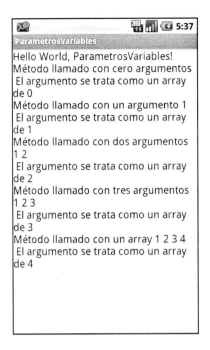

Figura B.1. *Un método con parámetros variables.*

B.2. ArrayList

Un ArrayList es un conjunto de objetos a los que se accede mediante un índice entero, comenzando por cero. La dimensión de un ArrayList es variable y se reajusta al añadir elementos. Los elementos de un ArrayList son objetos de la clase Object, es decir, que pueden ser de distintas clases, ya que todas las clases son subclases de Object. Al añadir un nuevo elemento, se coloca en la última posición del ArrayList. A continuación se describen algunos de los métodos disponibles en esta clase.

Crear un ArrayList:

```
ArrayList arrayList=new ArrayList();
```

Añadir un objeto al final del ArrayList:

```
arrayList.add(objeto);
```

Extraer el elemento en la posición i:

```
arrayList.get(i);
```

Los elementos de un `ArrayList` son de la clase `Object`. Por lo tanto, si queremos recuperar un elemento de una clase concreta, debemos transformarlo. Por ejemplo, si el elemento en posición i es un entero:

```
int elemento = (int) arrayList.get(i);
```

Para insertar un objeto en una posición concreta, en cuyo caso todos los elementos que le siguen se desplazan una posición hacia arriba:

```
arrayList.add(i,objeto);
```

Para eliminar el elemento en la posición i (todos los elementos que le siguen se desplazan una posición hacia abajo):

```
arrayList.remove(i);
```

La siguiente instrucción elimina el objeto en posición i y lo sustituye por un segundo objeto:

```
arrayList.set(i,objeto2);
```

Y esta crea un array que contiene todos los elementos de ArrayList:

```
Object[] array= arrayList.toArray();
```

En el siguiente ejemplo se ilustra el uso de los anteriores métodos. Se crea un `ArrayList` que contiene distintos tipos y luego lo manipulamos, insertando, eliminando y sustituyendo elementos. En cada paso escribimos en pantalla el contenido del ArrayList (figura B.2.).

```
package es.ugr.amaro.arraylistejemplo;

import java.util.ArrayList;
import android.app.Activity;
import android.os.Bundle;
import android.widget.TextView;

public class ArrayListEjemploActivity extends Activity {

    TextView tv;
     @Override
     public void onCreate(Bundle savedInstanceState) {
         super.onCreate(savedInstanceState);
```

```java
        setContentView(R.layout.main);
        tv=(TextView) findViewById(R.id.textView);
        tv.setText("   ArrayList ejemplo");

        ArrayList arrayList = new ArrayList();

        // introduce tres tipos distintos en el array
        Integer i1=new Integer(1);
        arrayList.add(i1);
        Double x1=new Double(2.34);
        arrayList.add(x1);
        Float f1=new Float(12.3);
        arrayList.add(f1);

        printArray(arrayList);

        //inserta un nuevo elemento en la primera posición
        String s1="Pepe";
        arrayList.add(0,s1);
        printArray(arrayList);

        // elimina el segundo elemento
        arrayList.remove(1);
        printArray(arrayList);

        // sustituye un elemento
        String s2="Juan";
        arrayList.set(1, s2);
        printArray(arrayList);

        // convierte en array
        Object[] oArray= arrayList.toArray();
        int dim=oArray.length;
        tv.append("\nObject[] dim= "+dim);
        for(int i=0;i<dim;i++){
         tv.append("\n "+i+": "+oArray[i]);
         }
    }

    void printArray(ArrayList arrayList){

        int size=arrayList.size();
        tv.append("\n----Size= "+size);
        for(int i=0;i<size;i++){
           tv.append("\n    "+i+": "+arrayList.get(i));
        }
    }
}
```

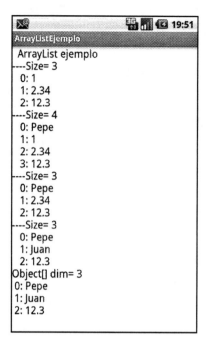

Figura B.2. Un ejemplo del uso de la clase ArrayList.

B.3. Genéricos

Los tipos genéricos o parametrizados fueron introducidos a partir de la versión 5 de Java para evitar errores de tipo al trabajar con colecciones de objetos. Un `ArrayList` admite cualquier tipo de objetos. Si introducimos, por ejemplo, un entero, para recuperarlo debemos añadir un *cast* para transformarlo de `Object` en `Integer`.

```
ArrayList array= new ArrayList();
array.add(55);
int i= (Integer) array.get(0);
```

Se podría llegar entonces a la siguiente situación: si a continuación se introduce una cadena en lugar de un número y se intenta recuperarla,

```
array.add("66");
i = (Integer) array.get(1);
```

la última línea genera un error de ejecución, ya que este elemento es una cadena y no un entero. Los tipos genéricos permiten detectar y evitar este problema al compilar el programa, para evitar el error. En efecto, si el array de nuestro ejemplo solo va a contener enteros, podemos declararlo como un ArrayList de enteros usando `Integer` como su tipo genérico. Esto se hace añadiendo `Integer` como un parámetro adicional de tipo. Los parámetros de tipo (o genéricos) se encierran entre paréntesis angulares.

```
ArrayList<Integer> array= new ArrayList<Integer>();
```

Una ventaja de usar genéricos es que ahora no necesitamos añadir un *cast* al extraer un elemento, ya que el compilador reconoce su tipo.

```
array.add(77);
int j= array.get(0);
```

Al definir el tipo genérico, ya no es posible insertar objetos de otro tipo. Por ejemplo, la siguiente línea no compila:

```
array.add("88");
```

En el siguiente programa se ilustra el uso de un ArrayList con genéricos y sin genéricos. En la figura B.3. se muestra la captura de pantalla.

```
package es.ugr.amaro.arraylistgenerico;

import java.util.ArrayList;
import android.app.Activity;
import android.os.Bundle;
import android.widget.TextView;

public class ArrayListGenericoActivity extends Activity {
    /** Called when the activity is first created. */
    @Override
    public void onCreate(Bundle savedInstanceState) {
        super.onCreate(savedInstanceState);
        setContentView(R.layout.main);
        TextView tv=(TextView) findViewById(R.id.textView);

        // ---ArrayList no genérico
        ArrayList array1= new ArrayList();
        // introducimos un entero
        array1.add(55);
        int i= (Integer) array1.get(0);
        tv.append("\nContenido de ArrayList no
         genérico:\n"+i);

        // introducimos una String
        array1.add("66");
        // la siguiente línea da error
```

```
        // i = (Integer) array1.get(1);

        // la siguiente línea es correcta
        String s=(String) array1.get(1);
        tv.append("\nSegundo elemento= "+s);

        // ---ArrayList genérico (parametrizado)
        ArrayList<Integer> array2= new ArrayList<Integer>();
        // introducimos un entero
        array2.add(77);
        // no es necesario un cast
        int j= array2.get(0);
        tv.append("\n\nArrayList genérico:\n"+j);

        // la siguiente línea no compila
        //array2.add("88");

        // solo se pueden añadir enteros
        array2.add(88);
        j=array2.get(1);
        tv.append("\nSegundo elemento: "+j);

    }
}
```

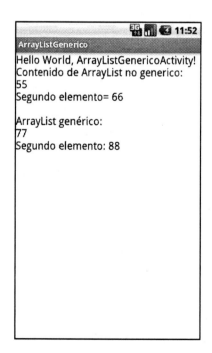

Figura B.3. Uso de un ArrayList con tipo genérico.

B.4. Definición de una clase con tipos genéricos

El uso de tipos genéricos va más allá del ejemplo anterior. Con genéricos es posible definir clases que contienen objetos y métodos cuyo tipo se deja como un parámetro. Los tipos variables se especifican mediante caracteres en mayúsculas T, U, V, etc. Por ejemplo, la siguiente clase contiene un objeto de tipo T:

```
class DatoGenerico <T>{

  // dato de tipo T
  private T dato;

  //  método con argumento genérico
  public void set(T t){
     dato=t;
  }
  // método de tipo genérico
  public T get(){
     return dato;
  }
}
```

Para crear un objeto de la clase anterior, debemos especificar un tipo como parámetro. Por ejemplo, si va a contener una cadena, haremos T = String:

```
DatoGenerico<String> dato1 = new DatoGenerico<String>();
```

Si va a contener un entero, haremos T = Integer:

```
DatoGenerico<Integer> dato2 = new DatoGenerico<Integer>();
```

En el siguiente programa se muestra el uso de la clase anterior dependiente de un tipo genérico. En la figura B.4. se muestra la captura de pantalla.

Figura B.4. Uso de una clase definida con un tipo genérico.

```
package es.ugr.amaro.genericos;

import android.app.Activity;
import android.os.Bundle;
import android.widget.TextView;

public class GenericosActivity extends Activity {
   TextView tv;

    @Override
    public void onCreate(Bundle savedInstanceState) {
        super.onCreate(savedInstanceState);
        setContentView(R.layout.main);
        tv=(TextView) findViewById(R.id.textView);

        // definimos un dato de <String>
        DatoGenerico<String> dato1
                   = new DatoGenerico<String>();
        dato1.set("Esto es el dato 1");
        String c1= dato1.get();
        tv.append("\nDato genérico <String>= \n"+c1);
```

```java
        // definimos un dato de <Integer>
        DatoGenerico<Integer> dato2
                    = new DatoGenerico<Integer>();
        dato2.set(1234);
        int c2= dato2.get();
        tv.append("\nDato genérico <Integer>="+c2);

        // la siguiente línea no compila (tipo incorrecto)
        // dato2.set("String en lugar de Integer");
    }


// una clase genérica donde el tipo T es variable
class DatoGenerico <T>{

    // dato de tipo T
    private T dato;

    //  método con argumento genérico
    public void set(T t){
       dato=t;
    }

    // método de tipo genérico
    public T get(){
       return dato;
    }
}
}
```

APÉNDICE C

Versiones de Android

Esta es la lista de las versiones de Android hasta la fecha. A todas se las conoce también con nombres de dulces, como se puede comprobar en las traducciones. Las iniciales siguen el orden alfabético, comenzando por la letra C, que casualmente corresponde a la primera nota musical (Do) en inglés.

Cupcake: Android 1.5 (magdalena glaseada)

Donut: Android 1.6 (buñuelo o rosquilla)

Eclair: Android 2.1 (pastel èclair o pepito)

Froyo (*Frozen Yogourt*): Android 2.2 (yogur helado)

Gingerbread: Android 2.3 (pan de gengibre)

Honeycomb: Android 3 (panal de miel)

Ice Cream Sandwich: Android 4.0 (sándwich de helado)

Jelly Bean: Android 4.1 (gominola)

BIBLIOGRAFÍA

Ableson, Frank; Sen, Robi; King, Chris. *Android in Action*. 2nd edition. Manning Publications Co., Stamford, CT, 2011

Amaro Soriano, José Enrique. *Android: programación de dispositivos móviles a través de ejemplos*, Marcombo, Barcelona, 2012

Burnette, Ed. *Hello, Android. Introducing Google's Mobile Development Platform*. The Pragmatic Bookshelf, Raileigh, North Carolina, 2008

Darcey, Lauren; Conder, Shane. *Sams Teach Yourself Android Application Development in 24 Hours*. Sams Publishing, Indianapolis, Indiana, 2010

DiMarzio, J.F. *Android. A Programmer's Guide*. The McGraw-Hill Companies, New York, 2008

Felker, Donn; Dobbs, Joshua. *Android Application Development For Dummies*. Wiley Publishing, Inc., Indianapolis, Indiana, 2011

Gargenta, Marko. *Learning Android*. O'Reilly Media Inc., Sebastopol, CA, 2011

Hashimi, Sayed Y.; Komatineni, Satya; MacLean, Dave. *Pro Android 2*. Apress, New York, 2010

Hashimi, Sayed Y.; Komatineni, Satya; MacLean, Dave. *Pro Android 3*. Apress, New York, 2011

Jordan, Lucas; Greyling, Pieter. *Practical Android Projects*. Apress, New York, 2011

Meier, Reto. *Professional Android 2 Application Development*. Wiley Publishing Inc., Indianapolis, Indiana, 2010

Morris, Jason. *Android User Interface Development. Beginner's Guide*. Packt Publishing, Olton, Birmingham, 2011

Murphy, Mark L. *Beginning Android 2*. Apress, New York, 2010

Smith, Dave; Friesen, Jeff. *Android Recipes. A Problem-Solution Approach*. Apress, New York, 2011

Steele, James; To, Nelson. *The Android Developer's Cookbook, Building Applications with the Android SDK*. Pearson Education, Inc., Boston, 2011

Tomás Gironés, Jesús. *El gran libro de Android*. Marcombo, Barcelona, 2011

Van Every, Shawn. *Pro Android Media. Developing Graphics, Music, Video, and Rich Media Apps for Smartphones and Tablets*. Apress, New York, 2009

Wei-Meng, Lee. *Beginning Android Application Development*. Wiley Publishing, Inc., Indianapolis, Indiana, 2011

Zechner, Mario. *Beginning Android Games*. Apress, New York, 2011

Esta edición se terminó de imprimir en **octubre** *de* **2012.** *Publicada por*
ALFAOMEGA GRUPO EDITOR, S.A. de C.V. *Pitagoras No. 1139*
Col. Del Valle, Benito Juárez, C.P. 03311, México, D.F.
La impresión y encuadernación se realizó en
CARGRAPHICS, S.A. de C.V. *Calle Aztecas No.27*
Col. Santa Cruz Acatlán, Naucalpan, Estado de México, C.P. 53150. México